"그리스도 안에서 나의 걸음이 형통하길
매일 새벽마다 무릎으로 기도해 주신 어머니,
나보다 더 깊이 나를 사랑하는 아내 미나,
그리고 인생의 그늘마다 다시 빛을 향해 노래하도록
이끌어 준 딸 선아와 아들 선우에게…"

영과 진리의 예배를 드리기 위한 필독서

시와 찬미와 신령한 노래

Church Music Administration

교회음악행정의 이론과 실제

시와 찬미와 신령한 노래
교회음악행정의 이론과 실제

초판 1쇄 발행 | 2025년 12월 1일

지은이 | 양정식

펴낸곳 | ㈜글로벌워십미니스트리
편 집 | 편집팀
디자인 | 조성윤

전 화 | 070) 4632-0660
팩 스 | 070) 4325-6181
등록일 | 2012년 5월 21일
등 록 | 제387-2012-000036호
이메일 | wlm@worshipleader.kr

판권소유 ⓒ 도서출판 워십리더 2025
값 28,000원

ISBN 979-11-88876-68-6 03230

"도서출판 워십리더는 교회와 예배의 회복과 부흥을 위해 세워졌습니다. 예배전문 출판사로서 세계의 다양한 예배의 컨텐츠를 담아 문서선교의 사명을 감당할 것입니다. 한국교회의 목회자, 워십리더, 예배세션뿐만 아니라 모든 크리스천들이 하나님의 임재를 경험할 수 있도록 열정을 다하고 있습니다."

「이 책의 모든 내용은 저자와의 독점 출간 저작권 보호를 받으므로 어떤 사유로도 무단전제와 복제를 할 수 없습니다.」
(Printed in Korea)

"이 책은 서울신학대학교 연구년(2024.3.1.~2025.2.28.) 학술연구비 지원과 규정에 따라 출간되었습니다."

영과 진리의 예배를 드리기 위한 필독서

시와 찬미와 신령한 노래

Church Music Administration

교회음악행정의 이론과 실제

양정식 지음

worship leader 워십리더

[추천사 Recommendations]

"음악과 목회가 조화롭게 만나는 교회의 미래를 위한 필독서"

 교회음악은 단순한 예술의 영역이 아니라, 영혼을 세우고 공동체를 하나로 묶는 거룩한 사역입니다. 그러나 그 아름다운 사명을 실제로 구현하기 위해서는 영감뿐 아니라 체계적인 행정과 건강한 리더십이 반드시 필요합니다. 본서는 바로 그 지점에서 귀한 빛을 비추는 안내서입니다. 신학적 통찰과 실천적 지혜, 그리고 오랜 현장 경험이 절묘하게 어우러진 이 책은, 예배를 섬기는 모든 목회자와 사역자에게 깊은 영감과 실제적인 도움을 줄 것입니다. "시와 찬미와 신령한 노래들"로 하나님을 영화롭게 하라는 성경의 명령이 이 책을 통해 각 교회의 현장에서 더욱 풍성히 실현되기를 소망합니다.

박노훈 목사 (신촌성결교회 담임)

"하나님께서 기뻐하시는 목회에 꼭 필요한 백과사전 같은 책"

 저의 지난 30여 년의 목회를 돌아볼 때, 행정이 얼마나 중요했는지를 고백하지 않을 수 없습니다. 아무리 '성령 충만'한 사역을 하게 되었을지라도 그 사역이 지속적으로 성장하며 성숙해지기 위해서는 반드시 훌륭한 행정이 뒷받침되어야 했습니다. 이 책은 교회음악 행정의 백과사전과 같은 서적입니다. 교회행정의 정의를 크게 다룬 후, 그중에서도 교회음악 부분의 행정을 구체적으로 다루면서 여러 나라의 교회와 교단의 사례까지 견주어 보여주고 있는 포괄적인 책입니다. 여기 저술된 내용을 통해 더 효율적이며 성서적이고 창의적인 교회행정이 이뤄지며, 특히 교회음악에 새로운 바람이 불기를 기대해 봅니다. 또한, 그 어느 때보다 본질이 요구되는 이때인 만큼, 우리의 예배와 찬양 사역의 근본이 더욱 든든하게 세워질 수 있기를 바랍니다.

김승욱 목사 (할렐루야교회 담임)

"영성과 행정의 균형을 세우는 탁월한 교재"

양정식 교수의 새로운 책, "교회음악행정: 시와 찬미와 신령한 노래"의 출간을 축하합니다. "예배의 질서와 교회의 성장을 동시에 이끄는 실제적 지침서"가 될 것이고 체계적인 음악사역의 중요성을 필요로 하는 한국교회를 위해 그 행정적 운영과 리더십의 체계에 귀한 지침서가 될 것이다. 이 책은 예배와 음악, 행정과 영성의 조화를 실제적으로 구현할 수 있는 구체적인 방향을 제시한다. "교회음악행정: 시와 찬미와 신령한 노래"는 단순히 음악 지도자를 위한 책을 넘어, 목회자들이 예배와 음악의 본질을 새롭게 이해하고, 이를 교회 안에서 조직적으로 세워가는 과정을 안내하는 탁월한 길잡이다. 이 책의 진가는 단순한 '운영 매뉴얼'을 넘어, 교회음악과 예배학, 리더십 연구를 아우르는 통합적 교재로서의 깊은 잠재력에 있다. 신학대학과 교회음악 관련 학과의 교수 및 학생들에게 이 책은 교회 현장을 이해하고 미래의 교회음악 리더십을 준비하는 데 매우 유익한 안내서가 될 것이다.

조성환 목사 (사랑의 교회 예배기획 및 음악목사)

"신학과 행정, 예술이 만나는 교회의 새로운 언어"

양정식 교수님은 교회음악은 물론 신학을 전공하였기에 교회 사역 전반을 통찰하는 능력을 갖고 계십니다. 그런 의미에서 이 책은 교회음악을 신학적, 목회적, 그리고 성경적인 관점에서 융합적으로 잘 풀어낸 학문적, 실무적 가치가 탁월한 책이라고 믿습니다. 교회 지도자를 비롯한 예배사역자, 음악사역자, 학술 연구자 모두에게 교회 행정과 음악사역의 전문성을 크게 향상 시킬 것입니다. 특히 현대목회의 다양한 예배 형식, 팀 운영, 디지털 기술 활용, 저작권 문제까지 심층적으로 다루었기에 목회학 및 예배학, 교회교육학 분야의 학문적 토대를 마련했다고 생각합니다. 무엇보다도 이 책은 실제 사역 현장에 실질적 도움을 제공하는 귀중한 자료가 될 것입니다. 음악과 목회가 예배 속에서 조화롭게 만나 다음 세대를 위한 미래 교회를 준비해 나가는 소중한 필독서로 강력히 추천합니다.

가진수 교수 (미국 월드미션대학교 찬양과예배학과 학과장)

"하나님 중심, 성경 중심의 음악행정을 다룬 선물 같은 책"

"모든 음악행정의 중심에는 예배가 있고, 예배의 중심에는 하나님이 계신다." 교회음악행정에 대한 저자의 철학과 접근방식을 가장 명확히 보여주는 매우 인상적인 문장이다. 저자는 그처럼 교회음악행정을 예배 중심적으로, 그리고 더 근원적으로는 하나님 중심, 성경 중심적으로 풀어간다. 이것이 바로 이 책의 최대 장점이요 가치라고 생각된다. 아울러 풍부한 실제적 사례와 참고자료는 교회음악 사역자에게, 그리고 목회자에게 선물처럼 주어진 것으로서 많은 이들에게 큰 유익이 되리라 확신한다.

하재송 교수 (총신대학교 교회음악과)

"현재와 미래의 목회를 위한 필독서"

한국교회 음악행정의 새로운 지평을 열어 줄 양정식 교수님의 저서 "교회음악행정의 이론과 실제(현대목회 성공을 위한 필독서)"의 출판을 축하드립니다. 현재와 미래의 목회를 위해 예배공동체를 건강하게 세우기 위한 이론과 실제의 필독서로 적극적으로 추천합니다.

김은희 교수 (횃불트리니티대학교)

"모든 교회음악인의 필독서"

장신대 교과과정에는 "교회음악행정" 과목이 없습니다. 수강 신청자가 없어 오래전에 폐강되었습니다. 이 책은 그 과목을 재개설하고 싶은 열정과 사명감을 일깨워 줍니다. 방대한 연구와 경험이 집대성된 이 역작을 펴내신 양정식 교수님께 깊이 감사와 축하를 드립니다. 이 책은 앞으로 수십 년간 교회음악 분야의 교과서로 활용될 것이고, 모든 교회음악인의 필독서입니다.

이상일 교수 (장신대학교 교회음악과)

"목회자, 신학생, 평신도가 알아야 할 찬양의 질서를 담아낸 책"

교회와 세상을 향해 선포되는 복음의 선율들은 다양하고 폭넓은 스펙트럼을 가지고 있기에 보다 성서적이고 신학적인 틀 안에서 체계적이고 실천적인 접근이 필수적이다. 이러한 측면에서 이 책은 목회자, 신학생, 평신도 등 리더자 모두가 습득하여야 할 교회음악 본질 전반을 다루고 있는 귀중한 책이라고 확신하며 적극 추천합니다.

김용화 교수 (감리교신학대학교)

"현대 교회에 필요한 전통과 현대의 통합적 예배기획서"

교회음악의 영역에서 행정에 대한 필요가 항상 있었지만, 좋은 안내서가 없었는데 이번에 귀한 교회음악 행정 서적이 출간되어 기쁩니다. 교회음악의 전통과 현대의 통합적 개념을 위해 노력해 오신 양정식 교수님을 통해, 교회음악 행정의 미래 안내서와 같은 역할을 잘 감당해 줄 수 있을 것으로 기대됩니다. 교회음악의 단순한 음악적 기능을 넘어서 예배와 예배 기획적 관점에서의 중요성을 놓치지 않은 책으로 예배 현장에 실재적으로 도움이 될 것으로 기대됩니다.

권광은 교수 (서울장신대학교 예배찬양대학원장)

"예배의 심장을 다시 세우는 실천적 안내서"

오늘날 한국교회는 예배의 감동은 넘치지만, 그 감동을 지속할 체계와 행정의 토대는 여전히 취약하다. 이 책 "교회음악행정: 시와 찬미와 신령한 노래"는 바로 그 공백을 메워주는 귀한 안내서다. 저자는 교회음악을 단순한 예술 활동이 아니라 하나님 나라의 질서와 영성을 세우는 사역으로 바라본다. 책 전반에 흐르는 신학적 통찰과 실제적 제안들은 예배 현장에서 즉시 적용할 수 있을 만큼 구체적이며, 신학대학 교재로도 손색이 없다. 음악을 통한 예배의 회복과 목회의 갱신을 꿈꾸는 모든 교회 지도자에게 이 책을 강력히 추천한다.

이성열 목사 (부평중앙감리교회 담임)

"교파와 교단을 넘어 하나님의 부르심을 받은 자를 위한 책"

양정식 교수의 "교회음악행정: 이론과 실제- 시와 찬미와 신령한 노래"는 교회의 음악 사역을 인도하기 위해 준비하는 이들뿐 아니라 이미 그 사역을 감당하고 있는 이들을 위한 포괄적 자원서입니다. 이 책은 교회행정의 독특한 본질, 특히 그 성경적 기초와 교회 안에서 음악이 지니는 특별한 역할을 탐구함으로써, 하나님께서 주신 음악적 은사를 잘 관리하고 섬기는 것의 중요성을 일깨워 줍니다. 또한, 교단적 경계를 넘어, 전 세계의 다양한 문화적 맥락과 예배 스타일 속에서 음악과 예배 인도를 바라보는 여러 접근 방식을 다룸으로써, 독자들이 자신이 속한 지역 교회 안에서 실제적으로 적용할 수 있는 유익한 통찰을 얻게 합니다. 하나님께서 교회의 음악 사역을 맡기신 자라면 누구든, 이 책을 통해 그 부르심을 더욱 잘 감당할 수 있도록 준비가 될 것입니다.

죠수아 와그너 교수 (Joshua A. Waggener, 미국 남침례신학대학원/SWBTS)

[서언 Author's Preface]

"행정은 곧 섬김의 질서다"

이 책은 오랜 시간 교회음악 현장에서 사역하며 느꼈던 '예배의 아름다움 뒤에 숨겨진 준비의 어려움'에서 시작되었다. 많은 교회가 예배의 감동을 추구하지만, 정작 그 감동을 지속시키는 행정적 시스템은 제대로 세워지지 못하고 있다.

성가대와 찬양팀, 반주자와 음향팀, 예배 인도자와 목회자가 하나의 목표를 향해 조화롭게 움직이기 위해서는, 성경적이고 신학적 원리 위에 세워진 교회음악행정이 반드시 필요하다.

이 책은 그동안 필자가 교회음악과 예배학을 강의하며 쌓아온 경험과, 다양한 교회와 기관에서의 실제 행정 사례를 바탕으로 집필되었다. 따라서 단순한 이론서가 아니라, '신학적 원리와 현장 실무를 연결하는 교량(橋梁)'을 세우고자 하는 의도를 담고 있다.

모든 예배의 중심은 하나님이시며, 모든 행정의 목적은 그분께 드리는 예배를 더 온전하게 만드는 데 있다. 이 책이 예배자와 교회음악 지도자, 그리고 목회자들에게 그 사명을 다시 확인하고 실천할 수 있는 '하나의 지도(map)'가 되길 소망한다.

'2025년 가을 서울신학대학교 연구실에서 저자 씀'

I. 여는 글...
"예배의 심장, 교회음악행정을 다시 세우다!"

오늘날 한국교회는 급변하는 사회와 세대의 흐름 속에서 예배의 본질과 정체성을 새롭게 모색하고 있다. 예배는 단순한 종교적 행사나 문화적 관습이 아니라, 하나님께서 인간을 부르시고 응답하시는 언약적 사건이며, 성도들의 삶을 새롭게 변화시키는 영적 중심이다. 그런데 이 예배의 중심에는 언제나 음악이 존재해왔다. 음악은 인간의 감성과 영혼을 통해 하나님의 임재를 체험하게 하는 통로이며, 공동체가 하나 되어 하나님께 영광을 돌리게 하는 도구이다. 이러한 교회음악의 본질이 온전히 드러나기 위해서는 단순한 감동이나 열정만으로는 충분하지 않다. 체계적인 행정과 조직적 운영, 곧 '교회음악행정(Church Music Administration)'이 반드시 필요하다.

교회음악행정은 단순히 성가대 운영이나 찬양팀 관리에 국한되지 않는다. 이는 교회의 전체 예배 사역 안에서 음악이 어떻게 계획되고, 준비되고, 집행되며, 평가되는지를 포함하는 총체적 예배경영 시스템이다. 음악이 예배의 '예술'이라면, 음악행정은 그 예술이 하나님께 온전히 봉헌될 수 있도록 돕는 '질서'와 '조율'의 역할을 담당한다. 성경은 하나님이 '혼돈의 하나님이 아니요, 오직 화평의 하나님'(고전 14:33)이라고 말씀한다. 즉, 하나님께 드려지는 예배에는 반드시 거룩한 질서가 필요하며, 음악행정은 그 질서를 구현하는 구체적 도구인 것이다.

오늘날 많은 교회가 예배의 감동을 추구하면서도 체계적인 행정의 부재로 인해 지속적 성장과 성숙을 이루지 못하는 경우가 많다. 음악 인력의 비효율적 관리, 불균형한 재정 운용, 세대 간 음악 사역의 단절, 설교자와 음악담당자 간의 협업 부족 등은 모두 교회음악행정의 미비에서 비롯된다. 예배의 감동은 우연히 만들어지지 않는다. 그것은 '영적 기획(Spiritual Planning)'과 '목회적 행정(Pastoral Administration)'의 결합을 통해 비로소 완성된다. 따라서 이 책은 단순히 음악 실무를 다루는 기술서가 아니다. 본 교재는 신학적 근거 위에서 교회음악행정의 본질을 재정의하고, 실제 교회 현장에서 이를 구현할 수 있는 원리와 방법론을 제시하는 것을 목표로 한다. 교회음악은 단순한 '사역의 부속물'이 아니라, 목회의 핵심 요소이자 복음 선포의 통로이다. 그만큼 교회음악행정은 예배의 본질적 사명과 직결된다. 예배의 목적이 하나님께 영광을 돌리고, 성도들이 그리스도의 형상을 닮아가는 데 있다면, 교회음악행정의 목적은 그 과정을 질서 있게, 효율적으로, 그리고 영적으로 인도하는 데 있다.

본 교재는 다섯 가지 중심 영역으로 구성되어 있다. 첫째, 예배의 질적 향상을 위한 음악행정의 신학적 근거를 다룬다. 둘째, 음악 인력의 효율적 관리와 리더십 구조를 분석한다. 셋째, 재정과 자원의 계획적 운용을 통해 음악사역의 지속 가능성을 확보하는 방법을 제시한다. 넷째, 세대별 맞춤형 음악사역을 통해 교회공동체의 통합적 성장을 도모한다. 마지막으로, 예배 사역 간의 협업 체계를 구축함으로써 예배 전체의 일관성과 영적 깊이를 높인다.

이 책을 통해 독자들이 배우게 될 것은 단순한 관리 기술이 아니다. 교회음악행정은 곧 예배를 섬기는 또 하나의 목회적 사명임을 깨닫게 될 것이다. 행정은 음악을 제약하는 도구가 아니라, 오히려 그 예술적·영적 표현이 더 온전하게 하나님께 드려질 수 있도록 돕는 거룩한 틀이다. 이 책이 신학대학의 교재로서, 그리고 실제 목회현장의 실무서로서 교회음악 사역자들과 목회자들에게 실질적 도움과 새로운 통찰을 제공하길 바란다.

궁극적으로 교회음악행정의 목표는 단 하나이다. 하나님께서 기뻐하시는 예배를 준비하고, 교회가 건강하게 성장하도록 돕는 것이다. 질서 있는 행정과 영감 있는 음악이 만날 때, 예배는 단순한 감정의 시간이 아니라 하나님 나라의 실제가 드러나는 거룩한 사건이 된다. 본 교재가 바로 그 거룩한 사건을 더욱 풍성히 빚어내는 도구가 되길 소망한다.

[목차 table of contents]

I. 여는 글 — 14

II. 행정(administration)의 이해
  1. 행정(行政)의 정의 — 26
  2. 일반행정과 교회행정의 차이점 — 29
  3. 교회행정(church administration)의 이해 — 34
    (1) 교회행정이란? 34
    (2) 교회행정의 필요성 34
    (3) 교회행정에 필요한 요건 38
    (4) 바람직한 교회행정 42
    (5) 교회행정의 목표 44
    (6) 교회행정의 종류 47
    (7) 교회행정의 과정 48
    (8) 교회행정의 평가 48

  4. 현대 교회행정의 변화와 도전 — 49
    (1) 디지털 행정환경(온라인 예배, 데이터 관리, 클라우드 협업) 49
    (2) 하이브리드(혼합) 예배 구조와 음악행정의 변화 50
    (3) 교회의 조직문화와 세대별 리더십 51
    (4) 자원봉사자 중심 사역 운영의 행정적 특징 51

III. 교회행정의 성서적 근거
  1. 교회행정의 성서적 사례: 구약 — 55
    (1) 바벨탑 사건과 하나님의 행정 55
    (2) 모세의 사례: 이드로의 지혜 57
    (3) 사울왕의 사례: 하나님의 후회와 리더십의 부재(不在) 61
    (4) 다윗왕의 사례: 언약궤 사건을 통한 실패와 성공 64

    (5) 느헤미야의 통찰력 *69*
  2. 교회행정의 성서적 사례: 신약 ——————————————— *73*
    (1) 예수님의 행정 *73*
    (2) 사도들의 행정 *78*
    (3) 성서적인 리더십 *84*

IV. 교회음악행정(church music administration)의 이해
  1. 교회음악과 행정 ———————————————————— *90*
    (1) 교회음악이란 *90*
    (2) 교회음악지도(전공)자 *92*
    (3) 교회음악(전공)지도자의 성서적 근거 *95*
    (4) 바람직한 한국교회의 교회음악지도(전공)자 *99*
  2. 교회음악행정 ————————————————————— *102*
    (1) 교회음악행정의 정의 *102*
    (2) 교회음악행정의 필요성 *105*
    (3) 음악 조직의 종류와 적용 *108*
  3. 현대목회에 필요한 교회음악 ———————————————— *112*
    (1) 3가지 예배형식 *112*
    (2) 성공적인 목회를 위한 교회음악의 바람직한 방향 *119*
  4. 교회음악행정과 기술(technology) ——————————————— *121*
    (1) 디지털 악보 관리와 저작권 대응 *121*
    (2) 온라인 예배 음향·영상 운영 행정 *122*
    (3) AI·미디어 도구를 활용한 음악사역 효율화 *123*

V. 음악목회와 제도
  1. 교회에서 음악적인 기능과 역할을 수행하는 담당자의 현황 ———— *126*
    (1) 명칭 *126*
    (2) 교회음악전문인의 역할과 자질 *126*
    (3) 교회음악관련 고용형태 *127*
  2. 교단별 제도적 규정과 내용 ————————————————— *128*
    (1) 대한예수교장로회 *129*

(2) 기독교대한성결교회 *136*
  (3) 기독교한국침례회 *137*

 3. 음악목회의 직업윤리 및 사역윤리 ——————————————— *138*
  (1) 교회음악인의 윤리강령 *138*
  (2) 리더십 갈등과 해결 *138*
  (3) 목회자-음악담당자 간의 관계윤리 *139*

VI. 교회음악전공과 사례비

 1. 예배음악 담당자 사례에 관한 근거들 ——————————————— *143*
  (1) 성서적 근거 *143*
  (2) 역사적 근거 *145*

 2. 교회음악전공자 사례비 나라별/교단별 예시 ——————————— *148*
  (1) 미국 *149*
  (2) 캐나다(Canada) *155*
  (3) 아일랜드 천주교(liturgy - Ireland) *157*
  (4) 영국(RSCM - The Royal School Of Church Music) *158*
  (5) 독일 *161*
  (6) 한국 *164*
  (7) 기타(호주, 브라질) *167*

 3. 교회음악전공자 기준 사례표 ——————————————————— *168*
  (1) 한국교회 교회음악전공자(주당 6시간 이상 ~ 10시간 미만) 사역 사례비(년) 기준표 *171*
  (2) 한국교회 교회음악전공자(주당 10시간 이상 ~ 20시간 미만) 사역 사례비(년) 기준표 *172*

VII. 교회음악과 교과정

 1. 교회음악과 교과정 현황 ——————————————————————— *174*
  (1) 대학별 교회음악과(전공) 교과정 운영 현황 *174*

 2. 교회음악과 융합교과정 ——————————————————————— *178*
  (1) 서울신학대학교 교회음악과 *180*
  (2) 타 대학 교회음악과 교과정 비교 *184*

 3. 현대목회에 필요한 교회음악과 융합교과정 및 전공 예시 ——————— *192*
  (1) 교회음악과 융합교과정 제안 *192*
  (2) 교회음악과 융합교과정의 전공 및 선택과목 제시 *194*
  (3) 교회음악과 미래를 위한 융합교과정 *195*

4. 교회음악인의 리더십 개발 교육 —————————————— 198
    (1) 영성훈련 및 자기관리 198
    (2) 조직 내 의사소통 기술 199
    (3) 예배디자인·미디어리터러시(media literacy) 200

VIII. 찬양대와 찬양(예배)팀의 운영

1. 찬양대 운영의 실제 ——————————————————— 207
    (1) 찬양대의 역사와 기능 207
    (2) 찬양대의 규정과 운영안(manual) 214

2. 찬양(예배)팀 운영의 실제 ————————————————— 225
    (1) 찬양팀의 역사 225
    (2) 찬양(예배)팀의 구성과 운영 230

3. 리더십의 역할 ——————————————————————— 236
    (1) 리더십의 정의 236
    (2) 예배인도자가 갖춰야 할 조건 237
    (3) 예배인도자의 역할과 특징 242
    (4) 예배인도자의 성서적 모델 244
    (5) 팀워크(teamwork)와 팀플레이어(team player) 247

4. 현대 교회음악 용어 ———————————————————— 250
    (1) 음악용어 253
    (2) 기술용어 253

IX. 교회음악행정 실습

1. 한국교회와 미국교회 구인 공고 사례 ———————————— 264
  A. 한국교회 구인 공고 사례
    (1) 사례 1: 중소형 교회 반주자(accompanist) 구인 264
    (2) 사례 2: 대형 교회 지휘자(conductor) 구인 265
  B. 미국 원어민 교회의 구인 공고 사례
    (1) 사례 1: 대형 교회 음악 디렉터 및 오르가니스트(director of music and organist) 266
    (2) 사례 2: 중형 교회 워십 리더 및 음악 책임자(worship pastor / music director) 267
    (3) 사례 3: 워십 디렉터(worship director) 구인 269

2. 한국과 미국교회 구인 공고의 비교 분석 ——————————— 270

3. 구인 구직을 위한 준비 — 271
   (1) 전문성 강화 271
   (2) 시장 변화 이해 271
   (3) 협상력 배양 272
   (4) 독창성과 전문성이 돋보이는 포트폴리오 준비 272

4. 교회음악 사역 지원을 위한 이력서 및 자기소개서 작성 — 272
   (1) 이력서(resume) 작성 요령 및 주의점 272
   (2) 자기소개서(cover letter) 작성 요령 및 주의점 274
   (3) 실제 사례를 통해 배우는 이력서/자기소개서 작성법 275

5. 기획과 실행의 실제 — 278
   (1) 특별찬양(절기)예배 278
   (2) 블랜디드워십(세대통합예배) 280
   (3) 찬양학교(지역문화/예술학교) 282

6. 디지털 콘텐츠 제작 실습 — 284
   (1) 온라인 예배 편집 실무 284
   (2) SNS 홍보용 영상 제작 기획서 작성 285
   (3) 음악사역 미디어팀 협업 프로세스 286

X. 저작권

1. 교회 저작권 관련 법률 조항 및 지침 — 290
   (1) 저작권의 개념과 목적 290
   (2) 음악 저작물 294
   (3) 영상 및 이미지 저작물 295

2. 저작권 위반 시 벌금 및 불이익 — 296
   (1) 형사 처벌 296
   (2) 민사 책임 296

3. 공중송신에 의한 교회음악 저작권 문제 및 해결방안 — 298
A. 저작권 문제의 중요성
   (1) 미디어 산업 발전으로 만들어진 생태계 299
   (2) 선택이 아닌 필수가 된 온라인 예배 300
   (3) 저작권 강화 정책 300
   (4) 교회의 저작권 문제 300

B. 공중 송신
(1) 공중 송신의 의미 *301*
(2) 공중 송신의 종류 *301*
(3) 공중 송신에 의한 교회음악 저작권 문제의 국내외 상황 *302*

C. 교회음악 관련 저작권의 제한 규정과 공중 송신 문제
(1) 비영리적 이용 *302*
(2) 사적 이용을 위한 복제 *303*
(3) 저작물의 공정한 이용 *303*
(4) 위의 3가지 항목에 해당할 경우 편곡 및 개작을 할 수 있음 *303*

D. 공중 송신에 따른 저작권 문제의 예시와 해결방안
(1) 동일성유지권, 2차적 저작물 작성권 *304*
(2) 성명 표시권 *305*
(3) 복제권 *306*
(4) 공중송신권, 2차적 저작물 작성권 *308*
(5) 공중 송신에 따른 저작권 문제의 그 외의 예시와 해결방안 *309*

E. 향후 해결해야 할 저작권 문제
(1) 실연자의 정기적 보수에 의한 공연권 침해 문제 *310*
(2) 친고죄의 확대 문제 *310*
(3) 음악사역자의 저작권 계약 문제 *310*

F. 저작권 FAQ
(1) 찬송가 제목은 저작권이 있나? *311*
(2) 작곡과 작사가 공동의 작품인 경우 저작권 소멸 기한은 언제인가? *311*
(3) 저작권자를 찾을 수가 없을 때 *311*

4. 미래를 위한 준비 ─────────────────── *312*
5. 저작권 관련 행정양식 ───────────────── *314*

XI. 부록(Appendix)
1. 찬양대 운영 매뉴얼 ─ 부록 서식 모음 ──────── *316*
(1) 찬양대 주간 리허설 큐시트 예시 *316*
(2) 연간 예배 음악 계획표 샘플 *316*
(3) 찬양대원 출석 및 소통 관리 양식 *317*
(4) 온라인 연습자료 게시 안내문 *317*

2. 찬양팀(예배팀) 운영 매뉴얼 ─ 부록 서식 모음 ──── *318*

(1) 찬양팀 주간 리허설 플랜 큐시트(예배 찬양팀 주간 리허설 계획표) *318*
  (2) 예배 음향 설정 및 모니터링 체크리스트 *318*
  (3) 예배 영상 및 조명 운영 계획표(영상/조명 운영 큐시트) *319*
  (4) 찬양팀원 역할 및 커뮤니케이션 관리표(찬양팀 역할분담 및 소통 관리) *319*
  (5) 온라인 연습자료 및 예배 피드백 양식 *319*
  (6) 예배인도실습 평가서 *320*

3. 교회음악 행정양식 모음(10대 필수 양식) ———————————— *321*
  (1) 조직·인사 관리 부문 *321*
  (2) 예배·음악 계획 부문 *322*
  (3) 재정·행정 운영 부문 *323*
  (4) 교육·훈련·소통 부문 *323*

4. 교회음악 저작권 관리 및 사용 허가 관련 행정 양식 ———————— *324*
  (1) 예배 중 찬양곡 저작권 사용 확인서 *324*
  (2) 음악 사용허가 신청서 *325*
  (3) 찬양집(악보집) 복제 및 편집 허가 요청서 *325*
  (4) 예배실황 영상 촬영 및 온라인 송출 저작권 점검표 *326*
  (5) 예배 및 행사 영상 제작·배포 허가 요청서 *326*
  (6) 교회 행사 음반(USB/CD) 제작 계획서 *327*
  (7) 음원 복제 및 사용기록 보고서 *327*
  (8) 저작권 사용 내역 종합 관리대장 *327*
  (9) 저작권 침해 예방 교육 시행 보고서 *328*
  (10) 저작권 준수 서약서 *328*

5. 현대 예배(찬양)인도자 명칭 모음 ———————————————— *329*
6. 교회음악의 중요성과 전문인력 필요성 인식조사 설문지 —————— *330*
7. 교회음악 리더십 및 팀 세우기 자료집 ——————————————— *334*
  (1) 리더십 역량 진단표(worship leadership self-assessment) *334*
  (2) 팀 세우기 워크숍 프로그램 계획표 *334*
  (3) 갈등관리 및 커뮤니케이션 가이드 *335*
  (4) 리더십 코칭 기록지 *335*

8. 디지털 교회음악행정 매뉴얼 ——————————————————— *335*
  (1) 클라우드 악보·음원 관리표 *335*
  (2) 데이터 관리 표준화 문서 *336*
  (3) 온라인 회의·리허설 운영 매뉴얼 *336*
  (4) AI 음악보조 도구 리스트 *336*

9. 음악목회 평가 및 자기개발 도구 ——————————— *336*
   (1) 사역평가표 *336*
   (2) 성찰일지 *337*

10. 위기대응 및 지속가능 사역 가이드라인 ——————— *337*
    (1) 예배 비상운영 매뉴얼 *337*
    (2) 자원봉사자 보호 점검표 *337*

XII. 닫는 글 ————————————————————— *338*

II

행정의 이해

Understanding Administration

II. 행정(administration)의 이해

1. 행정(行政)의 정의

"행정"이라는 용어는 라틴어 "ad-"와 "ministrare"의 조합에서 비롯되었다. 여기서 "ad-"는 "to"를 나타내고 "ministrare"는 "서비스를 제공하다"라는 의미를 갖는다. 따라서 "행정"은 라틴어로 "to serve" 또는 "to manage"라는 뜻이다. 이 용어는 고대 로마 시대에 국가의 행정을 설명하는 데 사용되었다. 로마 제국에서는 행정이 중요한 역할을 담당했으며, 공공 서비스를 제공하고 국가의 기능을 관리하는 데 사용되었다. 이후 "행정"이라는 용어는 국가, 조직, 기업 등의 관리와 조직화를 설명하는 데 일반적으로 쓰이게 되었다.

행정은 기본적으로 조직 또는 시스템 내에서 자원을 효과적으로 관리하고 조직의 목표를 달성하기 위한 활동을 포함한다. 이는 대부분 적절한 조직의 구성, 구성원의 역량과 재능을 고려한 인사 배치, 이에 필요한 재정의 확보 및 분배 그리고 모든 행정과정에 대한 평가라는 4가지 영역으로 진행되게 된다. 이러한 진행 과정에서 리더십, 의사결정, 자원 할당, 일정 관리, 정보 전달 등 다양한 요소를 고려해야 하는 행정은 여러 분야에서 적용되며, 공공 부문, 비영리 기관, 기업, 교회 등에서 모두 중요한 역할을 한다.

행정의 사전적 의미를 정리하면 고도의 합리성을 지닌 인간의 협동적 체제, 구조(조직)와 활동(목적활동, 관리활동)을 말한다. 즉 행정은 조직의 목적을 달성하기 위하여 적절한 인적, 물적 자원을 동원하여 유효하게 구성하고 다스리는 전체적인 과정이라 할 수 있다. 이것은 조직체나 집단의 목적을 효율적으로 달성하기 위하여 조직 구성원 간에 유기적인 협동을 이루게 하는 합리적 관리기능이라고 말할 수 있다.

앞에서 말한 행정에 대한 사전적 의미의 공통점이 있다. 그것은 '조직', '운영', '관리', 그리고 이를 위한 '효율성'과 '합리성'이란 단어들이다. 결국, 행정이라는 것은 일을 효율적으로 하고 합리적인 결과를 도출해 내는 일련의 과정을 말하고 있다. 마찬가지로 문제해결이나 목표를 위해 필요한 계획을 구상하고, 조직을 만들어 운영하는데 효율적이고 합리적으로 하는 것을 행정이라고 정의한다.

그렇다면 이러한 행정의 사전적 정의 안에 담겨있는 학문적 의미들에 대해서 잠시 살펴보도록 하겠다. 행정을 잘한다는 것은 직능을 잘 분담하는 것을 의미한다. 여기서 직능은 각 한 사람이 가지고 있는 재능, 즉 교회안에서는 종종 은사라고 말한다. 이 직능을 결정하는 것은 자기가 가지고 있는 재능에 따라 역할을 잘 분담하고 적합한 직능을 잘 결정한다고 하는 것이다. 문제 제기된 상황을 분석하여 원인 규명을 명확하게 하고, 이를 위해 필요한 정책을 공식화하여 이를 진행하는데 그 권한을 위임하고, 책임자를 선정하고, 직원을 훈련하며 이를 위한 모든 유효한 조직과 조직의 목적들을 달성하려는 방법과 자원의 동원이 모두 행정안에 내포된 의미들이다. 다시 정리한다면 이 문장안에서 여러분들이 다시 한번 생각해야 할 부분이 존재한다. 보통 우리가 어떤 것을 결정한다면 결정할 권한이 있다고 한다. 마찬가지로 그것을 진행할 수 있는 권한이 있다고 생각한다. 이런 권한이 위임될 때 '행정적 권한이 위임됐다'고 한다. 즉 이러한 과정을 걸쳐 위임된 권한을 부여받게 되면 책임자, 리더십의 자리로 나아간다는 것을 의미이다. 여기서 우리가 간과해서는 안 될 부분이 있다. 권한과 책임의 위임이라는 의미는 권력이나 힘을 위임받은 것이라 생각하는 경우가 많다. 그래서 어떤 자리에 책임자나 리더십이 되면 요즘 많이 사용하는 '갑(甲)질한다'는 표현을 잠시 돌아볼 필요가 있다. 즉 행정의 바른 의미를 아는 사람은 갑질을 하는 것이 아니라 갑의 자리에서 을의 처지를 대신해 줄 수 있는 역할들을 감당할 수 있을 때 권한과 책임의 올바른 위임이라는 의미로 쓰이게 된다.

그래서 우리는 행정에 대한 배움을 통해 직능을 결정하고 그것을 공식화하고 진행하고 실천하고 결과를 얻어내는 모든 일련의 과정에 어떠한 역할과 권한을 위임받게 될 텐데 이 권한과 위임받은 책임감은 모두가 동등하다는 견해에서 수행할 때 올바른 행정에 학문적 의미가 있다는 것이다. 상하 구조로만 인식된 행정의 잘못된 개념을 버리고 그 안에 담겨있는 올바른 의미를 정확히 안다는 것은 매우 중요한 행정의 시작이라 하겠다.

행정이란 단어에서 주목해야 할 것은 '섬긴다' 또는 '관리한다'는 뜻을 가진 'ministrare'이다. 교회에서 목회자의 직분으로 섬기는 이를 '미니스터(minister)'라고 부른다. 따라서 '목회/사역(ministry)'는 이를 행하는 사람의 행정, 즉 책임과 권한을 위임받은 행위를 동반한 것과 매우 밀접한 관계를 맺고 있다는 것이다. '행정을 잘하면 목회도 잘한다'는 말처럼 목회자와 같은 직분자의 업무 가운데 행정적인 영역밖에 일이 거의 없을 정도로 상당히 다양한 사역의 분야에서 효율적이고 합리적인 업무 능력이 필요하게 된다.

미국의 32대 대통령이였던 루즈벨트대통령은 자신이 쓴 논문에 행정에 대해 잘 정리한 내용이 있을 정도로 행정력이 뛰어난 대통령이었다. 그는 본인의 업무수행에 필요한 행정을 7가지 단어로 정리했다.[1]

P(plannig) 기획
O(organizing) 조직
S(staffing) 인사
D(directing) 지시
C(coordination) 조정
R(reporting) 보고
B(budgeting) 예산

---

1 김남수, 『교회와 음악 그리고 목회』, (요단출판사, 1995), 30-32.

그는 직무를 수행하면서 행정 전반에 가장 많이 쓰이는 과정을 7가지로 분리해 놓았다. 이 과정은 행정을 수행하는데 필요한 내용과 순서 그리고 적용 범위를 잘 함축해 놓았다. 이는 앞으로 다룰 교회행정(church administration)과 그것의 하위개념인 교회음악행정(church music adminiration)에 대한 부분에서도 반복해서 언급될 것이다.

2. 일반행정과 교회행정의 차이점

(1) 목적과 목표

1) 일반행정

일반행정은 사회적 질서 유지와 공공복리 증진을 목적으로 삼는다. 이는 법률과 정책에 근거하며, 자원의 합리적 배분과 운영을 통해 공익을 최대화하는 것이 핵심 목표이다.[2] 해외 자료에서도 "Public administration aims to serve the collective good through structured governance"라고 정의된다.[3]

2) 교회행정

반면 교회행정은 신앙 공동체의 영적 성장과 하나님의 사역 수행을 목적으로 한다. 교회행정은 예배, 교육, 선교, 섬김 등의 사역을 통해 하나님의 뜻을 실현하는 데 초점을 둔다.[4] 실제로 학계에서는 "Church administration focuses on spiritual stewardship rather than secular efficiency"라는 표현으로 교

---

2 김종규, 『행정학개론』, (법문사, 2018), 45.
3 Frederickson, H. G., *Public Administration and Social Equity*, Routledge, 2010, 12.
4 이재철, 『교회행정의 이해』, (생명의말씀사, 2015), 23.

회행정의 영적 본질을 강조한다.[5]

(2) 조직 구조

1) 일반행정

일반행정 조직 구조는 위계적이며 관료제적 성격이 강하다. 권한과 책임이 명확히 분리되고, 업무는 분업화되어 전문성과 효율성을 확보한다. 계층적이고 관료적인 구조로, 권한과 책임이 명확히 분리된다.[6] 해외 저서에서도 Wilson은 관료제 조직이 책임성(accountability)과 통제를 가능케 한다고 지적했다 (Bureaucratic structures ensure accountability and control.).[7]

2) 교회행정

섬김과 협력 중심의 유기적 구조를 지향한다. 교회는 성경적 직분과 공동체적 섬김 원리에 따라 운영되며, 위계보다 섬김 리더십이 강조된다.[8] 한 연구는 "Church governance reflects a servant-leadership model rooted in biblical principles"라는 표현을 통해 이러한 구조적 특성을 학문적으로 설명한다.[9]

(3) 의사결정 과정

1) 일반행정

---

[5] Welch, R. H., "Church Administration: Creating Efficiency for Effective Ministry," Journal of Religious Leadership, Vol. 9, No. 1, 2010, 34.

[6] 박영사편집부, 『조직행정론』, (박영사, 2020), 72.

[7] Wilson, J. Q., *Bureaucracy: What Government Agencies Do and Why*, Basic Books, 1989, p. 89.

[8] 김영한, 교회론과 행정, 두란노, 2019, 58.

[9] Malphurs, A., *Advanced Strategic Planning: A New Model for Church*, Baker Books, 2013, 67.

데이터 분석, 통계, 법적 기준 및 정책 근거를 기반으로 합리적 의사결정을 내린다. 데이터 분석과 법적 기준에 따라 합리적으로 결정한다.[10] 해외 논문에서도 "Decision-making in public administration prioritizes evidence-based policy"라고 Evidence-based policy(근거 기반 정책)가 강조된다.[11]

2) 교회행정

기도와 성경적 분별을 통해 영적 인도하심을 구한다. "교회행정은 하나님의 뜻을 따르는 영적 과정이다".[12] 교회의 여러 결정은 하나님의 인도하심을 구하는 신앙적 과정으로 보며, "영적 분별이 단순한 논리를 넘어 교회의 결정을 이끈다(Spiritual discernment guides church decisions beyond mere logic.)"라는 표현이 종종 인용된다.[13]

[예시] 일반행정은 공연 일정을 비용 분석으로 정하지만, 교회행정은 찬양 순서를 기도로 결정한다.

(4) 자원 관리

1) 일반행정

예산과 인력을 효율적으로 배분하며 비용 절감을 중시한다. 즉, 예산, 인력, 물적 자원 등을 효율적으로 배분하고 비용 절감을 중시한다".[14] 해외 저서에서도 "Resource allocation in administration seeks maximum output"라고

---

10 최영진, 『행정학원론』, (학지사, 2017), 72.
11 Simon, H. A., "Rational Decision Making in Business Organizations," American Economic Review, Vol. 69, No. 4, 1979, 493.
12 박종화, 『교회와 행정』, (기독교대한서회, 2016), 37.
13 Blackaby, H., *Spiritual Leadership*, B&H Publishing, 2001, 45.
14 이정희, 『공동행정의 이해』, (나눔출판, 2019), 37.

나온다.[15]

2) 교회행정

헌금과 봉사 등 신앙적 헌신을 기반으로 자원을 관리한다. "교회는 자원을 하나님의 사역에 맞게 사용한다".[16] "교회의 자원은 하나님의 목적을 위해 청지기적으로 관리된다(Church resources are stewarded for divine purposes.)"라는 말처럼 이론적으로 행정학에서는 자원 배분을 통한 최대 산출(output) 확보가 목표로 여겨진다.[17]

다시 말하자면, 교회의 모든 결정은 인간의 논리를 넘어 하나님의 뜻을 분별하는 영적 통찰에 의해 이루어진다.

(5) 성과 평가

1) 일반행정

정량적 지표(성과율, 만족도, 비용 대비 효과 등)를 바탕으로 평가된다. 객관적 기준이 중심이 되며, 정책 및 프로그램의 효율성이 강조된다.[18] OECD 등 국제기구들이 공공행정의 성과 측정 방법을 제안하고 있다.[19]

2) 교회행정

교회행정은 신앙 성장, 공동체의 화합 및 사역의 열매 등을 정성적 기준으로

---

15 Drucker, P. F., *Management: Tasks, Responsibilities, Practices*, Harper & Row, 1974, 123.
16 최형묵, 『교회재정과 행정』, (살림출판사, 2014), 64.
17 Callahan, K. L., "Effective Church Finances," Review of Religious Research, Vol. 35, No. 2, 1993, 98.
18 김종규, 『행정학개론』, (법문사, 2018), 157.
19 Osborne, D., *Reinventing Government*, Addison-Wesley, 1992, 150.

평가한다.[20] 교회 성공은 영적 영향(spiritual impact)으로 측정되며, "교회의 성공은 영적 영향력으로 측정된다(Church success is measured by spiritual impact.)"라는 문구가 학술 담론에서도 인용된다.[21]

위의 내용을 도표로 정리하면 아래와 같다.

구분	일반행정	교회행정
목적	공공이익, 효율적 운영	영적 성장, 하나님의 뜻
구조	계층적, 관료적	섬김과 협력 중심
의사결정	데이터와 법적 기준	기도와 성경적 분별
자원관리	물질적 효율성	신앙적 헌신 우선
평가	정량적 지표	정성적 영적 열매

• 팀별(모둠)실습

[실제] 연주회장에서 개최되는 일반적인 합창단과 교회에서의 찬양팀 또는 찬양대 운영을 주제로 일반행정과 교회행정을 비교하는 그룹별 실습으로 전반적인 행정의 이해를 더 할 수 있다.

[토론] "찬양 예배의 성공을 어떻게 평가할 것인가?"를 주제로 정량적(참석자 수) vs 정성적(영적 감동) 접근을 논의한다.

---

20 이재철, 『교회행정의 이해』, 112.
21 Dudley, C. S., "Evaluating Church Effectiveness," Congregational Studies Journal, Vol. 12, No. 1, 2005, p. 22.

3. 교회행정(church administration)의 이해

(1) 교회행정이란?

행정의 기본적인 개념에 대한 설명과 이해는 앞에서 언급하였다. 일반행정과 비교해서 교회행정을 이야기할 때 중요하게 다뤄야 할 부분이 바로 '교회'에 대한 올바른 이해이다. 교회는 건물, '큐리아콘'(kyriakon/place)이 아니라 믿는 사람들, '에클레시아'(ecclesia/people)를 뜻한다. 교회는 과거 그리스 시대의 시민정치를 위해 사람들을 밖으로(εκ) 불러 모으는(ἐκκαλnώ) 것으로부터 유래되었다. 다시 말하면, 교회는 특정한 목적을 가지고 구성원의 한사람이 의사결정을 위해 권리를 행사하는 참여자가 되는 것을 의미한다. 따라서 교회의 의미는 자신이 관객이나 청중이 아닌 참여자, 즉 예배의 주체라고 하는 구성원의 정체성을 함께 내포하고 있다. 교회는 목적을 가진 사람들의 모임으로 그 안에서 자기 변형을 경험하고 존재의 가치를 발견한다. 교회는 일반적 조직체(Organization)가 아니라 유기적 조직체(有機的, Organism)이다. 따라서 교회를 영적 공동체(Spiritual Community)라 할 수 있다. 다시 말해, 교회는 눈에 보이는 조직인 유형적인 교회(건물)와 눈에 보이지 않는 무형적 교회(성도)로 나눠진다. 여기서 유기적 관계란 육체적인 관계뿐만이 아니라 영적인(mortal) 관계까지도 연관된 친밀함을 포함한다. 정리하자면, 교회행정은 유·무형적인 조직체를 하나님의 뜻에 따라 성경과 기도의 기반 위에 교회라는 신앙공동체의 섬김과 헌신을 통해 영적 성장을 목적으로 이뤄지는 행정이다.

(2) 교회행정의 필요성
1) 교회의 조직적 성장과 사역의 지속 가능성 확보
교회는 단순히 예배를 드리는 공동체를 넘어, 다양한 부서와 기능을 수행하는 복합적 조직체이다. 교회가 성장함에 따라 교육, 선교, 찬양, 행정, 재정 등

각 사역부서가 독립적이면서도 하나의 비전을 향해 유기적으로 운영되기 위해서는 체계적인 행정 시스템이 필수적이다. 교회행정은 이러한 조직 운영의 중심축으로서, 교회의 비전과 목표를 구체적인 실행 계획으로 전환하는 역할을 한다.

실질적으로 교회행정은 조직 구조의 명확화(조직도 및 직무기술서 작성), 리더십 간의 원활한 의사소통(정기회의 및 보고 체계), 장·단기 전략계획 수립, 사역성과 평가 및 인사체계 구축을 포함한다. 이를 통해 각 부서가 중복되거나 혼선을 빚지 않도록 조율하며, 동시에 교회의 사역이 지속할 수 있도록 기반을 마련한다. Aubrey Malphurs는 『Advanced Strategic Planning for Churches』에서 교회의 비전 실현은 단순한 영적 열정이 아니라, 계획·조직·관리의 일관된 행정 구조를 통해 가능하다고 강조한다. 즉, 교회행정은 교회의 영적 사명과 실제적 운영을 연결하는 "다리(bridge)" 역할을 한다.[22]

2) 성도들의 신앙 성장과 공동체 삶의 체계적 지원

교회행정은 단순히 문서와 재정을 다루는 기능이 아니라, 성도의 신앙 여정을 체계적으로 관리하고 지원하는 신앙 공동체의 관리학이라 할 수 있다. 현대 교회에서는 성도의 신앙 단계별 성장(예배 참여, 양육, 제자훈련, 사역 참여 등)을 추적하고 돕는 시스템이 매우 중요하다. 교회행정은 예배 기획, 교육 프로그램 운영, 상담과 돌봄 체계, 교적 관리, 소그룹 편성 등 성도 개개인의 영적 성장을 지원하는 핵심 기능을 담당한다. 예를 들어, 온누리교회는 새가족 등록부터 제자훈련 과정까지(기초반-성숙반-제자훈련) 단계별 교육을 통해 신앙 성장의 길을 안내하고, 교적관리시스템(ChMS)을 활용해 개인의 참여·성장 기록을 체계적으로 관리한다. 이러한 체계적 행정 없이는 성도의 신앙적 성숙을 지속적으로 지원

---

22 Aubrey Malphurs, *Advanced Strategic Planning*, Baker Books, 2013. 44.

하기 어렵다.

따라서 교회행정은 단순 관리가 아닌 '양육의 인프라'로서 작동하며, 성도의 신앙 성숙을 조직적으로 가능하게 하는 필수 요소이다.[23]

3) 효율적인 재정 관리와 투명한 예산 집행

교회는 비영리 종교기관이지만, 재정의 투명성과 합리성이 확보되지 않으면 교회의 공공성과 신뢰를 유지하기 어렵다. 교회행정은 예산 편성, 회계 관리, 자산운용, 감사 절차를 총괄하며, 헌금과 지출의 모든 흐름을 투명하게 기록·보고해야 한다. 재정 관리의 핵심은 직무 분리(separation of duties), 정기적 보고, 외부 감사이다. 이를 통해 개인의 자의적 판단에 따른 재정 오용을 예방하고, 구성원들에게 신뢰를 제공한다. ECFA(Evangelical Council for Financial Accountability)는 교회의 재정 투명성을 위한 7대 기준(이사회 책임, 재정 공개, 내부 통제 등)을 제시하며, 교회 재정 운영의 국제적 표준으로 자리 잡고 있다.

한국교회에서도 점차 연간 재정보고서 공개, 회계감사 도입, 재정정책 수립 등을 실천하는 교회가 늘어나고 있다. 교회행정은 재정이 '신앙의 열매'로서 공동체를 섬기는 방향으로 사용되도록 보장하는 책임적 기능을 담당한다.[24]

4) 교회 간 협력 및 교단과의 연결 고리 유지

교회는 독립적 존재이지만, 동시에 교단과의 유기적 관계 속에서 정체성과 사명을 공유한다. 교회행정은 교단 본부와의 공식적 보고(인사, 재정, 통계 등), 지역 교회와의 연합사역 조정, 외부기관 및 선교단체와의 협약 관리(MOU)를 담당한다. 이러한 대외 행정은 교회의 영향력 확대와 사역 자원의 효율적 활용을 가능케 한다. 특히, 대규모 선교 프로젝트나 사회공헌 프로그램은 타 교회 및 기관과

---

23 온누리교회 제자훈련 시스템, 2024; Rick Warren, Purpose Driven Church, Zondervan, 1995.
24 ECFA, Seven Standards of Responsible Stewardship, 2023.

의 협력이 없이는 지속될 수 없다. 교회행정은 이러한 네트워크의 "허브(hub)"로서 정보 공유, 일정 관리, 예산 분담, 문서 행정 등을 체계적으로 수행한다. 이러한 협력체계는 교단의 일원으로서 교회의 정체성을 강화할 뿐 아니라, 지역사회와 세계선교를 위한 공동 비전을 실현하는 통로가 된다.[25]

5) 지역사회와의 연계를 통한 사회적 참여 확대

현대 교회는 예배 중심의 공동체를 넘어, 지역사회의 문제에 참여하는 공공적 사명을 지닌다. 교회행정은 사회봉사, 교육, 돌봄, 복지 프로그램을 기획하고 실행하는 데 필요한 인력·예산·협력 체계를 구축한다. 예를 들어, 청주 서문교회는 '드림스쿨'(지역 아동 학습 지원), '사랑의 밥차'(노인 무료급식), '청소년 돌봄 사역' 등을 지역자치단체 및 NGO와 협력해 운영한다. 이러한 사회참여 사역은 교회가 지역사회 속에서 신뢰받는 공동체로 자리 잡게 한다.

교회행정은 이를 위해 사업계획서 작성, 예산 설계, 협약 체결, 위험 관리(법적·안전), 프로그램 평가 등을 총괄한다. 즉, 지역사회 참여는 단순 자선활동이 아니라 체계적 행정이 뒷받침된 공공선 실현이다.[26]

6) 갈등 예방 및 위기관리 체계 수립

교회는 다양한 배경의 사람들이 모이는 공동체이기에 갈등이 불가피하다. 인사 문제, 재정 분쟁, 찬양대·사역 중복, 신학적 견해 차이 등은 교회의 분열로 이어질 수 있다. 따라서 교회행정은 사전에 갈등을 예방하고, 발생 시 효과적으로 조정하는 시스템을 갖추어야 한다.

그 구체적 방법으로는 윤리강령 제정, 내부 고충처리 절차, 중재위원회 구성,

---

25 BoardSource, Nonprofit Governance Practices Survey, 2022; 한국기독교교단협의회, 교회협력 매뉴얼, 2021.
26 청주 서문교회 사회선교위원회 사례, 2023; CDC, Program Evaluation Framework, 2017.

외부 전문가(음악행정가·법률자문) 활용, 위기대응 커뮤니케이션 매뉴얼 작성 등이 있다. 실제로 서울의 한 대형 교회는 찬양대 인사 문제로 조직이 분열될 위기를 맞았으나, 행정 담당자의 중재와 외부 컨설턴트의 조언을 통해 원만히 재편된 사례가 있다. Peacemaker Ministries와 같은 기독교 중재기관들은 '성경적 화해 모델'을 제시하며, 사전 예방과 조정의 중요성을 강조한다. 교회행정은 이러한 갈등관리의 구조적 장치를 마련함으로써 공동체의 건강성을 유지한다.[27]

7) 사역 평가 및 피드백을 통한 지속적인 개선

교회 사역은 한 번의 실행으로 끝나지 않고, 지속적인 개선을 통해 발전한다. 교회행정은 사역의 성과를 정기적으로 평가하고 피드백을 수집하여, 다음 사역에 반영하는 체계를 만든다. 새들백 교회(Rick Warren 목사)는 모든 사역부서에 '사역평가표'를 배포하여 참여율, 헌신도, 영향력 등을 측정하고, 리더 회의를 통해 개선 방향을 논의한다. 이러한 체계는 PDSA(Plan-Do-Study-Act) 사이클 원리에 근거하며, 교회의 사역을 '학습하는 조직'으로 발전시킨다.

평가는 단순한 숫자 기록이 아니라, 사역의 목적과 방향을 재점검하는 신학적 행위이기도 하다. 교회행정은 사역의 성과를 분석하고, 피드백을 조직화함으로써 교회가 끊임없이 갱신되는 살아 있는 공동체가 되도록 돕는다.[28]

(3) 교회행정에 필요한 요건

1) 마인드 셋(mind set)

모든 행정은 기획한 것을 실행에 옮기기 위해 반드시 전제돼야 하는 조건이

27　Peacemaker Ministries, The Path of a Peacemaker, 2020.
28　Rick Warren, Purpose Driven Church, 1995; CDC, Logic Model and Evaluation Framework, 2017.

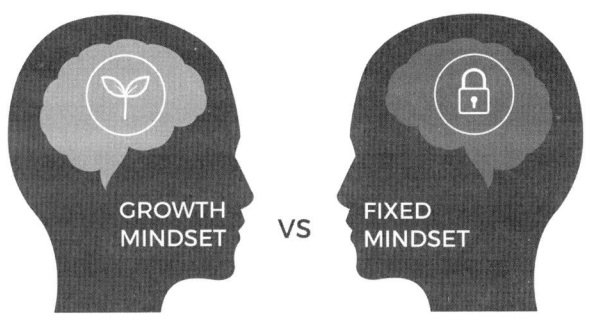

있다. 그중의 하나가 바로 올바른 마음가짐이다. 일반적으로 상황을 인식하고 반응하는데 두 가지 마음가짐이 있다. 첫 번째는 고정관념(Fixed mindset)이고 둘째로는 성장관념(Growth mindset)이다. 고정관념은 특정 집단의 사람들, 사물, 또는 상황에 대해 과도하게 일반화되거나 굳어진 사고방식 또는 믿음으로, 설득이나 새로운 정보를 줘도 쉽게 변하지 않고 고착되는 경향이 있다. 그리고 성장관념(Growth Mindset)이란 개인의 능력과 지능은 고정된 것이 아니라, 노력과 학습, 경험을 통해 발전하고 향상될 수 있다고 믿는 사고방식이다. 성장관념을 가진 사람은 어려움이나 실패를 성장의 기회로 여기며, 끊임없는 노력과 도전을 통해 잠재력을 발휘하고 발전해 나가려는 성향을 가지고 있다. 실제 행정 일을 조직 내에서 실행단계에 옮기기 위해 필요한 인사행정이 선행된다. 이 과정에서 성공적인 결과를 도출해 내기 위해서 각자의 직능에 맞는 임무와 역할을 맡기는 것은 매우 중요하다. 주어진 임무와 역할에 대해 만족도가 높을수록 일의 능률이 오르고 결과적으로 기획단계에서 설정한 목표를 이뤄가는 과정이 수월하고 효율적인 결과를 불러오게 된다. 특히 교회행정에 있어서 사역에 적합한 구성원을 등용하고 동역하는 과정에서 성장관념을 가진 사람과의 동역은 모든 인사행정에 가장 근본적으로 고려해야 할 요건이다. 그렇다면 위의 두 가지 마음가짐을 가진 사람의 특징을 살펴보자.

① 고정관념(Fixed Mindset)을 가진 사람의 특징

고정관념을 가진 사람들은 도전적인 과제를 회피하는 경향이 있다. 이들은 실패를 자신의 능력 부족의 증거로 여기며, 실패를 경험하는 것을 두려워한다. 고정 마인드셋을 가진 사람들은 안전하고 익숙한 과제를 선호하며, 새로운 도전을 시도하는 것을 꺼린다.

② 성장관념(Growth mindset)을 가진 사람의 특징
- a. 노력의 가치 신봉: 자신의 능력과 지능은 타고나는 것이 아니라, 꾸준한 노력과 학습을 통해 얼마든지 향상될 수 있다고 믿는다.
- b. 도전 지향적 태도: 어려운 과제나 도전을 피하지 않고, 오히려 성장을 위한 기회로 받아들인다.
- c. 실패로부터의 학습: 실패를 좌절의 원인으로 여기기보다, 자신의 부족한 부분을 발견하고 발전시킬 귀중한 기회로 생각한다.
- d. 변화에 대한 긍정적 태도: 변화를 두려워하지 않으며, 새로운 기술을 배우거나 새로운 환경에 적응하는 것을 긍정적으로 여긴다.
- e. 지속적인 발전 추구: 현재의 능력에 안주하지 않고, 끊임없이 노력하고 배우면서 자신을 발전시키려고 노력한다.
- f. 피드백 수용: 건설적인 비판이나 피드백을 자신의 성장을 위한 중요한 자료로 받아들인다.

자기성찰을 통한 발전 가능성을 가진 마음가짐이 바로 성장관념이다. 이것은 하나님께서 사람을 통해서 하시는 일, 즉 교회행정의 모든 사역 영역에서 일의 성패를 좌우할 수 있는 매우 중요한 요건 중 하나다.

2) 피크말리온 효과(Pygmalion effect)

피그말리온 효과는 타인의 긍정적인 기대가 그 대상의 성과를 향상시키는 현

상으로, 긍정적인 기대가 자기충족적 예언으로 작용하는 것을 말한다. 그리스 신화에서 유래한 이 용어는 특히 교육 심리학에서 교사의 높은 기대가 학생의 성적 향상으로 이어지는 로젠탈 효과(Rosenthal effect)로도 알려져 있으며, 부정적인 기대가 성과 저하로 이어지는 골렘 효과(golem effect)의 반대 개념이다.

그리스신화에 등장하는 키프로스의 왕 피그말리온은 여성들의 결점을 너무 많이 알기 때문에, 결혼하지 않고 한평생 독신으로 살 것을 결심한다. 하지만 외로움과 여성에 대한 그리움 때문에 아무런 결점이 없는 완벽하고 아름다운 여인을 조각하여 함께 지내기로 하였다. 그는 이 조각상에게 옷을 입히고 목걸이를 걸어주며 어루만지고 보듬으면서 마치 자신의 아내인 것처럼 대하며 온갖 정성을 다하였다. 어느 날 대답 없는 조각상에 괴로워하던 피그말리온은 아프로디테 제전에서 일을 마치고 신들에게 자신의 조각상과 같은 여인을 아내로 맞이하도록 해 달라고 기원했고, 여신 아프로디테(로마신화의 비너스)는 피그말리온의 사랑에 감동하여 여인상에 생명을 주어 조각상을 사람으로 환생시켜 주었다고 한다.

교회행정에 효율적이고 합리적인 결과를 도출해 내기 위해서는 조직 내의 구성원의 역할에 대해 비판과 평가의 개념보다는 칭찬과 기대의 언어를 통해 일의 능률을 올리고 능동적인 참여를 유도하여 긍정적인 결과를 가장 최대치로 끌어 올릴 수 있다.

(4) 바람직한 교회행정

1) 교회행정은 교회가 교회 되게 하는 목적을 성취하는 도구로 사용된다.[29] 행정의 관점에서 보면 교회는 유형적인 건물의 의미를 적용할 수 있는 영역도 있지만, 신앙과 영적 관계로 맺어진 무형적인 교회가 있다. 즉 하나님께서 교회를 세우신 것은 건물을 세운 것이 아니라 바로 하나님의 몸된 성전을 통해서도 하시고자 하는 많은 일도 계획하신다는 점을 간과해서 안 된다. 건물만 세운게 아니라 사람도 세우고 하나님의 사역도 함께 세워나가시기 때문이다. 이것을 통해 교회가 하나님께서 원래 바라고 세우신 목적에 맞게 교회 역할을 하게 만드는 것이 교회행정이 반드시 갖춰야 할 요건이다.

2) 교회행정의 또 하나의 중요한 요건은 바로 선교(전도)적인 사명을 실천하는 것이다. 이 이야기는 예수께서 승천해서 돌아가시기 전에 세상 끝까지 가서 증인이 되라는 인류에 남기신 마지막 지상명령으로 기록된 사도행전 1장 8절의 말씀에 기반을 두고 있다.

3) 교회행정은 예배의 대상이 되시는 하나님 중심적인 것과 동시에 예배의 주체인 인간 지향적인 행정이어야 한다. 세상의 모든 역사를 주관하고 계시는 하나님 중심으로 모든 일을 해나가되, 이 일이 하나님께서 세상에 가장 아름답다고 존귀하게 창조하신 사람을 향하고 사람과 함께 일하신다는 사실이다. 창세기 2장의 기록 가운데 하나님께서는 창조물을 하나씩 이끌어 사람에게 데리고 나오시는 장면이 기록되어 있다. 이것은 창조주의 불필요한 행위가 아니라 창조된 피조물을 소중하게 관리하고 창조된 본연의 모습과 역할과 질서를 유지하고 함께하시고자 하는 창조주와의 공감과 소통의 마음을 헤아릴 수 있어야

29　임영만, 『교회음악 행정』, (한국장로교출판사, 1995), 16-17.

하는 것이 바로 교회 행정의 요건이다.

　4) 교회행정은 교회 전체가 공동의 책임이 주어지는 행정이다. 교회에는 다양한 일과 직책을 맡아 역할을 하는 모든 사람이 유기적으로 관계가 하나의 아름다운 조직체가 된 하나님께서 바라시는 가장 아름다운 공동체이다. 살아 있는 유기체로서의 행정체계가 수립될 수 있도록 하나가 되는 것 또한 교회행정의 중요한 요건이다.

　5) 교회행정은 충성을 세우기 위한 사역의 수단이다. 교회행정은 하나님께 충성하기 위한 행정이다. 하나님께 충성한다는 것은 하나님의 말씀을 따른다는 것이다. 이는 하나님께서 계획하시고 실행하고 싶어 하시는 일을 우리가 순종하고 따르기를 원하시기 때문이다.

　6) 교회행정은 말씀으로 사역하고 봉사하는 임무와 교회에 본질과 사명에 뒷받침하는 사명을 감당하는 것을 전제로 한다. 사명감 없는 사람이 교회행정을 실행하기가 매우 어렵다. 내게 유익한 물질적인 보상을 목표로 하는 세상행정과는 사뭇 다르기 때문이다.

　7) 교회행정에 현대적인 관리도구인 인공지능(A.I.)와 컴퓨터를 활용하는 것을 목표로 해야 한다. 효율과 합리성을 바탕으로 다양한 현대화된 도구를 활용할 수 있어야 한다. 여러 가지 프로그램과 운영 기술을 습득하는 것은 앞으로의 교회행정에 필요한 조건 중 하나다. 컴퓨터를 통해 프로그램을 최대한 활용하여 최소한의 시간과 인력으로 최대한의 효과를 얻을 수 있는 것이 교회행정의 실용적인 목표이기 때문이다.

8) 교회행정에 있어서 과학이나 기술보다는 민주적이어야 하고 인간중심으로 이뤄져야 한다는 인식이 앞서는 행정이 바람직한 행정이다. 내가 많은 기술을 가지고 있어도 갑(甲)의 자리에 있거나 책임과 권한이 나에게만 주어진 것으로 생각하여 독단적인 행동을 통해 행정에 올바른 방향, 원래의 의미를 퇴색시켜버리는 행정을 조직 안에서 하면 안 된다. 모두가 하나님 안에 동등하게 창조 받은 피조물이라는 입장에서 이 행정을 실천해 갈 때 교회도 평안하고 선한 열매가 가득하고 하나님께 기쁨이 되는 교회행정이 될 것이다.

(5) 교회행정의 목표

교회행정의 가장 근본적·궁극적 목표는 하나님께 영광을 돌리는 예배 공동체 구현이다. 행정이 단순히 조직과 절차를 관리하는 수단이 아니라, 예배와 신앙생활, 사역을 통해 하나님께 드리는 제사를 온전히 세우는 통로가 되어야 한다. 교회행정은 "더 많은 헌금, 더 큰 건물, 더 많은 참석자" 같은 외형적 성장이 목적이 아니라, 하나님께 드리는 최선의 예배와 아름다운 제사를 지향해야 한다. 따라서 아래의 목표들은 행정이 지향해야 할 본질적 방향성이다.

1) 하나님께 예배하는 것
교회행정의 최우선 목표는 바로 하나님께 정결하고 감격스러우며 질서 있는 예배를 드리는 것이다. 행정은 예배 순서, 시간 배치, 예배팀 인력 배치, 예배 안건 관리, 음악·조명·무대 기술 등 예배 전반의 요소가 통합되도록 조율한다. 예배의 질이 낮아지면 하나님께 드리는 경배가 퇴색될 수 있으며, 행정이 무질서하면 예배 흐름이 방해받거나 참석자들이 방해를 경험할 수 있다. 따라서 교회행정은 예배를 가장 중심에 두고, 예배의 모든 요소가 조화롭게 연결되도록 조직하고 조정하는 것이 목표다. 예배가 감동적이고 영적으로 의미 있는 공동체 제사로 서도록 하는 것은 행정의 핵심 책임이다.

2) 교인들의 신앙을 유지하고 세우는 것

교회는 조직이기도 하지만 동시에 살아 있는 공동체이다. 행정이 잘 작동하면 교인 간의 관계가 건강해지고, 분쟁이나 분파 현상을 예방할 수 있다. 반면 비효율적이거나 불공정한 행정은 오해, 불신, 갈등, 분열을 낳는다. 따라서 행정의 목표 중 하나는 신앙 관계의 안정성 유지이다. 예컨대, 봉사자 선정, 역할 배치, 인사 이중책임 방지, 민원 처리를 위한 시스템, 갈등 조정 절차 등을 투명하게 설계하고 실행해야 한다. 이러한 행정적 기반 위에서 교인들은 서로 신뢰하며 공동체 안에서 성장하게 된다.

이 목표는 단순히 조직 유지가 아니라, 그리스도의 몸 된 교회가 건강하게 연합되고 상호 돌보며 세워지게 하는 중요한 방향이다.

3) 행정을 통하여 상호 간에 친교 하는 것

교회는 그리스도 안에서 서로가 교제하고 연합하는 공동체이며, 행정은 이러한 친교의 통로가 될 수 있다. 올바른 행정은 조직 내의 유기적 관계(사역팀 간 협력, 멘토-제자 간 연결, 소그룹 간 나눔의 흐름 등)를 구축한다. 예를 들어, 자원봉사자 관리 시스템이 잘 갖춰져 있으면 봉사자 간의 소통과 협력, 감사의 흐름이 자연스럽게 형성되고, 공동체성이 강화된다. 또한, 소그룹 배치 및 이동, 교인 간 네트워크 연결 등을 통해 서로의 삶을 나누고 지지하는 관계가 더 깊어지게 된다.

행정의 목표는 단순한 절차 관리나 배치 조직이 아니라, 교인들 사이의 친밀한 관계가 흐르는 통로를 만드는 것이다. 이런 친교가 예배와 신앙훈련 안에서도 유기적으로 이어질 때 공동체는 더욱 성숙해진다.

4) 행정을 통하여 다른 사람을 전도하는 것

교회행정은 복음 전파의 도구가 되어야 한다. 가장 큰 사명인 지상명령("온 세상에 복음을 전파하라")을 무시한 행정은 방향을 잃은 행정이다. 교회행정은 선교와 전도사역의 기반을 제공해야 한다. 구체적으로는 전도 프로그램 기획, 전도

대원 배치, 전도 동선(예: 교회 주변 지역, 온라인 전도 캠페인), 전도자 양성 프로그램, 전도 참여 기록 및 피드백 등이 포함된다. 전도사역이 원활히 이루어지려면, 행정은 전도자들이 필요한 자료·훈련·자원을 적시에 제공해야 한다.

행정은 단순히 내부 관리만을 목적으로 하지 않고, 복음 전파라는 본질적 사명을 조직적으로 뒷받침하는 기능을 가져야 한다. 이를 통해 행정 자체가 전도의 통로가 된다.

5) 행정을 통하여 봉사하는 것

봉사와 섬김은 교회의 중요한 사역 중 하나지만, 봉사자 관점에서 행정 절차가 복잡하거나 불명확하면 섬김이 부담으로 전락할 수 있다. 행정은 봉사자들이 본래의 헌신을 누릴 수 있도록 봉사의 흐름을 원활하게 만드는 것이 목표이다. 즉, 봉사 신청 절차, 역할 배치, 감사와 피드백, 일정 조정, 교육·매뉴얼 제공 등이 투명하고 예측할 수 있게 운영되어야 한다. 봉사자가 헌신에 보람을 느끼고, 행정적 절차 때문에 지치지 않도록 하는 것이 중요하다.

행정의 목표는 봉사의 부담을 줄이고, 봉사자들이 기쁨으로 섬길 수 있는 환경을 조성하는 것이다.

6) 행정을 통하여 인적자원과 물적자원을 최소화하고 최대의 효율을 올리는 것

교회는 자원이 무한하지 않다. 재정·장비·인력은 제한적이므로, 행정은 최소한의 자원으로 최대의 효과를 낼 수 있어야 한다. 이를 위해 효율성, 생산성, 최적화를 목표로 삼는다.

구체적으로는 자원 배분 우선순위 설정, 비용 대비 효과 분석(Cost-Benefit Analysis), 운영 절차의 간소화, 자동화 시스템 도입(예: ChMS, 헌금 자동화, 설문 자동화 등), 중복 제거, KPI 기반 의사결정 등이 포함된다.

이 목표는 일반 행정조직에서도 통용되는 원칙이지만, 교회 특성상 공동체 선교·섬김·예배 중심이라는 목적과 조화되어야 한다. 즉 효율성을 추구하되,

그것이 예배 중심성 및 선교 사명과 충돌하지 않도록 조율해야 한다.

(6) 교회행정의 종류

교회행정은 일반행정과 마찬가지로 조직, 인사, 그리고 재정 행정을 3대 행정이라 한다. 이 세 가지 영역은 모든 행정에 있어 일의 일관성과 목적 그리고 결과에 대한 가장 중요한 기준이 되기 때문이다.

1) 조직행정

최소한의 노력과 비용으로 목적을 달성하기 위한 인간관계 및 업무조직으로서 조직은 제도화를 의미하며 동시에 의무와 의무 간의 내적 관계를 포함한 절차라 할 수 있다. 즉 이 조직행정은 어떠한 일을 처리해가는데 어떠한 목표의 적합한 구성원으로 조직을 만드느냐가 목표가 되는 것이다. 이 조직행정은 기획을 실행에 옮기는 첫 단추와 같다. 즉 필요한 구조적인 시스템을 구축하는 일은 곧 좋은 결과물로 연결되기 때문이다. 잘못된 조직은 잘못된 결과물을 가져올 수밖에 없다. 구성원들을 어떤 방법으로 구성할 것이냐 재능을 가진 사람을 어떻게 묶어서 조직을 만들 것이냐 등은 추후 조직과 인사에 관한 성경적 사례에서 좀 더 자세하게 다룰 예정이다.

2) 인사행정

행정조직의 목적을 실현하기 위하여 요구되는 인적자원을 선발하여 배치하고 관리하고 운영하는 것이다. 조직이 탄탄하다는 표현은 다시 말하면 그 조직을 구성하고 있는 구성원의 체계가 잘 짜졌다는 뜻이다. 구성원을 각자의 직능과 재능 그리고 성향에 맞게 적재적소(適材適所)에 배치하는 행정이 바로 인사행정이다. 잘못된 인사행정을 통해 전체의 조직이 흔들리는 경우를 종종 목격하게 되는데 이는 위에서 말한 직능에 무관한 인사 배치가 이뤄진 결과이다.

3) 재정행정

예산과 심사분석 및 보고, 결산이 포함된다. 앞서 조직과 인사행정에 성공하더라도 재정행정에서 문제점이 생기게 된다면 모든 행정에 결과에 부정적 영향을 미치게 된다. 예산을 책정하는 과정부터 지출과정 그리고 결산을 보고하는 전 과정이 재정행정에 포함된다. 동일한 재정을 투자해서 결과적으로 손해를 보거나 일 처리가 목적과는 다른 결과를 가져왔을 경우가 실패에 해당된다. 교회행정에서 재정행정은 집단의 이윤만을 내기 위한 자원으로 취급해서는 안 된다. 교회공동체의 삶과 헌신 그리고 하나님을 향한 감사와 소원의 물질적 상징성과 의미를 재정이 투입되는 모든 실행단계에서 항상 재고해야 하겠다.

(7) 교회행정의 과정

교회행정에서 공동체에 주어진 현황과 문제를 파악하고 원인을 분석하여 이를 해결하기 위한 전반의 과정을 거치게 된다. 교회행정을 실행에 옮기는 구체적인 과정은 아래와 같다.

1) 한 집단의 중심목적과 관련해서 정말 필요한 일이 무엇인지 파악하기(원인분석)
2) 모두가 인정하는 문제를 어떻게 해결할 것인가를 구체적으로 계획하기(기획)
3) 수집한 계획을 추진하게 하도록 모든 활동을 통합하여 조직하기(조직/인사)
4) 실천하기(실행)
5) 평가하기(평가)

(8) 교회행정의 평가

교회행정의 마지막 단계이다. 기획하고 실행했던 모든 과정에 대한 평가를 통해 다음번의 기획과 실행에 있어 최소한의 자원으로 최대의 결과를 얻을 수 있게 된다. 모든 실행단계와 결과에 대해 효율성과 합리성이라는 정량적 측면과 아울러 공동체의 신앙 성장과 영적 만족도에 대한 정성적 평가도 함께 이뤄져야 한다. 다음은 교회행정의 평가단계에서 주목해야 하는 몇 가지 기준들을 제시하였다.

1) 효과적이였는가?
2) 능률적이었는가?
3) 과정에 흥미와 보람이 있었는가?
4) 훌륭했는가?
5) 필수적이였는가?
6) 일관성과 일체감을 주었는가?
7) 목적과 방향이 분명하였는가?
8) 경제적이였는가?

4. 현대 교회행정의 변화와 도전

(1) 디지털 행정환경(온라인 예배, 데이터 관리, 클라우드 협업)

코로나 팬데믹 이후 온라인 예배는 선택이 아니라 필수적 행정 과제가 되었다. 디지털 행정환경은 단순한 영상 송출을 넘어, 예배 참석 데이터의 수집·분석(참석 빈도·재시청율·참여도), 클라우드 기반의 악보·교육자료 공유, 온·오프라인 성도 간 소통 플랫폼 통합을 포함한다. 목회자는 기술 도입의 신학적·목회적 의미를 설명하고, 개인정보·저작권·안전(방송 중 개인정보 노출·저작권 위반)에 대한 규정과 절차를 마련해야 한다.[30] 또한, 예배 영상과 사역 자료는 장기 기록보관(archiving)과 접근성(모바일 최적화)을 고려해 관리되어야 하며, 이를 위해 전담 인력 또는 외주 파트너와의 표준 운영절차(SOP)가 필요하다. 기술은 효율성을 높이지만, 대면적 돌봄과 공동체성 회복을 위한 목회적 설계와 균형을 잊어서는 안된다.[31]

(2) 하이브리드(혼합) 예배 구조와 음악행정의 변화

하이브리드 예배는 건물 안 예배와 온라인 참여를 동등하게 설계하는 접근으로, 음악행정에 핵심적 변화를 요구한다. 첫째, 곡 선정과 편곡은 화면에서의 전달력(마이크·믹싱·편집 고려)과 현장 공동체의 몰입감을 동시에 만족시켜야 한다. 둘째, 리허설과 기술 리허설은 물리적 리허설 외에 '라이브 송출 리허설' 항목을 포함하도록 운영체계를 변경해야 한다. 셋째, 오디오·비디오·자막팀과 음악팀의 협업 프로토콜(큐시트 동기화, 비상대응 절차)을 표준화해 예배 중 단절을 방지해야 한다.[32] 마지막으로 하이브리드 환경은 온라인 참여자를 위한 '참여설계'(채팅, 헌금 링크, 소그룹 연결)를 포함하므로, 예배디자인 단계에서부터 목회적 목표와 기술 요구사항을 통합한 다학제적 팀 운영이 필수적이다.[33]

---

30 Pew Research Center, "Americans' Experiences with Virtual Religious Services," June 2, 2023.

31 Christianity Today, "Do you have the copyright clearance to post the content on your website?," May 11, 2020.

32 Church Leadership, "Moving Forward With Hybrid Worship," Feb 15, 2022.

33 M. Huerter, "Hybridity as a Post-Pandemic Norm for Christian Worship," [journal] (2025).

(3) 교회의 조직문화와 세대별 리더십

교회 조직문화는 구성원 세대(베이비부머·X세대·밀레니얼·Z세대)의 가치관 차이를 반영해야 한다. 장로층은 전통·안정·충성도를 중시하고, 젊은 층은 변화·창의·참여성·투명성을 요구하는 경향이 있다. 목회자와 음악담당자는 세대별 특성을 이해하고 소통 전략(언어·매체·역할 분담)을 설계해야 한다. 예를 들어, 의사결정에 젊은 세대를 참여시키는 거버넌스 모델, 디지털 소통 채널의 공식화, 세대 간 갈등 조정 메커니즘(중재·포용적 토론의 장) 도입이 필요하다.[34] 교육 측면에서는 세대 맞춤형 리더십 훈련(영성훈련·기술·팀워크)을 병행해 세대 간 신뢰와 공동체 정체성을 회복시켜야 한다. 조직문화 개선은 단발적 캠페인이 아니라 장기적 행정지표(참여율·자원봉사 지속성·갈등 지표)로 모니터링되어야 한다.[35]

(4) 자원봉사자 중심 사역 운영의 행정적 특징

교회는 많은 사역을 자원봉사자에 의존하므로, 자원봉사자 관리가 곧 교회음악행정의 핵심 운영이다.[36] 효과적 자원봉사 행정은,

1) 명확한 직무기술서와 기대치(작업 범위·시간·책임),
2) 체계적 모집·선발·배치 프로세스(신원확인·역량평가 포함),
3) 정기적 교육·리허설·멘토링,
4) 출석·배치·성과를 기록·분석하는 데이터 시스템,

34　Lifeway Research, "Recognizing Generational Values That Could Divide Your Church," Mar 11, 2024.
35　Church Leaders, "Navigating Generational Differences in Small Groups," 2025.
36　Guidestone, "5-Step Guide to Church Volunteer Management," May 13, 2024.

5) 인정·감사·소진예방 프로그램을 포함한다.

또한, 예배음악팀 특성상 은사(악기·반주·음향)별 훈련 경로와 대체 인력(섀도잉, 대체명단)을 사전에 준비하면 긴급 결원 시 안정성이 높아진다. 행정적으로는 자원봉사자 계약·안전·저작권 준수·개인정보 보호 방안을 문서화하고, 정기적 피드백과 성장 경로를 제공해 장기적 헌신을 유도해야 한다.[37]

---

[37] The Lead Pastor, "Church Volunteer Management Guide," July 4, 2025.

III

교회행정의 성서적 근거

Biblical
Foundations of
Church Administration

III. 교회행정의 성서적 근거

앞에서 행정(administration)의 정의와 의미를 살펴보면서 이 단어가 목회(ministry)라는 단어와 밀접한 관계를 맺고 파생한 단어란 것을 언급하였다. 특정한 자격과 요건을 갖춘 사람에게 국한된 '목회'라는 용어와 범위는 지난 21세기에 들어서며 평신도 전반에 걸친 '사역'이라는 단어로 변모하여 더욱 보편적으로 그리고 광범위하게 통용되는 용어와 범위를 내포하게 되었다. 사실 교회에 출석하는 이가 가장 많이 사용하는 단어 중 하나가 바로 '사역'일 것이다. 그리고 이 사역이란 단어가 가진 사전적 의미의 뜻은 그 내용과 방향을 보다 명확하게 하는데 도움이 된다. 사역의 사전적 의미는 '누군가 나보다 권위와 힘을 가진 사람이 시키는 일을 순종해서 하는 것'으로 해석할 수 있다. 즉 믿는 자들에게 사역의 의미는 우리를 창조하시고 세상을 그 선하신 계획안에서 통치하시는 하나님의 권위 아래서 순종하는 것을 뜻한다. 사역에 있어 하나님의 개입하심은 절대적이며 그 통치 아래 계획하고 진행되며 완성될 때 비로소 하나님께서 기뻐하시는 선한 결과를 경험할 수 있게 된다.

그동안 행정과 관련한 수많은 저서와 교재는 개념과 이해에 대한 전제를 가지고 그 내용을 다뤄왔다. 사실 교회행정의 성공적인 사례를 연구하기 위해 실제로 적용 가능한 교재를 찾아보기 어려웠다. 그 이유는 대부분 사례와 예시가 행정 자체에 가장 큰 의미를 부여했지 그 근본적인 원인과 해답을 찾기 위한 근거 위에 집필된 경우가 아니었기 때문이다. 그래서 가장 모범적인 수많은 사례를 담고 있는 성경을 근거로 교회행정 즉 교회 사역에 필요한 요건들을 다루고자 한다. 하나님께서 기뻐하시는 사역의 기획과 실행 그리고 온전한 결과를 얻기까지 성경에 등장하는 여러 상황을 살펴보면서 행정의 근본적인 지혜와 기준을 탐구하도록 하자.

1. 교회행정의 성서적 사례

(1) 바벨탑 사건과 하나님의 행정(창세기 11장 1-9절)

1 온 땅의 언어가 하나요 말이 하나였더라
2 이에 그들이 동방으로 옮기다가 시날 평지를 만나 거기 거류하며
3 서로 말하되 자, 벽돌을 만들어 견고히 굽자 하고 이에 벽돌로 돌을 대신하며 역청으로 진흙을 대신하고
4 또 말하되 자, 성읍과 탑을 건설하여 그 탑 꼭대기를 하늘에 닿게 하여 우리 이름을 내고 온 지면에 흩어짐을 면하자 하였더니
5 여호와께서 사람들이 건설하는 그 성읍과 탑을 보려고 내려오셨더라
6 여호와께서 이르시되 이 무리가 한 족속이요 언어도 하나이므로 이같이 시작하였으니 이 후로는 그 하고자 하는 일을 막을 수 없으리로다
7 자, 우리가 내려가서 거기서 그들의 언어를 혼잡하게 하여 그들이 서로 알아듣지 못하게 하자 하시고
8 여호와께서 거기서 그들을 온 지면에 흩으셨으므로 그들이 그 도시를 건설하기를 그쳤더라
9 그러므로 그 이름을 바벨이라 하니 이는 여호와께서 거기서 온 땅의 언어를 혼잡하게 하셨음이니라 여호와께서 거기서 그들을 온 지면에 흩으셨더라

바벨탑 사건이 주는 많은 교훈은 현대교회를 운영하는데 필요한 근본적인 깨달음을 주는 부분이 있다. 현대 사회에서 조직의 운영과 기획된 일의 실행과정에 그 구성원 모두가 한마음 한뜻이 되어 함께 한다는 것은 무척이나 바람직한 목표다. 그러나 본문은 조금 다른 관점에서 이 상황을 묵상하도록 기록하고 있다. 세상의 모든 민족이 하나의 언어를 사용하며 소통이 가능했던 시기에 일어난 사건이다. 말과 글이 단일화된 사회에서는 그 결속력과 협동심이 그렇지 않

은 공동체보다 매우 강하게 드러났을 것이다. 그들은 자신들의 결속력을 더욱 강화하기 위하여 세상에서 가장 높은 탑을 쌓기로 하는 원대한 목표를 설정하게 되었다. 물론 이 과정에서 이전부터 전해져 온 방식을 버리고 자신들이 가진 재능과 기술을 집약하여 이 계획을 실행에 옮기게 된다. 모든 일은 일사천리로 진행되는 듯 보였다. 이 모든 과정을 지켜보고 계셨던 하나님은 그들의 계획과 실행과정, 무엇보다도 지극히 인간 중심적인 의도와 목표에 대해 결단을 내리시게 된다. 즉 그들의 언어와 말을 흩으시고 더는 소통이 불가능한 상태로 만들어 버리시며 탑을 짓는 일을 멈추게 하셨다. 결국, 조직의 결속력은 그 즉시로 효력을 잃게 되었고 원대한 계획과 목표는 더 이상 업적으로 남겨지지 않게 된 사건이다. 여기서 우리는 모든 행정에 바탕이 되는 매우 중요한 교훈 한 가지를 발견하게 된다. 그것은 우리의 뜻과 계획을 이루기 위한 소통과 결집이 하나님의 뜻과 계획과 다르며 '불통(不通)'을 통한 창조주의 심판이 따른다는 사실이다.

현대목회와 사역의 많은 영역에서 공통체의 결속을 다지면서 일이 진행될 수 있도록 서로 돕고 협력하는 것이 모두가 선하고 바람직하다고 여기는 경우가 대부분이다. 모든 계획이 실행에 옮겨지며 장애물 하나 없이 순조롭게 진행되는 상황 또한 하나님의 은혜와 도우심이 있기 때문이라 여기는 경우도 그렇다. 과연 그러한가? 우리의 소통과 결집이 무엇을 위한 목표를 두고 있는지를 재고하게 하는 질문이다. 하나님은 당신 뜻과 계획에서 벗어난 사역들을 향해 조직을 흩으시고 관계를 무너뜨리시며 계획된 일이 절대 진행되지 않도록 하나님만의 방법으로 역사하신다는 사실을 기억하면서 교회행정의 모든 과정에 창조주 중심의 준비와 기획 그리고 실행하려는 의지를 수시로 말씀을 통해 재고해야 할 것이다. 진행이 되는 일에 장애물을 세우고 멈춰서게 하시는 하나님의 크고 선하신 뜻을 의심하지 않을 때 우리는 비로소 성공적인 사역의 열매를 맛볼 수 있다.

(2) 모세의 사례: 이드로의 지혜(출애굽기 18장 13-25절)

13 이튿날 모세가 백성을 재판하느라고 앉아 있고 백성은 아침부터 저녁까지 모세 곁에 서 있는지라
14 모세의 장인이 모세가 백성에게 행하는 모든 일을 보고 이르되 네가 이 백성에게 행하는 이 일이 어찌 됨이냐 어찌하여 네가 홀로 앉아 있고 백성은 아침부터 저녁까지 네 곁에 서 있느냐
15 모세가 그의 장인에게 대답하되 백성이 하나님께 물으려고 내게로 옴이라
16 그들이 일이 있으면 내게로 오나니 내가 그 양쪽을 재판하여 하나님의 율례와 법도를 알게 하나이다
17 모세의 장인이 그에게 이르되 네가 하는 것이 옳지 못하도다
18 너와 또 너와 함께 한 이 백성이 필경 기력이 쇠하리니 이 일이 네게 너무 중함이라 네가 혼자 할 수 없으리라
19 이제 내 말을 들으라 내가 네게 방침을 가르치니 하나님이 너와 함께 계실지로다 너는 하나님 앞에서 그 백성을 위하여 그 사건들을 하나님께 가져오며
20 그들에게 율례와 법도를 가르쳐서 마땅히 갈 길과 할 일을 그들에게 보이고
21 너는 또 온 백성 가운데서 능력 있는 사람들 곧 하나님을 두려워하며 진실하며 불의한 이익을 미워하는 자를 살펴서 백성 위에 세워 천부장과 백부장과 오십

부장과 십부장을 삼아

22 그들이 때를 따라 백성을 재판하게 하라 큰 일은 모두 네게 가져갈 것이요 작은 일은 모두 그들이 스스로 재판할 것이니 그리하면 그들이 너와 함께 담당할 것인즉 일이 네게 쉬우리라

23 네가 만일 이 일을 하고 하나님께서도 네게 허락하시면 네가 이 일을 감당하고 이 모든 백성도 자기 곳으로 평안히 가리라

24 이에 모세가 자기 장인의 말을 듣고 그 모든 말대로 하여

25 모세가 이스라엘 무리 중에서 능력 있는 사람들을 택하여 그들을 백성의 우두머리 곧 천부장과 백부장과 오십부장과 십부장을 삼으매

26 그들이 때를 따라 백성을 재판하되 어려운 일은 모세에게 가져오고 모든 작은 일은 스스로 재판하더라

27 모세가 그의 장인을 보내니 그가 자기 땅으로 가니라

모세가 이스라엘 백성을 이끌고 이집트 땅에서 탈출해서 하나님이 약속하신 땅으로 가고 있는 어느 날, 얼마나 많은 사람이 함께했는지, 많은 사람이 있는 것뿐만 아니라 사람의 수 만큼이나 인간관계가 얽혔다는 뜻이었다. 그래서 매일 같이 각종 사건·사고가 끊이지 않고 일어나고 있었다. 당시 이스라엘 민족 전체를 하나님의 뜻에 따라 이끌고 있던 지도자 모세가 혼자서 이 모든 일을 담

당하며 해결하고 해답을 주기에는 역부족이었다. 이 모습을 지켜보던 모세의 장인은 사위인 모세가 열심히 백성들을 살피고 고민이나 어려운 점을 해결해주는 모습을 보고 안타깝기도 하고 한편으로는 지혜가 부족해 보였기도 하였다. 그 장면을 성경은 이렇게 기록하고 있다.

"모세가 그의 장인에게 대답하되 백성이 하나님께 물으려고 내게로 옴이라 그들이 일이 있으면 내게로 오나니 내가 그 양쪽을 재판하여 하나님의 율례와 법도를 알게 하나이다 모세의 장인이 그에게 이르되 네가 하는 것이 옳지 못하도다 너와 또 너와 함께 한 이 백성이 필경 기력이 쇠하리니 이 일이 네게 너무 중함이라 네가 혼자 할 수 없으리라"(출18:17-18)

여기서 주목할 점은 모세는 장인 이드로에게 그가 하나님의 뜻에 따라 가장 선하게 일을 하는 중이라고 호소하는 장면이다. 즉 모세는 당시 자신이 행하고 있는 일이 잘못된 것임을 깨닫지 못하고 있었다. 이는 현재 많은 목회자와 사역을 담당하는 지도자가 범하는 실수의 전형적인 사례이기도 하다. 행정의 시작은 현 상황에 대한 정확한 분석에서 시작된다는 사실을 간과해서는 안 된다. 특별히 잘못된 점을 지적받는데 달갑지 않거나 익숙지 않은 대부분의 목회자나 사역자가 그 역할을 담당하는 자리에 있다. 모든 행정의 책임자는 하나님의 율례와 법도를 잘 행하도록 자신의 하는 일을 정당화하거나 합리화하려는 경향이 있다. 이것은 교회의 성장과 신앙의 성장을 방해하는 가장 큰 걸림돌 중의 하나이다. 오히려 현재 상황을 정확하게 파악하고 문제점을 발견하여 성찰하고 개선하려는 의지를 갖고 모인 조직을 와해하고 분산시키는 결과를 초래하는 경우가 많다. 바로 이때 하나님의 개입하심이 돋보이는 장면이 오늘 소개하고 있는 기록이다. 미디안의 제사장이었던 이드로에게 모세의 행정과 리더십은 선하였지만, 비효율적이고 비능률적이었다.

"너는 온 백성 가운데 능력 있는 사람들 곧 하나님을 두려워하며 진실하며 불의한 이익을 미워하는 자를 살펴서 백성 위에 세워 천부장과 백부장과 오십부장과 십부장을 삼아"(출애굽기 18장 13절)

이드로는 이점을 당면한 문제로 인식하고 이를 개선하기 위한 해결책을 모세에게 전달하였다. 여기서 조직을 편성하는데 필요한 '능력 있는 지도자'의 성경적 조건을 발견하게 된다. 우리는 조직을 구성하고 인사를 배치하는 과정에서 능력 있는 리더, 달리 표현하자면 조직이 하는 일과 구성원이 가지고 있는 은사가 서로 맞도록 적절하게 배분되어 연결될 수 있도록 하는 것이 모든 행정의 시발점이 된다. 출애굽기 18장에 등장하는 기록은 행정을 위해 조직을 짜고 조직의 적절한 인사가 배치되도록 하는 과정이 담겨있다. 여기서 우리는 '능력 있는 사람(21절)'을 뽑는다는 말을 집중해야 하겠다. 천부장, 백부장, 오십부장은 각각 천명의 대표, 백 명의 대표, 그리고 오십 명의 대표를 뜻한다. 이렇게 조직을 편성하고 각각의 그룹을 만들어 조직 내의 작은 사건은 스스로 해결책을 찾고 그렇지 못한 사건은 그 위의 조직의 단계에서 문제를 해결해준다면 공동체 전체에 민생의 많은 문제점을 하나님의 법도에 따라 지혜롭게 해결할 수 있다. 이것은 현대교회에서 위원회 또는 구역을 나누고 그 조직의 대표와 지도자를 세우는 과정과 매우 유사하다. 조직 내에서 잘하는 것과 효율적이거나 합리적인 것 사이에 상당한 괴리감이 있다는 것을 상기시켜주는 사건이다. 다른 표현을 빌리자면 인간적이거나 인격적인 리더십이 행정적으로 무능할 수 있다는 점이다.

자, 그렇다면 성경이 기록한 조직의 대표를 선별하고, 인사배치를 위한 가장 중요한 지도자의 3가지 요건을 살펴보자.

1) **하나님을 두려워하는 자**: 아무리 자신의 능력이 뛰어나도 하나님을 경외하지 않는 사람은 성경에서 이야기하는 능력이 있는 자의 조건에 합당하지 못하다. 피조물인 자신의 위치에서 하나님의 명령에 순종하며 맡겨진 일에 충성

하여 창조주를 향한 겸손하고 겸허한 마음가짐을 가진 자가 능력 있는 지도자라 일컫는다.

2) 진실무망한 자: 거짓이 없고 순수하며, 하늘이 부여한 본성을 따라 거짓됨 없이 행동하는 사람을 뜻한다. '진실무망(眞實無妄)'은 한 치의 거짓이나 허황됨이 없는 참되고 올곧은 상태를 의미, 즉 거짓이 없고 조금의 속임수도 없이 순수하고 진실한 마음을 가진 사람을 말한다.

3) 불의한 이익을 미워하는 (탐하지 않는)자: 부당하거나 옳지 못한 방법으로 얻는 이익을 싫어하고 거부하는 사람을 의미한다. 이는 정직하고 공정한 판단을 내리고, 물질적 탐욕에 흔들리지 않는 덕성 있는 인물로, 공적인 직무 수행에 적합한 인물상을 말한다.

(3) 사울왕의 사례: 하나님의 후회와 리더십의 부재(不在)(삼상 10~13장)
5 블레셋 사람들이 이스라엘과 싸우려고 모였는데 병거가 삼만이요 마병이 육천 명이요 백성은 해변의 모래 같이 많더라 그들이 올라와 벧아웬 동쪽 믹마스에 진 치매

6 이스라엘 사람들이 위급함을 보고 절박하여 굴과 수풀과 바위 틈과 은밀한 곳과 웅덩이에 숨으며

7 어떤 히브리 사람들은 요단을 건너 갓과 길르앗 땅으로 가되 사울은 아직 길갈에 있고 그를 따른 모든 백성은 떨더라

8 사울은 사무엘이 정한 기한대로 이레 동안을 기다렸으나 사무엘이 길갈로 오지 아니하매 백성이 사울에게서 흩어지는지라

9 사울이 이르되 번제와 화목제물을 이리로 가져오라 하여 번제를 드렸더니

10 번제 드리기를 마치자 사무엘이 온지라 사울이 나가 맞으며 1)문안하매

11 사무엘이 이르되 왕이 행하신 것이 무엇이냐 하니 사울이 이르되 백성은 내게서 흩어지고 당신은 정한 날 안에 오지 아니하고 블레셋 사람은 믹마스에 모였음을 내가 보았으므로

12 이에 내가 이르기를 블레셋 사람들이 나를 치러 길갈로 내려오겠거늘 내가 여호와께 은혜를 간구하지 못하였다 하고 부득이하여 번제를 드렸나이다 하니라

13 사무엘이 사울에게 이르되 왕이 망령되이 행하였도다 왕이 왕의 하나님 여호와께서 왕에게 내리신 명령을 지키지 아니하였도다 그리하였더라면 여호와께서 이스라엘 위에 왕의 나라를 영원히 세우셨을 것이거늘

14 지금은 왕의 나라가 길지 못할 것이라 여호와께서 왕에게 명령하신 바를 왕이 지키지 아니하였으므로 여호와께서 그의 마음에 맞는 사람을 구하여 여호와께서 그를 그의 백성의 지도자로 삼으셨느니라 하고 (삼상13:5-14)

사울왕 시대의 사건이다. 이스라엘에 전쟁이 났다. 적군의 수가 셀 수 없을 만큼 많았기에 이스라엘 군대와 백성은 출정을 앞두고 예배를 드리기 위해 모였다. 나라의 절박한 위기 앞에 이스라엘 백성 모두가 두렵고 떨리는 자리에 사울은 속히 관례에 따라 집례자 자격을 가진 제사장 사무엘의 도착을 기다리고 있었다. 일주일이 지나도록 사무엘의 도착 소식이 없자 전쟁을 위해 모인 군사들과 백성들은 흩어지기 시작했고 적군은 코앞에까지 다가와 있었기에 사울은

더는 지체할 수 없다는 초조함에 스스로 제사를 집례해 버렸다.

　사울은 하나님께서 세우신 왕이 아니라 사람들의 기준에서 자신들이 보기에 왕이 되었으면 했던 사람을 그들의 왕으로 추대한 인물이다. 이스라엘 백성을 하나님의 절대적 통치와 역사를 부정하고 자신들이 가시적으로 섬기고 따를 수 있는 지도자를 하나님께 요청하였다. 당시 하나님께 드려지는 제사는 신령한 행위이자 하나님께서 직접 관여하시는 자리였기 때문에 제사장 직분으로 구별된 사람이 아니면 곧 죽임을 당할 수 있었던 중대하고 책임감 있는 절차와 행정이 뒷따르는 자리였다. 사울이 내세운 이스라엘의 절박한 상황은 합리적이고 이성적인 이유가 될 수 있었으나 하나님의 관점과 기준에서 매우 잘못된 판단이었다. 여기서 우리는 하나님의 일을 해가는 과정에 매우 소중한 몇 가지 깨달음을 얻게 된다. 먼저 지도자의 선출과정이다. 구성원의 필요와 요청에 의한 지도자의 선출에 가장 흔한 실수와 실패의 원인은 그 기준과 과정이 하나님의 방법과 계획에서 어긋난다는 것이다. 물론 조직의 대표를 뽑는 과정에 구성원의 역할이 매우 중요하다. 그러나 그 필요와 요구가 하나님의 관점이 아닌 우리의 시선에서 시작된다면 아무리 합리적인 기준이라 할지라도 결국에 실패의 원인이 된다는 사실을 간과해서는 안 된다. 다시 말해 지도자의 필요성이 하나님의 계획과 역사가운데 일어난 결과인가를 분별해야 하겠다. 하나님의 통치와 역사를 인정하지 못하는 믿음 없는 결과가 만들어 낸 인물이란 사실이다.

　다른 하나는 권한을 남용한 사울의 행위를 통해 깨닫는 교훈이다. 12지파로 구성된 이스라엘 민족에게 최초 조직의 대표로 세워진 사울은 그 역할과 권한에 분명한 한계가 있다는 사실을 망각했다. 하나님께서는 그에게 이스라엘 백성의 요청에 자비와 긍휼하심으로 응답하셨다. 지도자로서 사울의 역할은 이스라엘 민족에게 하나님의 존재를 각인시키며 하나님의 기준과 뜻에 따라 통솔해야 하는 직분과 책임을 진 자였다. 조직을 통솔하나 주어진 상황에 대한 해결책을 내는 권한은 그에게 없었다. 특히 지금까지 이스라엘 민족을 이끌어 오신 창조주를 향한 제사를 집례하며 하나님의 뜻을 전달하는 제사장의 역할은 그가 절대로 대신할 수 없는 신령한 영역의 것이었다. 직분을 망각한 사울의 행적을 통해 이스라엘 민족은 큰 고통과 시련의 시간을 가지게 되고 이 사건의 모든 결말에 사울을 이스라엘의 왕으로 세우신 하나님의 후회가 담겨있다.

"사무엘이 죽는 날까지 사울을 다시 가서 보지 아니하였으니 이는 그가 사울을 위하여 슬퍼함이었고 여호와께서는 사울을 이스라엘 왕으로 삼으신 것을 후회하셨더라(삼상 15:35절)"

오늘날 교회의 지도자와 구성원 모두에게 주시는 명확한 가르침을 재고하면서 모든 교회행정에 사람의 기준이 아닌 하나님의 뜻과 계획을 기반으로 지도자를 세우며 위임받은 역할과 직분에 겸손함으로 충성할 수 있어야 하겠다. 그렇다면 사울의 행적을 통해 모든 교회행정가운데 조직의 대표자를 세우는 과정에 반드시 재고해야 하는 지도자의 모습은 무엇인지 간략하게 정리해 본다.

1) 기름 부음을 받지 않은 지도자
2) 직책을 맡은 후 변질한 지도자
3) 권한과 책임을 남용한 지도자
4) 잘못된 결단을 통해 조직을 위험에 빠뜨리는 지도자
5) 하나님께 버림받은 지도자

(4) 다윗왕의 사례: 언약궤 사건을 통한 실패와 성공
(사무엘하 6장 /역대상 13:1-14; 15:25-16:6, 43)

1 다윗이 이스라엘에서 뽑은 무리 삼만 명을 다시 모으고

2 다윗이 일어나 자기와 함께 있는 모든 사람과 더불어 바알레유다로 가서 거기서 하나님의 궤를 메어 오려 하니 그 궤는 그룹들 사이에 좌정하신 만군의 여호와의 이름으로 불리는 것이라

3 그들이 하나님의 궤를 새 수레에 싣고 산에 있는 아비나답의 집에서 나오는데 아비나답의 아들 웃사와 아효가 그 새 수레를 모니라

4 그들이 산에 있는 아비나답의 집에서 하나님의 궤를 싣고 나올 때에 아효는 궤 앞에서 가고

5 다윗과 이스라엘 온 족속은 잣나무로 만든 여러 가지 악기와 수금과 비파와 소고와 양금과 제금으로 여호와 앞에서 연주하더라

6 그들이 나곤의 타작 마당에 이르러서는 소들이 뛰므로 웃사가 손을 들어 하나님의 궤를 붙들었더니

7 여호와 하나님이 웃사가 잘못함으로 말미암아 진노하사 그를 그 곳에서 치시니 그가 거기 하나님의 궤 곁에서 죽으니라

8 여호와께서 웃사를 치시므로 다윗이 분하여 그 곳을 베레스웃사라 부르니 그 이름이 오늘까지 이르니라

9 다윗이 그 날에 여호와를 두려워하여 이르되 여호와의 궤가 어찌 내게로 오리요 하고

10 다윗이 여호와의 궤를 옮겨 다윗 성 자기에게로 메어 가기를 즐겨하지 아니하고 가드 사람 오벧에돔의 집으로 메어 간지라

이스라엘의 왕이었던 다윗의 업적 가운데 매우 중요한 사건을 통해 행정에 대한 성경적 근거와 방법을 살펴보고자 한다. 다윗은 자신이 정성껏 준비한 처소에 하나님의 언약궤를 옮기기 위해 수레를 동원하고 있다. 그러나 이 방법은 이동 중에 하나님의 진노를 받게 되면서 나곤의 타작 마당에서 소가 날뛰며 수레에서 떨어지려는 언약궤를 붙들었던 자신의 종, 웃사가 그 자리에서 사지가 찢겨 잔인하게 죽는 결과를 초래하였다. 이에 두려움을 느낀 다윗은 수레를 돌

려 자신이 마련한 처소가 아닌 오벧에돔의 집에 언약궤를 보관하게 되었다. 여기서 주목할 것은 이 사건 직후에 다윗의 태도이다.

"여호와께서 웃사를 치시므로 다윗이 분하여 그 곳을 베레스웃사라 부르니 그 이름이 오늘까지 이르니라"(8절)

다윗은 자신이 준비한 예배와 찬양을 받지 않으시고 아끼던 종까지 죽음에 이른 사실을 받아들이기 어려웠다. 자신이 준비한 모든 과정에 실패의 원인과 문제점을 깨닫지 못한채 하나님 앞에 스스로 분을 참지 못하고 있는 모습이다. 다양한 사역을 담당하는 위치에서 자신이 준비하고 계획하고 행한 것이 정당하고 옳다고 믿는 잘못된 신념을 가진 지도자를 주변에서 어렵지 않게 찾을 수 있다. 우리가 준비한 것이 하나님의 시선에서 얼마나 거리가 있는지를 파악하고 반성하지 못한 채 믿음과 행위의 정당성을 주장하며 억울해하고 분노하는 경우가 바로 이 사건이 주는 행정에 중요한 교훈이다. 방법과 실천의 정당성이 하나님의 방식이 아닐 때 초래한 결과는 죽음과 두려움이었다. 다윗은 천부장과 백부장 그리고 모든 지도자를 모아 자신이 하려는 행위의 정당성을 인정받고 싶었다(역대상 13장 1절). 그리고 그는 이스라엘의 제사장과 회중들을 자신의 방식으로 회유하여 이 사건에 동참시켰다(역대상13장 2-4절). 철저하게 인간중심적인 행정이었다.

이후 다윗은 약 3개월의 시간을 가지고 자신의 행위와 방법에 대한 재고와 회개의 시간을 갖게 되었다. 그리고 그는 장막으로 옮기는 일을 다시 시도하게 된다.

11 여호와의 궤가 가드 사람 오벧에돔의 집에 석 달을 있었는데 여호와께서 오벧에돔과 그의 온 집에 복을 주시니라
12 어떤 사람이 다윗 왕에게 아뢰어 이르되 여호와께서 하나님의 궤로 말미암아 오벧에돔의 집과 그의 모든 소유에 복을 주셨다 한지라 다윗이 가서 하나님의 궤를 기쁨으로 메고 오벧에돔의 집에서 다윗성으로 올라갈새
13 여호와의 궤를 멘 사람들이 여섯 걸음을 가매 다윗이 소와 살진 송아지로 제사를 드리고
14 다윗이 여호와 앞에서 힘을 다하여 춤을 추는데 그 때에 다윗이 베 에봇을 입었더라
15 다윗과 온 이스라엘 족속이 즐거이 환호하며 나팔을 불고 여호와의 궤를 메어 오니라
16 여호와의 궤가 다윗성으로 들어올 때에 사울의 딸 미갈이 창으로 내다보다가 다윗 왕이 여호와 앞에서 뛰놀며 춤추는 것을 보고 심중에 그를 업신여기니라
17 여호와의 궤를 메고 들어가서 다윗이 그것을 위하여 친 장막 가운데 그 준비한 자리에 그것을 두매 다윗이 번제와 화목제를 여호와 앞에 드리니라
18 다윗이 번제와 화목제 드리기를 마치고 만군의 여호와의 이름으로 백성에게 축복하고
19 모든 백성 곧 온 이스라엘 무리에게 남녀를 막론하고 떡 한 개와 고기 한 조각과 건포도 떡 한 덩이씩 나누어 주매 모든 백성이 각기 집으로 돌아가니라
20 다윗이 자기의 가족에게 축복하러 돌아오매 사울의 딸 미갈이 나와서 다윗을 맞으며 이르되 이스라엘 왕이 오늘 어떻게 영화로우신지 방탕한 자가 염치 없이 자기의 몸을 드러내는 것처럼 오늘 그의 신복의 계집종의 눈앞에서 몸을 드러내셨도다 하니

21 다윗이 미갈에게 이르되 이는 여호와 앞에서 한 것이니라 그가 네 아버지와 그의 온 집을 버리시고 나를 택하사 나를 여호와의 백성 이스라엘의 주권자로 삼으셨으니 내가 여호와 앞에서 뛰놀리라
22 내가 이보다 더 낮아져서 스스로 천하게 보일지라도 네가 말한 바 계집종에게는 내가 높임을 받으리라 한지라
23 그러므로 사울의 딸 미갈이 죽는 날까지 그에게 자식이 없으니라(사무엘하 6장)

다윗은 역사적이고 성서적인 고증을 통해 모세의 때에 언약궤를 이동하는 방법을 찾았고 하나님께서 허락하신 사람들만이 여호와의 궤를 메고 이동할 수 있다는 사실도 깨닫게 되었다(역대상 15장 2절, 12-14절).

12 그들에게 이르되 너희는 레위 사람의 지도자이니 너희와 너희 형제는 몸을 성결하게 하고 내가 마련한 곳으로 이스라엘의 하나님 여호와의 궤를 메어 올리라
13 전에는 너희가 메지 아니하였으므로 우리 하나님 여호와께서 우리를 찢으셨으니 이는 우리가 규례대로 그에게 구하지 아니하였음이라 하니
14 이에 제사장들과 레위 사람들이 이스라엘 하나님 여호와의 궤를 메고 올라가려 하여 몸을 성결하게 하고

15 모세가 여호와의 말씀을 따라 명령한 대로 레위 자손이 채에 하나님의 궤를 꿰어 어깨에 메니라

그는 비로소 자신의 인간 중심적 생각과 방식을 내려놓고 철저하게 하나님의 방법에 따랐으며 왕의 복장이 아닌 특별한 예배와 의식을 위한 복장이었던 '베 에봇(אֵפוֹד בַּד)'을 입었고 제자장과 레위지파 사람들을 앞세우며 자신도 예배자의 한 사람으로 온 정성과 힘을 다하여 하나님께 경배하였다. 이것이 하나님의 행정을 가장 잘 드러내고 있는 사건이기도 하다. 다시 말해 인간의 방법이 아닌 철저하게 하나님의 방식을 찾고 이를 기획하고 실행하는 과정을 통해 행정의 성공사례를 경험할 수 있겠다. 덧붙이자면 이 사건을 통해 하나님의 방법대로란 뜻을 이해하지 못하고 그런 모습을 업신여기고 창피하게 여겼던 다윗의 아내, 미갈의 최후는 어쩌면 하나님의 법도 안에서 올바른 삶을 살아가기 위해 몸부림치는 믿는 사람에게 회심의 미소를 선사하는 장면이라 하겠다. 자 그렇다면 다윗의 언약궤를 옮기는 사건을 통해 살펴본 성공적인 교회행정의 중요한 성서적 근거 3가지를 다음과 같이 정리할 수 있다.

1) 하나님의 방식을 채택한 행정
2) 사람 중심의 행정이 아닌 하나님 중심의 행정
3) 공동체 전체의 참여와 예배가 동반되는 행정

(5) 느헤미야의 통찰력(느 1, 2, 5, 12장)

1 하가랴의 아들 느헤미야의 말이라
아닥사스다 왕 제이십년 기슬르월에 내가 수산 궁에 있는데
2 내 형제들 가운데 하나인 하나니가 두어 사람과 함께 유다에서 내게 이르렀기로

내가 그 사로잡힘을 면하고 남아 있는 유다와 예루살렘 사람들의 형편을 물은즉 3 그들이 내게 이르되 사로잡힘을 면하고 남아 있는 자들이 그 지방 거기에서 큰 환난을 당하고 능욕을 받으며 예루살렘 성은 허물어지고 성문들은 불탔다 하는지라
4 내가 이 말을 듣고 앉아서 울고 수일 동안 슬퍼하며 하늘의 하나님 앞에 금식하며 기도하여 (느1: 1-4)

'교회행정'을 종종 '인생행정'이라고 바꿔서 언급할 때가 있다. 즉 교회행정을 잘한다는 것은 다양한 삶의 상황 가운데 이것을 극복하고 헤쳐나갈 수 있는 지혜를 있다는 의미이다. 이러한 지혜는 주어진 여건이나 환경을 탓하기보다는 이를 부르심과 소명의 기회로 삼아 하나님의 뜻을 분별하여 주어진 상황을 분석하고 개선하고자 하는 통찰력을 말한다. 느헤미야는 자신이 처한 어려운 상황을 통해 비전과 소명을 발견하고 이를 실천하기 위해 하나님께 간구하며 지혜와 도우심을 구했던 인물이다. 당시 이스라엘 민족은 페르시아 제국 아닥사스다 왕 통치시기를 그 배경으로 하고 있다. 이 시기는 바벨론 포로 생활에서 돌아온 유대인들이 예루살렘으로 돌아와 성벽을 재건하고 신앙을 회복하려던 때였다. 느헤미야는 페르시아 왕의 술 시중을 드는 관원장으로 있다가 바벨론의 포로 생활을 하다가 살아 돌아온 유대인들에게 열악한 상황을 듣게 되었다. 느헤미야는 예루살렘 성벽이 파괴되고 무너진 상태임을 알고, 페르시아 왕의 허락을 받아 예루살렘으로 돌아와 성벽 재건을 시작하였다. 이는 단순한 성

벽 재건을 넘어 유대인들의 신앙 회복과 국가 재건의 중요한 의미가 있는 매우 역사적인 사건이었다.

그는 먼저 이스라엘이 처한 상황이 자신의 잘못 때문이 아니라 할지라도 지금의 고통과 어려움을 자신의 탓으로 돌리며 하나님께 회개와 자비를 구하는 기도를 드렸다. 그의 기도는 민족 전체의 죄를 자복하며 회개하는 기도였으며, 하나님의 은혜를 통해 지금 자신에게 주어진 자리와 위치를 누릴 수 있음에 드리는 감사의 기도였다(느1:5-11절). 그의 기도는 오늘날 지도자의 역할을 담당하는 많은 사역자가 가져야 할 첫 번째 마음가짐과 자세가 무엇인지를 분명하게 담고 있다.

> 5 이르되 하늘의 하나님 여호와 크고 두려우신 하나님이여 주를 사랑하고 주의 계명을 지키는 자에게 언약을 지키시며 긍휼을 베푸시는 주여 간구하나이다
> 6 이제 종이 주의 종들인 이스라엘 자손을 위하여 주야로 기도하오며 우리 이스라엘 자손이 주께 범죄한 죄들을 자복하오니 주는 귀를 기울이시며 눈을 여시사 종의 기도를 들으시옵소서 나와 내 아버지의 집이 범죄하여
> 7 주를 향하여 크게 악을 행하여 주께서 주의 종 모세에게 명령하신 계명과 율례와 규례를 지키지 아니하였나이다
> 8 옛적에 주께서 주의 종 모세에게 명령하여 이르시되 만일 너희가 범죄하면 내가 너희를 여러 나라 가운데에 흩을 것이요
> 9 만일 내게로 돌아와 내 계명을 지켜 행하면 너희 쫓긴 자가 하늘 끝에 있을지라도 내가 거기서부터 그들을 모아 내 이름을 두려고 택한 곳에 돌아오게 하리라 하신 말씀을 이제 청하건대 기억하옵소서
> 10 이들은 주께서 일찍이 큰 권능과 강한 손으로 구속하신 주의 종들이요 주의 백성이니이다
> 11 주여 구하오니 귀를 기울이사 종의 기도와 주의 이름을 경외하기를 기뻐하는 종들의 기도를 들으시고 오늘 종이 형통하여 이 사람 앞에서 은혜를 입게 하옵소

서 하였나니 그 때에 내가 왕의 술 관원이 되었느니라

당시 왕의 술시중을 드는 관원장의 역할은 왕의 목숨을 담보로 매우 깊은 신뢰와 충성을 쌓지 않으면 얻을 수 없는 자리였다. 즉 느헤미야는 식민지의 삶에서 자신의 처지나 환경에 얽매이지 않고 성실함과 재능을 인정받았던 인물이라는 것을 알 수 있다. 매일 같이 왕을 대면하던 그에게 이스라엘을 향한 금식과 기도의 시간은 육체적으로도 상당한 고통을 인내해야 했기에 창백하고 여윈 모습으로 왕 앞에 서는 것은 자칫 자신의 목숨을 내어 줄 수 있는 상황에 직면해 있었다. 그러나 그의 충성과 신뢰를 잘 알고 있었던 왕은 그의 수심이 가득하게 비친 모습에 함께 걱정하며 위로하는 모습으로 다가섰다는 기록도 관심이 있게 살펴봐야 하는 장면이다. 그는 두려웠지만, 하나님께서 주신 담대함을 가지고 왕 앞에 자신의 근심과 기도가 무엇을 위함인지를 매우 지혜롭게 전하였다. 여기서 우리는 기획을 실행에 옮기는 방법에 대한 행정의 성경적 근거를 발견할 수 있다. 자신보다 높은 위치에서 더 큰 권한을 가지고 있는 사람과 어떻게 소통하며 설득할 수 있는지 지혜를 얻을 수 있다. 아울러 그의 비전과 소명을 실천하는 요구는 매우 구체적이었고 또한 절차와 순서에서도 왕의 허락과 공감을 끌어낼 수 있을 만큼 합리적이고 효율적이었다. 즉 오랜 시간을 걸쳐 기도로 준비된 매우 확신 명료한 내용과 목표가 담긴 기획안을 제시했던 것이다(느2:1-8절).

물론 이 모든 기획을 실행에 옮기는 과정이 순탄치 않았지만 느헤미야는 포기하지 않고 묵묵하게 일을 해결해나가는 모습을 기록하고 있다. 하나님의 일을 행하는 자리에서 사역을 담당하다 보면 언제나 그 주변에 하나님께서 주신 소명과 비전을 업신여기며 왜곡하고 모함하여 믿는 사람을 실족하게 만들기 위해 자신들의 인생을 낭비하고 있는 무리가 있다.

19 호론 사람 산발랏과 종이었던 암몬 사람 도비야와 아라비아 사람 게셈이 이 말을 듣고 우리를 업신여기고 우리를 비웃어 이르되 너희가 하는 일이 무엇이냐

너희가 왕을 배반하고자 하느냐 하기로(느2:19절)

하나님의 역사에 동참하고 그 뜻에 따라 행하는 여정은 절대로 순탄하지만 않다. 부당한 고난 가운데 고통을 감내하고 모욕감을 삼이고, 하나님의 때와 역사를 간구하면서 선한 일을 멈추지 말아야 하겠다(벧후 2:19-21절). 이러한 삶을 통해 하늘나라의 상급을 쌓고 우리보다 먼저 선을 행하며 고통받으신 그리스도의 발자취를 따르는 것 이것이 교회행정의 가장 기본이 되는 자세라 하겠다.

느헤미야를 통해 배우는 교회행정의 기본 요건을 정리하면 아래와 같다.

1) 시대와 상황을 파악할 수 있는 통찰력
2) 하나님의 은혜와 도우심을 얻는 기도
3) 조직의 다양한 권위와의 소통
4) 장애물을 극복하는 지혜와 지도력
5) 결과에 대한 감사와 경배

2. 교회행정의 성서적 사례: 신약

(1) 예수님의 행정
1) 예수 그리스도의 조직행정: 열두 제자

예수님은 자신의 공생애 가운데 함께 동역할 제자들을 선발하시는 과정으로부터 이 땅에서의 사역을 본격적으로 시작하셨다. 놀라운 사실은 제자 12명 가운데 절반 이상이 어부였다. 여기서 우리는 예수 그리스도의 조직행정과 지도력에 대해 몇 가지 교훈을 얻을 수 있다. 물론 갈릴리 바닷가를 배경으로 그리스도 사역의 기록이 있기에 주변에 제일 많은 직업 또한 고기를 잡는 업종과 관

계된 사람들이었을 것이다. 그러나 그리스도의 구원사역은 한 지역에 국한된 역사가 아니었기에 유능하고 배움의 깊이가 있는 자, 물질적으로 궁핍함이 없는 자, 권위를 가진 자와 같이 누구나 함께 일하는 데 필요한 조건을 갖춘 자를 뽑아야 했을 것이지만 예수님은 그렇게 조직을 구성하지 않으셨다. 성경은 그 이유를 아래와 같이 기록하고 있다.

"형제들아 너희를 부르심을 보라 육체를 따라 지혜로운 자가 많지 아니하며 능한 자가 많지 아니하며 문벌 좋은 자가 많지 아니하도다 그러나 하나님께서 세상의 미련한 것들을 택하사 지혜 있는 자들을 부끄럽게 하려 하시고 세상의 약한 것들을 택하사 강한 것들을 부끄럽게 하려 하시며 하나님께서 세상의 천한 것들과 멸시 받는 것들과 없는 것들을 택하사 있는 것들을 폐하려 하시나니 이는 아무 육체도 하나님 앞에서 자랑하지 못하게 하려 하심이라 너희는 하나님으로부터 나서 그리스도 예수 안에 있고 예수는 하나님으로부터 나와서 우리에게 지혜와 의로움과 거룩함과 구원함이 되셨으니 기록된 바 자랑하는 자는 주 안에서 자랑하라 함과 같게 하려 함이라(고전1:26-31절)"

예수 그리스도의 제자를 뽑아 조직을 꾸리시는 과정을 통해 하나님의 행정과 세상의 일반 행정사이에 가장 큰 차이점을 하나 발견하게 된다. 그것은 사람의 시선과 기준에 맞춰 자격을 갖춘 자가 아닌 하나님께서 쓰시고자 하는 자가 등용된다는 사실이다. 물론 이 기준은 보편적이거나 합리적이지도 않으며 효율적인 과정과 결과로 이어질 것이라는 예측조차 할 수 없는 내용이다. 그런데도 예수님은 왜 이들과 함께 세상을 구원하는 원대한 계획을 실천해 옮기셨는지 깊이 묵상해야 할 것이다. 모든 조건과 자격을 갖춘 이들로 구성된 조직이 그에 맞는 성과를 내는 것은 누구나 기대하고 예측할 수 있을 것이다. 그러나 그리스도를 통해 구원의 계획을 완성해 가시는 역사는 피조물이 이해할 수 없는 창조주만의 기준에 부합한 부르심 가운데 일어난 사건이라는 것을 믿어야 한다. 그리고 이러한 그리스도의 초대에 필요한 따르는 자의 자격과 요건은 오직 '순종'이다. 예수님께서 "나를 따르라"고 부르실 때, 주저하지 않고 주님을 따랐다는 것이다. 신약성경이 가르쳐주고 있는 제자의 길의 첫 번째 사항은 주님께서 부르실 때 즉시 "모든 것을 버려두고 따르는 것"이다. (막 1:16, 18, 눅5:11, 14:33). 신약성경에서 "따르다"(아코루떼오)는 동사는 제자들이 가져야 할 자세 중 으뜸이 되는 사항이다. 12제자들은 모든 소유를 팔아서 가난한 자들에게 다 주고 나서 "나를 따르라"고 명령하시자(마 19:21, 막 10:21, 눅 18:22) 주저함이 없이 곧바로 순종하였다. 이는 구약에서도 동일한 근거와 기록을 찾을 수 있다.

"사무엘이 이르되 여호와께서 번제와 다른 제사를 그의 목소리를 청종하는 것을 좋아하심 같이 좋아하시겠나이까 순종이 제사보다 낫고 듣는 것이 숫양의 기름보다 나으니(삼상 15:22절)"

2) 예수 그리스도의 인사행정: 베드로, 야고보, 요한
"엿새 후에 예수께서 베드로와 야고보와 그 형제 요한을 데리시고 따로 높은 산에 올라가셨더니 그들 앞에서 변형되사 그 얼굴이 해 같이 빛나며 옷이 빛과 같이 희어졌더라(마 17:1절)"

예수 그리스도의 생애가운데 조직을 운영하시고 사역을 완성해 가는 과정에

드러난 특별한 인사행정에 대해 살펴보고자 한다. 예수님은 열두 제자 가운데 특별히 베드로와 야고보 그리고 요한 세 사람만을 따로 불러내셔서 동행하셨던 기록과 장차 예수께서 자신이 대속제물로 이 세상을 구원하시기 위해 죽임을 당할 것이라는 놀라운 계획을 듣게 되는 자리에 이들이 있었다는 기록이 있다(누가복음 9장). 조직의 모든 구성원은 포함하시지 않고 이들만을 별도로 챙기시며 함께 당신의 사역에 초대하신 이유를 잠시 묵상하면서 그리스도의 행정을 통한 또 다른 교훈을 발견하게 된다. 베드로는 예수님께서 "반석"이라는 뜻의 '베드로'라는 이름을 주신 수제자이며, 야고보와 요한은 형제 사이로 "우레의 아들"이라는 별명을 가진, 예수님의 측근 3인방으로 알려져 있다. 이 세 제자는 야이로의 딸을 살릴 때(마가복음 5장), 변화산에 오를 때(마태복음 17장), 겟세마네 동산에서 기도할 때(마가복음 14장) 등 예수님께서 중요한 순간에 특별히 함께하신 인물들이다. 이들의 직업은 모두 어부였으며 성격 또한 다혈질적인 것으로 기록되었던 제자들이다. 그러나 그들의 그리스도를 향한 순종과 열정은 그 어느 제자보다 깊었기에 후에 바울 사도는 그의 편지 가운데 이 세 사람을 교회의 기둥이라 칭하였다(갈라디아서 2, 9장). 그리고 교회의 전통에서 야고보는 소망의 사도, 요한은 사랑의 사도, 그리고 베드로는 믿음의 사도로 각각 매우 특별한 덕을 상징하는 인물로 소개되었다.[38] 인류의 죄악을 대신하여 대속제물로 죽임을 당하게 될 것이라는 엄청난 사실을 감당할 수 있을 만한 인물로 예수님께서는 이 세 제자들만을 구별하여 가르치셨던 것이다.

"지극히 큰 영광 중에서 이러한 소리가 그에게 나기를 이는 내 사랑하는 아들이요 내 기뻐하는 자라 하실 때에 그가 하나님 아버지께 존귀와 영광을 받으셨느니라 이 소리는 우리가 그와 함께 거룩한 산에 있을 때에 하늘로부터 난 것을 들은

---

[38] https://www.quora.com/How-does-Peter-James-and-John-witness-Jesus-passion-and-death

것이라(벧전 1:17-18절)"

그리고 죽음을 이기시는 권세를 가지신 그리스도의 기적이 행해지는 특별한 자리에 이것을 목격하고 경험하여 증명할 수 있는 믿음 가진 자들로 예수님은 이들을 선택하셨다.

"베드로와 야고보와 야고보의 형제 요한 외에 아무도 따라옴을 허락하지 아니하시고(막 5:37절)"

예수님의 조직과 인사에 관한 행적에 대해 한 가지 더 다른 면을 다루고자 한다.

"사도들이 예수께 모여 자기들이 행한 것과 가르친 것을 낱낱이 고하니(막 6:30절)"

예수님은 스스로 조직의 지도자로서의 성실함과 꼼꼼한 면을 갖추고 계셨다. 주변에 어떤 이야기도 주의 깊게 귀 기울여 경청하셨다. 세상 물정에 관심이 없는 것이 아니라 상황이나 환경에 얽힌 다양한 사건 사고에 대해 누구보다 관심을 두고 계셨다는 의미다. 제자들은 익숙하게 자기가 보고, 행한 것을 예수님께 보고하는 시간을 가졌다는 것을 알 수 있다. 그만큼 철저하게 조직을 관리하고 계셨다는 기록이다. 한 사람의 역할을 분담하고 그들이 하는 일에 대해 철저한 보고도 받으시며 공생애의 행적을 실행에 옮기셨다는 뜻으로 해석할 수 있겠다.

지금까지 성경에 기록된 예수님의 조직 및 인사행정의 특징을 통해 몇 가지 교회행정가운데 주의 깊게 묵상하며 적용할 수 있는 교훈들을 살펴보았다. 그렇다면 성경에 기록된 사도들의 행적이 교회행정에 필요한 어떠한 내용들이 있는지를 몇 가지 사례를 가지고 알아보자.

(2) 사도들의 행정

1) 인사행정: 사도행전 6장

"열두 사도가 모든 제자를 불러 이르되 우리가 하나님의 말씀을 제쳐 놓고 접대를 일삼는 것이 마땅하지 아니하니 형제들아 너희 가운데서 성령과 지혜가 충만하여 칭찬 받는 사람 일곱을 택하라 우리가 이 일을 그들에게 맡기고 우리는 오로지 기도하는 일과 말씀 사역에 힘쓰리라 하니 온 무리가 이 말을 기뻐하여 믿음과 성령이 충만한 사람 스데반과 또 빌립과 브로고로와 니가노르와 디몬과 바메나와 유대교에 입교했던 안디옥 사람 니골라를 택하여 사도들 앞에 세우니 사도들이 기도하고 그들에게 안수하니라(행 6:2-6절)"

사도행전 6장은 초기 교회 내 분쟁(헬라파 유대인 과부들에 대한 구제 소홀)에 대응하여 사도들이 기도와 말씀 사역에 전념하기 위해 성령과 지혜가 충만한 일곱 집사(일꾼)를 뽑은 사건을 기록하며, 이는 조직적인 직무 분담과 인재 선발이라는 점에서 현대 인사행정의 원리와도 연결된다. 이 과정에서 사도들은 문제 해결과 교회의 핵심 사명에 집중하기 위해 역할을 위임하고 전문성을 가진 일꾼을 세웠다. 이 과정에서 현대교회에 적용할 수 있는 인사행정의 다양한 교훈을 얻을 수 있다.

첫째로, 문제해결 및 효율성 증대에 관한 것이다. 초기 교회의 갈등을 해결하고 교회의 주요 업무를 효율적으로 수행하기 위해 일손을 분담한 것은 현대 조직의 문제 해결 및 효율성 증대와 유사합니다. 둘째로, 직무 전문성과 인재 발굴에 관한 것이다. 사도들은 단순히 사람을 뽑는 것이 아니라, '성령과 지혜가 충만한 사람'이라는 자격요건을 제시하며 적합한 인재를 발굴했다. 이는 현대 인사행정에서 직무와 역량에 맞는 인재를 선발하는 것과 맥을 같이 한다. 마지막으로 역할과 책임의 분담 즉, 위임에 관한 교훈이다. 사도들이 자신들의 핵심 역량인 말씀 사역에 집중하고, 다른 중요한 역할을 위임하여 전문가에게 맡긴

것은 효과적인 인사관리의 매우 중요한 원리다. 여기서 우리는 직임에 맞는 적절한 역할을 위임하기 위한 세 가지 매우 근본적인 인사 기준으로 제시된 성서적 기준을 발견하게 된다. 먼저 성경은 너희 가운데서 '성령이 충만한 자'를 첫 번째 기준으로 언급하였다. 기독교에서 성령이 충만한 사람은,

① 하나님께 찬양과 감사를 드리며 경외하는 사람이고,
② 이웃을 사랑하고 섬기며 복음을 전하는 사람이며,
③ 성령의 인도하심을 받아 주님의 뜻대로 살아가는 사람이다.

성령 충만함이 가지는 특징을 몇 가지 이해할 필요가 있다. 먼저 하나님을 향한 태도다. 하나님을 향한 기쁨과 뜨거운 마음으로 예배하며 찬양한다. 모든 일에 항상 감사하며, 하나님을 경외하는 마음을 갖는다. 다음으로는 대인 관계 및 행동에 대한 특징이다. 즉 이웃을 사랑하고 섬기며, 서로 존중하고 복종한다. 그리고 성령의 인도하심을 따라 주님의 뜻을 알고 순종하는 삶을 살아가고, 그리스도를 깊이 알고 닮아가며, 봉사의 삶을 살게 되는 영적 성장의 특징을 가진다. 결국, 성령 충만함의 자격을 갖춘 자는 단순히 감정적인 경험을 넘어, 신자의 삶 전체에 변화를 가져올 수 있는 사람이다. 하나님의 임재와 권능을 강하게 느끼고 경험하게 되며, 삶의 다양한 영역에서 하나님의 능력이 나타내게 된다. 이들은 성도 간의 화합, 그리스도께 대한 찬양과 감사, 그리고 그리스도를 향한 경외와 복종이 나타나는 공동체간의 화합 소통의 능력을 갖춘 자이다.

다음으로 두 번째 자격조건은 '지혜 있는 자'다. 기독교에서 지혜 있는 자는 하나님을 경외하고 그 말씀을 따라 행하는 사람이며, 죄와 악을 피하고 시간을 아끼며, 겸손하게 자신을 알고 한계를 분별할 줄 아는 사람이다. 이러한 지혜는 단순히 지식이나 학문이 아니라, 하나님의 뜻을 이해하고 선한 길을 따르는 삶을 통해 나타나며, 결과적으로 축복과 영광을 얻고 보호받는 삶으로 이어진다. 그리고 이런 지혜 있는 자의 특징은 무엇보다도 하나님을 향한 경외감을 바탕

으로 하고 있다. 여호와를 경외하는 것이 지혜의 근본이며, 이러한 마음을 바탕으로 삶의 가르침을 실천하는 사람이다. 또한, 하나님의 뜻이 무엇인지 이해하고 그 말씀을 듣고 행하는 사람이다. 그리고 죄인들과 악인들의 꾀를 따르지 않고, 오만한 자리에 앉지 않으며 악을 멀리하는 사람이다. 이러한 사람은 시간을 아끼고, 세월이 악하니 지혜롭게 행하여 때를 잘 분별하는 사람이다. 겸손과 자아 인식을 갖추고 선을 행하는 자이다. 이렇게 지혜 있는 자격을 갖춘 자가 그 임무를 수행하게 되면 악의 재앙을 피해 하나님의 보호하시는 축복을 얻는 영적인 보호와 축복이 있고, 이 세상에서 존경과 영광을 받으며, 하나님 나날의 영광을 기업으로 받게 된다. 그리고 하나님과의 동행하는 가장 근본적인 축복을 함께 누릴 수 있다.

마지막 세 번째 자격조건은 '칭찬받는 사람'이다. 기독교에서 칭찬받는 사람은 단순히 큰일을 하거나 사회적 성공을 거둔 사람이 아니라, 성령과 지혜가 충만하여 하나님을 믿고 그 가르침을 따라 성실하고 진실하게 살아가는 사람을 의미한다. 이러한 사람들은 맡은 바를 충성스럽게 감당하고 자신을 희생하며 복음과 함께 선한 영향력을 전파하는 삶을 통해 하나님께도 사람들에게도 칭찬을 받게 된다. 특별히 이런 자격조건을 갖춘 사람은 성실하고 진실하기에 맡은 일을 잘 감당하며 주변의 사람들을 가식이 없는 태도로 응대한다. 자신을 희생하면서까지 타인을 돕고 섬기며, 복음을 전하는 데 헌신하는 사람이다. 결국, 이런 사람의 특징은 모든 사람에게 긍정적인 영향을 주며, 자신이 믿는 진리를 삶으로 증명하여 사람들의 본이 되는 삶을 살아가는 인물이다.

2) 팀 워크: 연합사역/동역

성공적인 사역은 하나님의 뜻과 계획에 따라 그 일을 이뤄가시는 데 쓰임을 받는 것이다. 노아, 아브라함, 모세, 다윗, 바울 등 하나님의 구속 역사를 실행에 옮기는 과정에 창조주와 피조물의 연합사역은 지금까지도 이어지고 있다. 이들은 모두 각자의 자리에서 하나님의 부름에 순종하고 믿음으로 나아감으로써 하나님의 뜻이 이 땅에 이루어지도록 이바지했다. 노아는 믿음으로 방주를 짓고 홍수에서 인류를 구원했으며, 아브라함은 믿음의 조상이 되어 열국의 아버지가 되었다. 모세는 이스라엘 백성을 출애굽 시켜 구원했고, 다윗은 하나님 마음에 합한 자로 위대한 왕국을 세웠으며, 바울은 이방인의 사도가 되어 복음을 전파했다. 신약시대에도 사도들의 팀워크 실례를 통해 하나님의 구원 역사를 완성하시는 과정을 성경 곳곳의 기록으로 살펴볼 수 있다.

먼저 등장하는 바울과 누가의 동역을 실례로 들 수 있다. 사도 바울은 의사인 누가와 함께 활동했으며, 누가는 바울의 곁을 지키며 로마 감옥에 갇힌 바울의 사역을 도왔다. 누가는 또한 사복음서 중 하나인 누가복음과 사도행전을 기록하여 사도들의 활동을 전했다. 그리고 베드로와 바울의 협력이다. 베드로는 유대인, 바울은 이방인의 사도로 부르심을 받았지만, 복음 전파라는 동일한 목적을 위해 협력했다. 특히 바울이 베드로를 "이스라엘의 할례받지 못한 자들에게 복음을 전한" 사도들과 달리 "할례받지 못한 이들에게" 복음을 전한 것이라고 묘사하는 장면이 있다. 이는 두 사도가 각자의 영역에서 복음의 사명을 완수하며 서로를 존중하고 협력했음을 보여준다. 또한, 열두 사도의 연합사역을 실례로 들 수 있다. 예수님께서 부활하신 후 열두 사도를 파송하시면서(가룟 유다 대신 맛디아를 택함), 그들에게 대명령을 내리셨다. 이는 열두 사도가 예수님의 부활의 증인으로서 각자의 역할과 은사를 가지고 연합하여 사명을 수행했음을 보여준다. 그들은 함께 기적을 행하고, 복음을 전파하며, 교회를 세워나갔다. 특별히 사도행전을 통해서 본 사도 바울의 팀 사역의 실례를 아래와 같이 발견할 수 있다.

① 바나바-바울-마가(행전 ·3:4-13)

② 바울-바나바와 "그들의 일행"(13:13-15:12)

③ 바울-바나바-유다-실라(15:22-34)

④ 바울-실라(15:40후반)

⑤ 바나바-마가(15:37-39)

⑥ 바울-실라-디모데(16:1-9)

⑦ 바울-실라-디모데-누가(16:10후반부)

⑧ 바울-실라-디모데-아굴라-브리스길라(18:2-23)

⑨ 바울-실라-디모데-누가-아굴라-브리스길라-아볼로(18:24-29)

⑩ 바울-실라-디모데-누가-에라스도-가이오-아리스다고(19)

⑪ 바울-실라-디모데-누가-소바더-아리스다고-세군도-가이오-두기고-드로비모(20:4)

바울의 팀 사역은 그의 사역 전반에 걸쳐서 다양하게 나타난다. 혼자 사역하지 않고 항상 팀과 함께 사역하는 바울의 모습은 낯설지가 않다. 그렇다면 하나님께서 사람을 통해 역사하시는 이유는 무엇인가? 그 이유는 먼저 인간의 존엄성과 목적을 부여하시고자 하는 하나님의 의지라 하겠다. 하나님은 인간을 하나님의 형상대로 창조하셨기에, 인간을 소중히 여기시고 존엄성을 부여하시며, 인간의 존재 자체를 통해 영광을 받으시기 원하신다. 다음으로는 하나님의 뜻을 인간이 경험하게 하신다. 하나님은 전지전능하시기에 홀로 역사를 이룰 수 있지만, 사람을 통해 역사하심으로써 인간이 하나님의 뜻을 경험하고, 그 안에서 하나님의 은혜와 축복을 누리게 하신다. 그리고 인간과의 관계 형성 및 영광 받기를 원하신다. 하나님은 인간을 통해 일하심으로써 인간과 관계를 맺고, 인간은 하나님을 알고 믿음으로써 영생을 얻으며 하나님께 영광을 돌리게 된다. 마지막으로 우리의 참여를 통해 하나님을 알리는 도구로 사용하신다는 것이다. 하나님은 사람을 통해 자신의 뜻과 구원의 계획을 세상에 알리고, 살아계신 하나님을 만나도록 인도하신다.

정리하자면, 하나님의 선하시고 완전하신 계획을 이루시는데 창조주와 피조물의 연합사역과 하나님을 믿는 자들 간의 동역은 성경에 기록된 하나님의 계획을 이루는 과정에 매우 효율적인 성서적 실천방식이라 할 수 있다.

3) 베드로의 행정

성경에서 교회행정에 필요한 많은 기록은 대부분 조직을 이끄는 자에 초점이 맞춰져 있다. 즉 이끄는 자의 역할, 권한, 책임 그리고 자격요건에 대한 지침과 교훈들이 많다. 베드로 사도 역시 하나님을 믿는 사람들을 공동체를 향해 조직을 이끄는 자의 자격과 행위에 대하여 분명한 지침을 기록하고 있다. 그것은 섬기는 지도자, 불의한 이익을 취하지 않는 자 그리고 함께하는 공동체에서 겸손한 모습으로 믿음의 본이 되라는 것이다.

"너희 중 장로들에게 권하노니 나는 함께 장로 된 자요 그리스도의 고난의 증인이요 나타날 영광에 참여할 자니라 너희 중에 있는 하나님의 양 무리를 치되 억지로 하지 말고 하나님의 뜻을 따라 자원함으로 하며 더러운 이득을 위하여 하지 말고 기꺼이 하며 맡은 자들에게 주장하는 자세를 하지 말고 양 무리의 본이 되라 그리하면 목자장이 나타나실 때에 시들지 아니하는 영광의 관을 얻으리라(벧전 5:1-4절)"

그러나 하나님께서 기뻐하시는 행정은 좋은 지도자만으로 완성되지 않는다. 성공하는 행정은 반드시 함께하는 자 즉, 잘 따르는 자와의 아름다운 동역이 있을 때 비로소 완성된다는 것을 기억하자. 베드로는 초대교회에 보내는 자신의 편지로 교회의 지도자뿐만 아니라 함께하는 모든 공동체를 향해 바람직한 자세와 마음가짐 그리고 자격요건에 대해 권면하고 있다.

"마지막으로 말하노니 너희가 다 마음을 같이하여 동정하며 형제를 사랑하며 불쌍히 여기며 겸손하며(벧전 3:8절)"
"무엇보다도 뜨겁게 서로 사랑할지니 사랑은 허다한 죄를 덮느니라 서로 대접하기를 원망 없이 하고 각각 은사를 받은 대로 하나님의 여러 가지 은혜를 맡은 선한 청지기 같이 서로 봉사하라(벧전 4:8-10절)"

"젊은 자들아 이와 같이 장로들에게 순종하고 다 서로 겸손으로 허리를 동이라 하나님은 교만한 자를 대적하시되 겸손한 자들에게는 은혜를 주시느니라(벧전 4:5절)"

성공적인 행정을 위해 필요한 조직의 구성원에게 주시는 말씀을 정리해 보면 다음과 같다.
① 서로 사랑하자
② 한마음으로 서로를 동정하며 불쌍히 여기자
③ 서로 대접하라
④ 서로 봉사하라
⑤ 지도자에게 순종하라
⑥ 서로 겸손하라

(3) 성서적인 리더십

성경에서 제시하는 바람직한 리더십의 핵심은 섬김과 겸손이다. 이는 단순히 도덕적 미덕이 아니라, 공동체를 지도하고 하나님의 사역을 수행하는 지도자의 필수 자격으로 강조된다. 빌립보서 2장 3절은 "아무 일에든지 다툼이나 허영으로 하지 말고 오직 겸손한 마음으로 각각 자기보다 남을 낫게 여기고"라고 기록함으로써, 리더가 자신을 낮추고 공동체의 필요를 우선하는 태도를 가져야 함을 분명히 한다. 이러한 겸손은 권력이나 지위와 무관하게 지도자의 본분이 되며, 조직 내 영향력의 크기가 섬김의 정도로 나타나야 함을 시사한다.

출애굽기 18장 21절에서는 지도자로 세워야 할 자의 자격으로 "능력 있는 사람들 곧 하나님을 두려워하며 진실하며 불의한 이익을 미워하는 자"를 제시한다. 이는 리더십이 단순한 직위나 기술이 아니라, 영적 신앙과 성실함, 공정함에 근거해야 함을 보여준다. 조직에서 지도자의 위치에 오르기를 원하는 사람이 많으나, 실제로 자신이 먼저 본을 보이며 섬기는 자리에 헌신하는 경우는 매우 드물다. 따라서 성경적 리더십은 쉽게 달성되는 것이 아니며, 개인적 야망과 교만은 반드시 멀리해야 한다.

마태복음 20장 26절과 23장 11절, 마가복음 10장 42~45절에서는 리더십의 본질을 '섬김(servant leadership)'으로 구체화한다. 예수는 자신이 제자들의 발을 씻으며 본을 보였듯이(요한복음 13:13~17), 지도자는 권위를 행사하기 위해 위치를 차지하는 것이 아니라, 공동체의 필요와 성장을 위해 먼저 낮아져야 함을 가르친다. 리더의 목적은 개인적 위상이나 권력이 아니라, 공동체의 영적 성숙과 하나님의 사역 실현에 있다. 이는 오늘날 교회행정과 교회음악행정에서도 동일하게 적용된다. 예를 들어, 교회음악 지도자가 찬양 순서를 기획하거나 팀을 운영할 때, 자신의 권위를 과시하기보다 구성원의 은사와 영적 성장을 우선하며 섬김의 본을 보여야 한다.

시편 78:72절과 디모데전서 4장 12절은 지도자가 본이 되어야 함을 강조한다. "그가 그들을 자기 마음의 완전함으로 기르고 그의 손의 능숙함으로 그들을 지도하였다"와 "말과 행실과 사랑과 믿음과 정절에 대하여 믿는 자에게 본이 되어"라는 구절은, 지도자가 자신의 성실함과 부지런함을 통해 공동체에 신뢰와 모범을 제공해야 함을 시사한다. 이러한 태도는 조직 내 갈등과 경쟁을 줄이고, 구성원이 영적으로 성장하도록 돕는 핵심 요소이다.

결론적으로 성서적 리더십은 섬김, 겸손, 성실함, 본보기의 실천이라는 네 가지 축 위에 세워진다. 지도자의 권한과 직위가 곧 리더십의 본질이 아니라, 하나님과 공동체를 섬기는 자세에서 리더십의 진정성이 나타난다. 교회와 그 사역에서 리더는 "내가 아니면 안 된다"라는 생각 대신, 하나님께서 주신 사명을 성실히 수행하고, 구성원에게 본이 되며, 공동체 전체의 영적 열매를 바라보는 태도를 유지해야 한다. 이는 일반 조직행정에서 요구되는 효율성과 합리성을 넘어, 하나님의 뜻을 실현하는 영적 관리와 지도라는 차원에서 교회행정과 교회음악행정 모두에 적용된다. 결국, 성경적 리더십은 단순한 역할 수행이 아니라, 하나님께서 부르신 사역을 충실히 이행하고, 공동체 안에서 신앙과 사랑의 영향력을 확산시키는 삶의 방식으로 정의할 수 있다. 아래 성경 구절은 지도자의 역량을 갖추기 위해 반드시 참고해야 하는 기록이다.

(빌립보서 2:3)
"아무 일에든지 다툼이나 허영으로 하지 말고 오직 겸손한 마음으로 각각 자기보다 남을 낫게 여기고"

(출애굽기 18:21)
"너는 또 온 백성 가운데서 능력 있는 사람들 곧 하나님을 두려워하며 진실하며 불의한 이익을 미워하는 자를 살펴서 백성 위에 세워 천부장과 백부장과 오십부장과 십부장을 삼아"

(마태복음 20:26)
"너희 중에는 그렇지 않아야 하나니 너희 중에 누구든지 크고자 하는 자는 너희를 섬기는 자가 되고"

(시편 78:72)
"이에 그가 그들을 자기 마음의 완전함으로 기르고 그의 손의 능숙함으로 그들을 지도하였도다"

(요한복음 13:13~17)
"너희가 나를 선생이라 또는 주라 하니 너희 말이 옳도다 내가 그러하다 내가 주와 또는 선생이 되어 너희 발을 씻었으니 너희도 서로 발을 씻어 주는 것이 옳으니라 내가 너희에게 행한 것 같이 너희도 행하게 하려 하여 본을 보였노라 내가 진실로 진실로 너희에게 이르노니 종이 주인보다 크지 못하고 보냄을 받은 자가 보낸 자보다 크지 못하나니 너희가 이것을 알고 행하면 복이 있으리라"

(마가복음 10:42~45)
"예수께서 불러다가 이르시되 이방인의 집권자들이 그들을 임의로 주관하고 그 고관들이 그들에게 권세를 부리는 줄을 너희가 알거니와 너희 중에는 그렇지 않을지니 너희 중에 누구든지 크고자 하는 자는 너희를 섬기는 자가 되고 너희 중에 누구든지 으뜸이 되고자 하는 자는 모든 사람의 종이 되어야 하리라 인자가 온 것은 섬김을 받으려 함이 아니라 도리어 섬기려 하고 자기 목숨을 많은 사람의 대속물로 주려 함이니라"

(마태복음 23:11)
"너희 중에 큰 자는 너희를 섬기는 자가 되어야 하리라"

(디모데전서 4장 12절)
"누구든지 네 연소함을 업신여기지 못하게 하고 오직 말과 행실과 사랑과 믿음과 정절에 대하여 믿는 자에게 본이 되어"

IV

교회음악행정의 이해

Understanding
Church Music
Administration

IV. 교회음악행정(Church music administration)의 이해

1. 교회음악과 행정

(1) 교회음악이란

    교회음악은 교회와 음악의 합성어다. 교회[39] + 음악, 신약성경에서 '교회'를 가리키는 명칭은 '에클레시아'(Ekklesia)인데, 이는 '....으로부터'라는 '에크'($\varepsilon\kappa$)와 '부름 받은 사람들'이라는 '클레시아'($\kappa\lambda\eta\sigma\iota\alpha$)가 합쳐진 말이다. 따라서 교회는 건물(예배당,회당)이 아닌 하나님을 믿는 사람들의 모임을 뜻한다. 그리고 개인적이고 주관적인 개념이 아닌 공동체적이고 객관적인 개념으로 "교회"를 이해해야 한다. 그렇다면 믿는 사람들의 공동체를 일컫는 단어 "회중"이란 말을 활용하면, 교회음악은 곧 '회중음악'이라 표현할 수 있다. 교회음악의 개념적인 이해를 좀 더 돕기 위해 "교회음악을 좀 더 명확하게 정의하면 기독교의 역사를 담아낸 공동체 음악이다"라고 설명할 수 있을 것이다. 구약성경과 신약성경 전체를 통해 그리스도를 정점으로 완성해 가고 계시는 하나님의 인류를 향한 구속의 역사와 함께한 공동체의 찬양이라 하겠다. 이러한 회중음악의 대표적인 성서적 기원으로 출애굽기 15장에 소개된 찬송을 예로 들 수 있다. 홍해바다를 건넜던 이스라엘 민족 공동체 전체가 함께 부르던 군집적이고 악기와 춤을 사용하여 선창과 후창의 교창형식을 가진 찬송이다. 이 찬송은 구약에서 공동체

---

[39] 한국교회는 카톨릭 교회가 1784년 이벽이 이승훈에게 북경 천주당을 찾아가 성직자를 만나고 교리서적을 얻어 올 것을 부탁하였다. 북경 천주교를 방문한 이승훈은 스스로 세례를 받은 후 많은 교리서적과 성물을 가지고 1784년 봄에 귀국하여 이벽과 함께 전도하며 세례를 주기 시작하였고 이리하여 신앙공동체가 탄생했는데 권철신, 권일신, 정약전, 정약용 형제들, 이단원등이다. 그리고 개신교 교회는 1884년 4월 아펜셀라와 언더우드 선교사의 내한에서부터 시작된다.

의 의미를 담은 회중전체가 참여하는 찬양으로 성서적 기원을 두고 있다는 점에서 매우 가치가 있는 기록이다. 성경은 미리암을 선지자라 기록하며 그의 지휘와 선창(先唱)을 따라 이스라엘 공동체 사람들은 응답창(應答唱)을 부르며 교대창(交代唱)형식의 찬송을 부르며 했다고 기록하고 있다.[40]

정리하면, 교회음악은 그리스도를 믿는 공동체 즉 회중(성도)들이 주체가 되어 그리스도에 대한, 그리스도에 의한, 그리스도를 위한 음악이다고 정의할 수 있겠다. 교회음악이 그리스도의 삶과 생애를 담고 있지 않다면 그것은 성경적인 교회음악이 될 수 없다. 결국 교회음악의 정의와 개념적인 이해를 위해서는 교회음악은 무엇인가?보다는 교회음악은 무엇을 위한 음악인가?가 더욱 적절한 질문이라 하겠다.[41] 그러면 교회음악은 구체적으로 어떤 분야와 종류의 음악을 포함할까? 여기에 대한 답변은 신학적인 분야의 이해가 필요하겠다. 교회론에서 말하는 교회의 기능 또는 역할(사명)을 살펴볼 필요가 있다. 먼저 교회론에서 다루고 있는 교회의 역할은 크게 5가지로 설명할 수 있다.

1) 예배(λειτουργια 리투르기아)
2) 선교(κήρυγμα 케리그마)
3) 교육(Διδαχή 디다케)
4) 봉사(διακονία 디아코니아)
5) 교제(κοινωνία 코이노니아)

따라서 교회음악은 예배음악, 선교(전도)음악, 기독교교육음악, 봉사(구제/섬

---

40 Andrew Wilson-Dickson, *The Story of Christian Music-from Gregorian Chant to Black Gospel*. (Minneapolis: Fortress, 1992), 16-18.
41 로빈 리버, 조이스 짐머맨, 『예배와 음악』, 허정갑, 김혜옥 역, (서울: 연세대학출판부, 2009), 5-6, 243-265.

김/헌신)음악, 교제(친교)음악 등 교회의 기능과 역할과 관련한 다양한 분야(장르)에서 폭넓게 활용할 수 있는 음악을 포함한다. 그리고 이 가운데 교회의 가장 우선된 역할(기능/사명)은 바로 예배다. 창조주와 피조물의 만남이란 대전제를 바탕으로 설명할 수 있는 예배에 대한 폭넓은 이해와 접근은 교회음악의 분야와 종류에 대한 이해를 돕는데 기초가 된다. 예배의 어원으로 가장 많이 번역된 구약의 샤하(חוה), 야보다(עבד)와 신약의 프로스퀴네오(προσκυνεω), 레이투르기아(λειτουργια)들과 찬양의 어원으로 폭넓게 적용해 온 구약의 할랄(הלל), 야다(ידה), 바락(ברך) 또는 신약의 아이네오(αινεω)는 대부분 행위를 동반한 사역형 어원에서 왔다는 점이 바로 교회음악의 속성을 이해하는 데 매우 흥미롭게 다가온다. 즉 하나님을 향한 예배와 찬양은 예배자들의 행위 즉 삶을 동반한 일체의 반응이 함께 사용되어질 때 그 뜻과 의미가 온전하게 전달되는 것이다. 이렇게 우리의 일상과 밀접한 관계를 맺고 있는 예배는 교회음악의 여러 분야와 삶의 다양한 영역까지 확장되어 이해할 수 있다는 것을 알려준다. 즉 단순히 "하나님께만"이 아니라 하나님에 관한 이야기를 담은 내용이라면 교육, 선교, 봉사 그리고 친교의 영역에서도 폭넓게 활용될 수 있어야 한다는 것이다.

정리하자면, 교회음악은 교회공동체의 역할과 기능과 같은 음악의 분야와 종류가 있으며 이 분야와 종류는 삶과 일상에 매우 밀접하게 관련된 음악이라 할 수 있다.

(2) 교회음악지도(전공)자

일반음악전공은 말 그대로 그리스도와 관련이 없는 음악을 전공하는 것을 말한다. 즉 음악 그 자체를 목표로 둔 전공이라 할 수 있다. 반면에 교회음악전공은 음악이 목표가 아닌 도구과 수단으로 활용하는 전공이라 할 수 있다. 예수님께서 승천하시면서 우리에게 남기고 가신 마지막 지상명령은 바로 "복음전파,

영혼구원"이다. 즉 하나님께서 우리를 위해 하나뿐인 아들 예수 그리스도를 세상에 보내셔서 우리를 대신해 십자가에 못박혀 죽으셨다는 경외롭고 감사한 소식인 '복음'을 전하고 천하보다 귀하게 여기시는 한 영혼을 찾아 그리스도의 품으로 돌려드리는 사역을 위해 음악을 그 도구과 수단으로 활용할 줄 아는 전문가다.

한 설문 조사의 결과에 따르면 대부분 목회자는 교회음악을 포함한 예배찬양 영역에 전문적으로 활용할 수 있는 인력의 필요성을 알고 있거나 공통적으로 인식하고 있다. 그러나 전문인력을 통해 교회가 기대하는 역할과 기능이 무엇인가라는 질문에는 연주자보다는 예배인도자를, 음악가보다는 목양자를, 그리고 전문가보다는 교육가를 선호한다고 답변하였다.[42] 역사적으로 교회음악 전문인들이 목회에 다양한 영역에서 그 역할과 기능을 수행해 왔던 것이 사실이다.[43] 초대 교부로 잘 알려진 그레고리 I세(Gregory I), 암브로우스(St. Ambrose)부터 비트리(Philippe de Vitry), 마쇼(Machault, 1300-1377), 던스터블(Dunstaple, 1390-1453), 옥케겜(Ockeghem, 1430-1495), 비발디(Vivaldi, 1678-1741)에 이르기까지 수많은 인물이 사제의 신분으로 전문 교회음악 활동을 하였다.[44]

성경은 성전에서 예배와 음악을 담당한 전문인력들이 역할과 자질에 대하여 이들은 '제사장'으로 왕의 '선견자'로 그리고 '전문성전음악가'라는 3가지 직분을 동시에 수행해 왔다는 사실을 기록하고 있다. 따라서 교회에서 음악만을 하는 사람을 교회음악인이라 할 수는 없을 것이다. 화려한 조명 아래서 멋진 무대를 꿈꾸며 많은 사람에게 감동을 주는 음악가를 이야기할 때 우리는 교회음악

---

[42] 이상일, "음악사역자에 대한 담임목사들의 의식과 음악사역자 제도에 관한 연구," 「장신논단」, 46-4(2014), 419-448.
[43] Paul Westermeyer, The Church Musician, Harper & Row, Publishers, San Francisco, 1988, 13.
[44] 김남수, 『교회와 음악 그리고 목회』, 21.

의 참가치와 정체성에서 벗어날 때가 종종 있다. 교회음악을 전공하는 것은 어쩌면 세상의 인정을 받는 길, 즉 섬김을 받는 자리가 아닌 섬기는 자의 자리에 내려가 머물려는 노력과 훈련을 통해 얻을 수 있는 자기 십자가를 지고 걷는 전공이라 하겠다.

우리는 여기서 교회음악전공에 이상과 현실의 거리감을 또 한 번 경험하게 된다. 가끔 학생들 가운데 일반 음악가의 꿈을 꾸며 신학대학교를 입학해서 학업을 하는 과정 중에 실망하거나 실족해서 휴학, 또는 다른 학교로 편입을 하는 경우가 있다. 그 이유로는 여러 가지가 있겠지만 자신이 재학 중인 대학으로부터 유명대학처럼 명패가 주는 만족감과 뿌듯함(자부심?)을 얻을 수 없으므로 생긴 "상대적 박탈감"을 예로 들 수 있다. 이것은 그동안 우리나라의 교육현실이 반영된 사회가 주는 성공과 실패에 대한 기준들에서도 쉽게 찾아볼 수 있다. 흔히 말하는 금수저, 흙수저와 같은 말이 그 예가 될 수 있을 것이다. 성경적이고 신학적인 기반 위에 설립한 대학과 교회음악 지도자 양성을 목표로 세워진 학과에 대한 정체성과 소명에 대한 바른 교육과 목표가 재고되지 않고 근시적인 대안들로 현실을 대처한다면 이러한 갈등과 방황은 쉽게 멈추지 않을 것이다.

정리하자면, 교회는 건물(예배당, 회당)이 아닌 하나님을 믿는 사람들의 모임을 뜻한다. 그리고 개인적이고 주관적인 개념이 아닌 공동체적이고 객관적인 개념으로 "교회"를 이해해야 한다. 그렇다면 믿는 사람들의 공동체를 일컫는 단어 "회중"이란 말을 활용하면, 교회음악은 곧 '회중음악'이라 표현할 수 있겠다. 교회음악의 개념적인 이해를 좀 더 돕기 위해 교회음악을 명확하게 정의하면 "기독교의 역사를 담아낸 공동체 음악이다"라고 설명할 수 있다. 구약성경과 신약성경 전체를 통해 그리스도의 십자가 사건을 정점으로 완성해 가고 계시는 하나님의 인류를 향한 구속의 역사와 함께한 공동체의 찬송이라 하겠다. 이러한 회중음악의 대표적인 성서적 기원으로 출애굽기 15장에 소개된 찬송을 예로 들 수 있다. 홍해바다를 건넜던 이스라엘 민족 공동체 전체가 함께 부르던 군집적이고 악기와 춤을 사용하여 선창과 후창의 교창형식을 가진 찬송이다. 이 찬송은 구약에서 공동체의 의미를 담은 회중전체가 참여하는 찬양으로 성서적 기원을 두고 있다는 점에서 매우 가치가 있는 기록이다. 성경은 미리암을 선지자라 기록하며 그의 지휘와 선창(先唱)을 따라 이스라엘 공동체 사람들은 응답창(應答唱)을 부르며 교대창(交代唱)형식의 찬송을 했다고 기록하고 있다.[45]

지역교회의 전반적인 교회사역과 마찬가지로 교회음악은 그리스도를 믿는 공동체 즉 회중(성도)들이 주체가 되어 그리스도에 대한, 그리스도에 의한, 그리스도를 위한 음악이다고 정의할 수 있겠다. 교회음악이 그리스도의 삶과 생애를 담고 있지 않다면 그것은 성경적인 교회음악, 하나님께서 기쁘게 흠양하시는 찬송이 될 수 없다.

(3) 교회음악(전공)지도자의 성서적 근거

성경은 교회음악과 관련하여 구체적이고 체계적인 기록을 남기고 있으며, 이는 오늘날 교회음악전공자의 존재와 사역이 단순한 전문 기술 이상의 영적·신학적 근거를 갖고 있음을 보여준다. 구약성경에서 특히 다윗 시대를 중심으로 성전음악의 조직과 직무는 상세하게 기록되어 있으며, 이는 음악 사역이 하나님께 드리는 예배의 중요한 요소임을 분명히 한다. 역대상 25장 1~7절에 따르면, 다윗은 군대장관들과 함께 아삽, 헤만, 여두둔의 자손 중에서 음악 담당자를 구별하여 수금, 비파, 제금 등 악기를 연주하고 신령한 노래를 부르게 하였으며, 그 수효가 288명에 달했다고 한다. 이 기록은 당시 성전음악 조직이 단순한 악기 연주나 노래를 넘어, 체계적이고 전문화된 사역으로 운영되었음을 보여준다. 또한, 각 음악가의 직무와 역할이 명확히 구분되어 있었으며, 하나님께

---

45 Andrew Wilson-Dickson, *The Story of Christian Music-from Gregorian Chant to Black Gospel.* (Minneapolis: Fortress, 1992), 16-18.

감사하고 찬양하는 영적 책임이 강조되었다는 점에서, 음악전공자가 수행하는 교회음악의 직무는 단순한 예술적 활동이 아닌 하나님의 사역을 직접 섬기는 신령한 사역임을 알 수 있다.

역대상 29장 25~30절과 역대하 5장 12~14절은 성전음악이 단순히 노래와 악기 연주에 그치지 않고, 제사와 번제와 연계되어 하나님께서 임재하시는 순간에 이르러 공동체와 함께 예배의 전체적 흐름을 인도하는 역할임을 보여준다. 나팔 부는 제사장과 악기를 연주하는 레위 사람들의 조화는 하나님의 영광이 성전에 가득할 때까지 예배를 끌어가는 중요한 기능이었다. 이는 오늘날 교회음악전공자가 단순히 음악적 기술만을 제공하는 것이 아니라, 예배의 영적 분위기와 신앙 공동체의 영적 경험을 형성하는 핵심적 사역임을 의미한다.

성경에는 당시 성전음악가들의 구체적 사례도 기록되어 있다. 아삽은 다윗의 장막에서 예배를 드릴 때 찬양하는 책임자로, 시편 50편과 73~80편을 작곡하며 예배 인도자와 지휘자 역할을 수행하였다. 헤만은 다윗 시대 하나님의 말씀을 받드는 왕의 선견자로서, 오케스트라 지휘와 음악 총괄을 담당하였으며, 그의 아들들과 딸들은 기악부에서 악기를 연주하였다. 여두둔은 현악부를 담당하며 음악감독과 지휘자 역할뿐만 아니라 시편 39편, 62편, 77편을 작곡하였다. 이와 같은 기록은 교회음악전공자가 단순히 개인적 음악적 재능을 활용하는 수준이 아니라, 공동체 예배를 조직하고 영적 메시지를 음악을 통해 전달하는 목회적 전문인임을 보여준다.

또한, 성경의 기록에서 드러나는 성전음악가들의 자질과 역할은 오늘날 교회음악전공자가 갖추어야 할 신앙적·영적 기준과도 맞닿아 있다. 단순히 기악이나 성악 기술에 그치는 것이 아니라, 하나님을 경외하고 성실하며 공동체를 섬기는 태도가 요구된다(출애굽기 18:21). 아삽, 헤만, 여두둔 등은 단순히 곡을 연주하는 연주자가 아니라, 하나님의 말씀과 예배의 질서를 구현하는 영적 지도자였으며, 이는 현대 교회음악전공자가 음악적 전문성과 신앙적 헌신을 함께 갖추어야 함을 시사한다.

성전음악 담당자들의 역할은 또한 예배 참여자 전체와 연계되어 있었다. 에스라 3:10~12절과 느헤미야 12:40~43절에서는 제사장과 레위 사람, 나팔 부는 자와 노래하는 자가 함께 서서 찬양하며, 공동체가 하나님께 감사하고 경배하는 장면이 기록되어 있다. 이는 교회음악전공자가 단순히 음악적 재능으로 공연을 제공하는 것이 아니라, 예배 공동체 전체의 영적 경험과 참여를 이끄는 사역자임을 명확히 보여준다. 음악을 통한 영적 인도와 공동체 참여의 조율은 오늘날 교회음악전공자의 전문적 역할과 직결된다.

"다윗이 군대장관들로 더불어 아삽과 헤만과 여두둔의 자손 중에서 구별하여 섬기게 하되 수금과 비파와 제금을 잡아 신령한 노래를 하게 하였으니 그 직무대로 일하는 자의 수효가 이러하니라 아삽의 아들 중 삭굴과 요셉과 느다냐와 아사렐라니 이 아삽의 아들들이 아삽의 수하에 속하여 왕의 명령을 좇아 신령한 노래를 하며 여두둔에게 이르러는 그 아들 그달리야와 스리와 여사야와 하사뱌와 맛디디야 여섯 사람이니 그 아비 여두둔의 수하에 속하여 수금을 잡아 신령한 노래를 하며 여호와께 감사하며 찬양하며 헤만에게 이르러는 그 아들 북기야와 맛다냐와 웃시엘과 스브엘과 여리못과 하나냐와 하나니와 엘리아다와 깃달디와 로암디에셀과 요스브가사와 말로디와 호딜과 마하시옷이라 이는 다 헤만의 아들들이니 나팔을 부는 자며 헤만은 하나님의 말씀을 받드는 왕의 선견자라 하나님이 헤만에게 열네 아들과 세 딸을 주셨더라 이들이다 그 아비의 수하에 속하여 제금과 비파와 수금을 잡아 여호와 하나님의 전에서 노래하여 섬겼으며 아삽과 여두둔과 헤만은 왕의 수하에 속하였으니 저희와 모든 형제 곧 여호와 찬송하기를 배워 익숙한 자의 수효가 이백팔십팔 인이라." (역대상25:1-7)

"왕이 레위 사람을 여호와의 전에 두어서 다윗과 왕이 선견자 갓과 선지자 나단의 명한 대로 제금과 비파와 수금을 잡게 하니 이는 여호와께서 그 선지자들로 이렇게 명하셨음이라 레위 사람은 다윗의 악기를 잡고 제사장은 나팔을 잡고 서매 히스기야가 명하여 번제를 단에 드릴 새 번제 드리기를 시작하는 동시에 여호와의 시로 노래하고 나팔을 불며 이스라엘 왕 다윗의 악기를 울리고 온 회중이 경배하며 노래하는 자들은 노래하고 나팔 부는 자들은 나팔을 불어 번제를 마치기까지 이르니라..."(역대상 29:25-30)

"노래하는 레위 사람 아삽과 헤만과 여두둔과 그 아들들과 형제들이 다 세마포를 입고 단 동편에 서서 제금과 비파와 수금을 잡고 또 나팔부는 제사장 일백이십 인이 함께 서 있다가 나팔 부는 자와 노래하는 자가 일제히 소리를 발하여 여호와를 찬송하며 감사하는데 나팔 불고 제금 치고 모든 악기를 울리며 소리를 높여 여호와를 찬송하여 가로되 선하시도다 그 자비하심이 영원히 있도다 하매 그때에 여호와의 전에 구름이 가득한지라 제사장이 그 구름으로 인하여 능히 서서 섬기지 못하였으니 이는 여호와의 영광이 하나님의 전에 가득함이었더라." (역대하 5:12-14)

"건축자가 여호와의 성전의 기초를 놓을 때에 제사장들은 예복을 입고 나팔을 들고 아삽 자손 레위 사람들은 제금을 들고 서서 이스라엘 왕 다윗의 규례대로 여호와를 찬송하되 찬양으로 화답하며 여호와께 감사하여 이르되..."(에스라 3:10-12)

"이에 감사 찬송하는 두 떼와 나와 민장의 절반은 하나님의 전에 섰고 제사장 엘리아김과 마아세야와 미냐민과 미가야와 엘료에내와 스가랴와 하나냐는 다 나팔을 잡았고 또 마아세야와 스마야와 엘르아살과 웃시와 여호하난과 말기야와 엘람과 에셀이 함께 있으면 노래하는 자는 크게 찬송하였는데 그 감독은 예스라히야라 이날에 무리가 크게 제사를 드리고 심히 즐거워하였으니 이는 하나님이 크게 즐거워하게 하셨음이라 부녀와 어린 아이도 즐거워하였으므로 예루살렘의 즐거워하는 소리가 멀리 들렸느니라." 느헤미야 12:40-43)

결론적으로, 성경의 기록과 성전음악가들의 사례는 교회음악전공자가 수행하는 사역이 단순한 예술적 활동을 넘어, 하나님의 사역을 섬기는 전문적, 영적 역할임을 뒷받침한다. 아삽, 헤만, 여두둔과 같은 음악 지도자들은 예배의 질서와 공동체의 영적 성장을 위해 헌신하였으며, 이는 오늘날 교회음악전공자가 지향해야 할 모델이 된다. 따라서 교회음악전공자의 직무와 전문성은 성경적 근거가 있으며, 예배와 영적 공동체의 성장이라는 신학적 목적과 긴밀히 연결되어 있다. 이처럼, 교회음악전공자는 영적 분별과 전문적 역량을 함께 갖춘 사역적 전문사역인으로, 성경의 기록이 제시하는 이상적 역할과 본질을 현대 교회 안에서 실현해야 한다.

(4) 바람직한 한국교회의 교회음악지도(전공)자

본 소고를 통해 목회자들이 바라는 교회음악지도자의 역할과 능력은 단순히 교회가 필요로 하는 음악적 기능을 수행할 수 있는 것만이 전부가 아니라는 사실을 살펴보았다. 오히려 예배 전체에 관여할 수 있으며 교인들의 신앙생활에 직간접적인 도움을 줄 수 있어야 하고 교육적이며 행정적인 영역에서도 전문성을 보일 수 있기를 기대하고 있다는 것이다.

필자는 매년 최저임금과 학력 및 경력 수준 그리고 활동 범위에 따라 다양하고 합리적으로 책정된 사례기준을 가진 많은 나라에 비해 교회음악전공자들의 적정한 사례기준뿐만이 아니라 구인기준조차도 없는 관례적인 사역 환경에 대해 더욱 현실적인 대안과 제안이 필요하다는 것을 언급하였다. 논쟁의 소지가 있겠으나 교회음악전공자들의 사역이 식당이나 주차 등 주일에 교회의 다양한 봉사의 자리에서 섬기는 평신도들의 섬김과 동일하게 취급받는 것은 어쩌면 모두의 무지와 무관심에서 비롯한 것이라 여길 수밖에 없다. 이러한 현실은 전문적인 영역의 지식을 갖추지 못하고 사역을 하는 음악담당자들과 이것을 목회와 같은 전문적인 사역의 영역으로 인식하지 못하는 교회와 목회자 모두의 책임이라 하지 않을 수 없을 것이다.

교회음악지도자들의 경쟁력과 전문성을 높이는 것이 더욱 근본적인 대안이자 해결책의 시작이란 생각에 현재 대학(원)을 중심으로 교회음악과의 교육과정을 살펴볼 것이다. 무엇보다 교회음악을 더욱 깊이 있는 목회의 분야로 승화시키기 위해서는 반드시 신학교육과 더불어 목회에 필요한 다양한 영역에서의 전문지식 그리고 교회음악관련 전문교육을 통해 교회와 목회자가 필요로 하는 지식과 은사를 잘 갖춰야 한다. 아울러 잘 정비된 체계적이고 전문적인 양육과정도 중요하지만 교육과정안에 성장하고 양육되는 많은 후학과 전문인력들을 교회와 관련기관에서 고용하여 활용하지 않는다면 교회음악의 장래는 절대 밝지 않을 것이다. 따라서 교단적으로 교회음악 전문인력을 수급할 수 있는 보편적인 기준을 통해 마련된 통합적인 제도를 마련하는 것은 올바른 교육과정만큼이나 중요한 사안이라 하겠다.

찬양(讚揚), 찬미(讚美), 찬송(讚頌), 경배(敬拜), 예전(禮典), 전례(典例) 등에 대한 이해는 대부분은 '찬양(Praise/Hymn)'과 '예배(Worship/Service)'란 단어로 통합해 통용하는 것이 보편적이다. 마찬가지로 '교회음악(Church Music)'을 정의하는 데 앞서 우리가 정서적으로 이해하는 개념적 접근을 잠시 정리하는 것이 필요하겠다. 우선은 "교회음악"이란 단어가 한국 사회에서는 가장 넓게 포용되는 단어란 사실이다. 아마도 기존에 교회음악인을 양성하는 교육장소로 각 교단 산하의 신학교의 학과 명칭과도 관계가 있을 것이다. 교회음악의 정의를 찾기 위해 찾아본 사전적 의미들조차 교회음악의 명확한 정의보다는 다양한 음악장르 중의 하나로 분류한 정도다.[46] 교회음악을 보다 포괄적으로 대체할 가장 적절

---

46 The New Grove Dictionary of music and musicians, vol., IV., edit. by Stanley Sadie, Whashington D.C.: Macmillan Publishers Limited. 1980) 383., Ameri Grove, The New Harvard Dictionary of Music. edit., by Don Michael Randel. (Cambridge, Belknap Harvard, 1986), 166. 등 권위 있는 사전들조차 그 의미나 개념을 정의하기 보다는 음악적 장르 중에 하나로 분류를 하고 있을 뿐이다.

한 단어는 무엇인가 '예배음악(Worship Music)'이 곧 '교회음악'인가 등 이러한 명제들은 수 세기 거듭돼 온 학문적 논쟁인 '예배(Worship)'인가 '예전(Liturgy)'인가에 대한 상관된 적용이 필요하다.[47] 한 가지 간과해서는 안 되는 사실은 위의 각 단어들의 어원적 이해이다. 예배의 어원으로 가장 많이 번역된 구약의 샤하(שחה), 아보다(עבודה)와 신약의 프로스퀴네오(προσκυνεω), 레이투르기아(λειτουργια)들과 찬양의 어원으로 폭넓게 적용해 온 구약의 할랄(הלל), 야다(ידה), 바락(ברך) 또는 신약의 아이네오(αινέω)는 모두가 행위를 동반한 사역형 동사들에서 왔다는 점이다. 즉 하나님을 향한 예배와 찬양은 예배자들의 행위 즉 삶을 동반한 일체의 반응이 함께 사용되어질 때 그 뜻과 의미가 온전하게 전달되는 것이다.[48]

'교회음악'의 역사적 시발점이 교회의 존재 여부에 있다면 그 논란은 지속될 것이다. 교회의 개념이 적용되지 않는 쉐이커, 형제단, 구세군같은 다양한 전통과 유대적 전통을 가진 민족적 접근이 쉽지 않기에 그 포용성과 수용성이란 측면에서 한계성을 가지게 되기 때문이다.[49] 게다가 구교에서 선호하지 않는 개신교적 개념인 '교회음악'을 '예전음악'이란 개념으로 사용한다면 상반된 반응을 얻게 될 것이다. 그래서 신학적 연구와 학문적 수용성에 대한 논란이 있을 수 있지만 보다 신앙적이고 성서적인 관점에서 적용 가능한 절충안으로 가장 적절한 용어를 '기독교 음악(Christian Music)'으로 제안하는 것이다. 교회음악의 이러한 용어적 한계성에도 불구하고 계속해서 통용되는 것은 많은 경우에 그 행위자에 의해 영향을 받아서이다.[50] 즉 교회음악을 하는 사람(음악목회자, 지휘자, 음악감독 등), 이끄는 지도자와 같은 관계성이 있어 왔기 때문이다. 그렇기 때문

---

47 로빈 리버, 조이스 짐머맨, 『예배와 음악』, 허정갑, 김혜옥 역, (서울: 연세대학출판부, 2009), 5-6, 243-265.
48 김순환, 『예배학 총론: 예배와 삶의 통섭을 추구하며』, (서울: 대한기독교서회, 2012), 22-23
49 로빈 리버, 조이스 짐머맨, 『예배와 음악』, 246-252.
50 앞의 책, 21.

에 교회음악의 개념적 이해와 확립은 성서적인 것을 배제할 수 없으며 구속사적 역사성을 담지 않으면 안 된다. '기독교 음악'은 지금까지 이어지는 하나님의 구속사적 사건의 연장선상에서 교회음악의 역사성과 정체성을 가장 잘 대신할 수 있는 용어이다. 누가복음 2장에는 천군천사들이 하나님의 영광을 찬양하는 노래가 기록되어 있다.

"지극히 높은 곳에서는 하나님께 영광이요 땅에서는 하나님이
기뻐하신 사람들 중에 평화로다(눅2:14)."

세상에 살면서 하나님께서 기뻐하시는 사람들, 바로 그리스도인(Christian)들이다. '교회음악 지도자'는 다름 아닌 '기독교음악 지도자'다. 그렇다 우리는 모두 어쩌면 이 이름표를 달아주신 부르심과 소명 아래 복종과 순종함으로 삶의 예배와 찬양을 드리며 살아가야만 하는 하나님께 속한 자녀들이란 사실을 절대로 잊지 말아야 하겠다.

2. 교회음악행정

(1) 교회음악행정의 정의
1) 일반적 정의 — 교회음악행정의 역할과 범위

교회음악행정은 단순한 연습 일정 관리나 반주자 섭외를 넘어서 예배음악이 교회의 예배 목적과 신학적 방향성에 충실하도록 조직·인력·자원·예산·저작권·기술(음향·영상·음원) 등을 기획·조정·평가하는 총체적 관리 활동이다. 구체적으로는 예배 찬양의 레퍼토리 선정(예배의 주제·교독문과의 연계), 찬양대·밴드·솔리스트의 오디션·훈련·배치, 악기·음향·악보·저작권(CCLI 등) 관리, 리허설 일정·교육 프로그램 설계, 예산 편성 및 장비 유지보수, 봉사자 소그룹(파트) 관

리와 후속 피드백 체계 수립 등이 포함된다.⁵¹ 행정은 '음악을 통해 말씀과 예배가 더 명확히 전달되도록' 예술적·목회적 목표를 조직적으로 뒷받침하며, 이를 위해 음악감독(혹은 예배팀 리더)은 예배기획자·목회진·행정팀 간 가교(架橋) 역할을 수행해야 한다. 따라서 효율적인 교회음악행정은 예배의 질을 높이고 봉사자 역량을 개발하며, 교회의 전반적 사역 목표와 일관된 음악 사역을 가능하게 한다.⁵²

2) 성서적 정의 — 성경적 전통과 조직화된 성악(聖樂)의 모델

성경은 예배음악의 조직화와 전문화가 오래된 전통임을 보여준다. 특히 다윗 시대의 레위인·성가대 조직(역대상 25장)은 왕이 음악 사역을 체계화하여 '찬양'을 공적 예배의 핵심 기능으로 배치한 대표적 사례다(역대상 25:1-7 참조). 이 본문은 악기 구성(수금·비파·제금), 지휘 체계(아삽·헤만·여두둔 계열)와 훈련받은 연주자 집단(총원 288명 등)을 명시하여, 예배음악의 직무·훈련·근거(레위인 직분으로서의 지원)까지 제시한다. 성서적 관점에서 교회음악행정은 단순한 운영기술이 아니라 예배적·신학적 의미를 담은 '공적 섬김'의 관리이다. 그 결과 음악행정은 성도의 영성 형성(찬양을 통한 말씀·기도의 매개)과 **예배의 질서**(예배 형식과 신학적 일관성)를 유지하는 역할을 감당해야 한다.⁵³ (성경 본문과 주석들은 다윗의 조직화가 예배 전문화를 위한 제도적 기반임을 지적한다.)

3) 역사적 정의 — 교회음악 행정의 전통과 제도화(예: Schola Cantorum)

---

51 Hustad, Don P., *Jubilate II: Church Music in Worship and Renewal*, Hope Publ. Co., 1993. — 장(Chapter) 2 "Church Music: A Functional Art" (Jubilate II 전반에서 교회음악의 기능·관리 원리 논의).

52 Pass, David B., *Music and the Church: A Theology of Church Music*, Broadman Press, 1989 — Introduction (p.5), "The Meaning of Music" (p.41) 등(예배·음악의 기능과 교회적 맥락).

53 성경 주석 및 해설: Precept Austin 등 1 Chronicles 25 주석(역할·훈련·제도적 의미 설명).

교회음악행정의 역사적 뿌리는 고대와 중세의 '제도화된 성가 교육·예배관리'에서 찾을 수 있다. 로마의 Schola Cantorum(성가학교) 전통은 4~8세기 무렵 교회의 성가·그레고리오 성가(Gregorian chant)를 조직적으로 가르치고 전수한 제도적 모델로, 교회 내 음악교육·표준화·성가 전승에 결정적 역할을 했다. 근세에는 프랑스 파리의 Schola Cantorum(1894 설립)이 전통적 성가·성악기법을 보존·교육하여 예배음악의 질적 향상과 전문인 양성이라는 '음악교육기관으로서의 행정적 기능'을 수행했다.[54] 역사적으로 보았을 때 교회음악은 교육기관(학교)·교구 조직·수도원 네트워크 등 경로를 통해 표준화·전승되었고, 이는 오늘날 교회 내부의 음악행정(인사·교육·레퍼토리 표준·음악자료 보존 등)의 사례적 근거가 된다.[55]

4) 신학적 정의 — 예배 신학과 음악행정의 연결

신학적으로 교회음악행정은 "예배를 향한 질서 있는 섬김"으로 이해되어야 한다. 예배는 단순한 감정 표출이 아니라 말씀의 선포·성례·공동체의 행위이며, 음악은 그 행위 안에서 신학적 언어(찬양·회개·감사 등)를 전달하는 주요 상징적 매체다.[56] 그러므로 음악행정은 음악 그 자체를 숭배하거나 효율성만 추구하는 것이 아니라, 예배 신학(예: 예배의 중심성, 말씀과 성례와의 연계)에 맞추어 레퍼토리·음향·연주형태·교육을 조직하는 신학적·목회적 판단을 포함한다. Don Saliers 등은 예배를 "prayed, sung, and enacted(기도되고, 노래되고, 실행되는)" 신학적 행위로 보았고, 이 관점에서 음악행정은 예배 언어로서의 음악이 교회

---

54 "Schola cantorum" 항목, Encyclopaedia Britannica (온라인) — 고대의 성가학교·중세 전승 및 19세기 파리 Schola Cantorum 역사 설명

55 Catholic Encyclopedia / 역사적 개관(로마 Schola의 기원과 발전).

56 Saliers, Don E., *Worship as Theology: Foretaste of Glory Divine*, Abingdon Press, 1994 — 예배의 신학적 특성("기도·노래·행위"로서의 예배)을 논함(Part One 참조).

신앙고백과 일치하도록 실천적·제도적 틀을 마련하는 일이 된다.[57]

(2) 교회음악행정의 필요성

1) 예배의 질적 향상

예배에서 음악은 감정과 지성을 연결하고, 말씀을 청중의 삶 속으로 전달하는 통로가 된다.[58] 교회음악행정은 단순히 곡을 고르고 연습을 지시하는 행위가 아니라 예배 전체 구조(예: 모임의 흐름, 설교와 찬양의 연결, 성례와 기도와의 유기적 결합)를 음악적으로 설계하고 조율하는 작업이다. 체계적인 음악행정이 이루어지면 곡 선택은 신학적·목적적 기준에 의해 선별되고, 악보·반주·편곡·오디오·무대 동선이 사전에 검증되어 예배의 몰입을 방해하는 오류가 줄어든다. 또한, 정기적 리허설, 예배 리허설(사전 리허설)과 음향·영상 점검 프로세스는 '현장 실패'를 예방하며 예배의 일관성과 전문성을 높인다.[59] 이러한 준비는 예배 참여자의 집중도를 깊게 하고 예배가 단발적 감흥이 아닌 신앙 형성의 장으로 자리매김하도록 돕는다. 실제로 교회음악 관련 학계와 목회현장은 음악의 기획과 실행이 예배의 영적 깊이와 직접적으로 연결된다고 보고하며(예: 음악의 의미·기능에 대한 고찰), 체계적 음악행정은 예배 설계의 핵심 요소로 권장된다.[60]

2) 음악 인력의 효율적인 관리

교회음악 사역에는 지휘자·반주자·성가대원·현대적 찬양팀(리더·보컬·밴드)·

---

57 Pass, David B., *Music and the Church*, Broadman Press, 1989 — 음악의 신학적·목회적 의미 논의.
58 David B. Pass, *Music and the Church* (Nashville: Broadman Press, 1989), 41.
59 Don P. Hustad, ed., *Jubilate II: Church Music in Worship and Renewal* (Carol Stream, IL: Hope Publishing Company, 1993), chap. 2, "Church Music: A Functional Art."
60 김옥한, 「교회음악가 김두완과 그의 음악적 특징 연구」, 석사학위논문, 총신대학교, 2008, 51.

음향·미디어 스태프 등 다양한 인력이 참여한다.[61] 음악행정은 이들 인력의 역할·자격요건·모집·훈련·스케줄·대체프로세스·임금(또는 사례) 정책을 설계해 '인적자원 라이프사이클'(모집→온보딩→훈련→유지·케어→인사전환)을 운영한다. 특히 자원봉사 중심의 성가대·찬양팀은 동기부여와 소진(burnout)을 예방하는 사역관리(정기적 피드백, 간담회, 영적돌봄, 역할 순환)가 중요하다. 음악 인원의 전문성(음악능력·예배이해)과 영적자질(사역윤리·팀워크)을 함께 평가하는 표준화된 선발·평가체계를 마련하면 사역의 예측가능성과 재현성이 높아진다. 또한, 팀별 매뉴얼(파트별 악보, 리허설 체크리스트, 예배 당일 타임라인)과 디지털 일정관리(공유 캘린더, 리허설 녹음·아카이브)는 운영비용(시간·중복 작업)을 절감하고, 대규모 예배·특별행사 시 급작스런 인원공백을 최소화한다. 교회 운영매뉴얼과 스태프·자원봉사자 관리 장치들은 조직의 건강을 높이는 핵심 행정 역량으로 평가된다.[62]

3) 재정 및 자원의 효과적 운용

교회음악은 악보·편곡·악기구입·유지보수·음향·조명·레코딩·저작권(마이너·현대곡의 사용료) 등 실질적 비용과 자원 투입을 수반한다. 음악행정은 예산 수립·예산 항목 분류·비용 추적·우선순위 결정·장비 수명주기 관리(구매·점검·수리·교체 계획) 등을 통해 제한된 재원으로 최대의 사역 효과를 창출해야 한다.[63] 또한, 저작권 문제(CCLI 등 국내외 저작권 단체 가입·보고)와 장비 보험·안전 규정 준수는 법적 리스크를 낮추고 투명성(신뢰)을 확보하는 데 필수적이다. 예산편성 시에는 '연중 필요 예산(정기 예산)'과 '특별행사용 예산(부활절·성탄절·음악회

---

61 Bruce P. Powers, ed., *Church Administration Handbook* (Nashville: B&H Academic, 2016), 277.
62 Don P. Hustad, *Jubilate II*, chap. 6, "Choir Ministry and Pastoral Care."
63 Bruce P. Powers, ed., *Church Administration Handbook*, 134.

등)'을 구분해 예측 가능성을 확보하고, 분기별 재무보고·내부감사·사역별 비용-효과 분석을 통해 우선순위 조정과 자원 재배분을 실시한다. 투명한 재정 운영은 교회 전체의 신뢰와 지속가능성에 직결된다.[64]

4) 세대별 맞춤 음악 사역 운영

교회의 구성세대(어린이·청소년·청년·장년·시니어)는 문화적 취향, 참여 방식, 음악적 기대치가 서로 다르다. 교회음악행정은 세대별 영적 형성 목표를 분명히 하고, 각 세대에 적합한 레퍼토리·사역모델(예: 유아·어린이 예배곡의 단순성, 청소년을 위한 현대 CCM과 영적 대화 요소, 장년·시니어를 위한 전통 찬송의 심화 해설)을 기획해야 한다.[65] 세대 맞춤형 사역은 단순 '곡 장르 분리'가 아니라 교육과 연계된 '성장 경로'(예: 어린이 찬양교육 → 주일학교 발표 → 청소년 찬양팀 참여 → 성인 예배 봉사)로 설계될 때 지속적 제자화로 연결된다. 또한 세대통합(인터제너레이셔널·intergenerational) 예배의 지점(공통 본문, 세대 간 증언, 합창 협업 등)을 전략적으로 배치하면 세대 간 신앙 계승과 공동체적 유대가 강화된다. 학문적·목회적 연구는 '세대통합 예배'가 가정·교회 연결을 회복시키고 신앙 지속성을 높이는 대안이 될 수 있음을 제안한다.[66]

5) 예배 사역 간 협업 촉진

현대예배는 설교·음악·기도·미디어·무대운영이 한 몸처럼 유기적으로 작동할 때 가장 큰 파급력을 갖는다.[67] 교회음악행정은 설교자와의 사전 협의(본문

---

64 Ibid., 145.
65 Howard A. Vanderwell, ed., *The Church of All Ages: Generations Worshiping Together* (Herndon, VA: The Alban Institute, 2008), 11.
66 Aubrey Malphurs, *Advanced Strategic Planning: A 21st-Century Model for Church and Ministry Leaders* (Grand Rapids, MI: Baker Books, 2013), 215-218.
67 Constance M. Cherry, *The Worship Architect: A Blueprint for Designing Culturally Relevant*

의 톤·중심주제와 찬양의 신학적 조화), 영상·음향팀과의 타이밍·자막·믹싱 표준 설정, 봉헌·성례·송영 등 예배 요소의 시간배분(타임라인) 조정, 그리고 '리허설-리허설 검증-사후 피드백'의 운영 사이클을 관리한다. 예배 전·중·후의 커뮤니케이션 표준(예: 콜 타임(call time), 큐리스트, 무대 동선 표준)은 실무적 혼선을 줄인다. 또한, 연례 공동 워크숍(설교팀·음악팀·미디어팀·교구 리더 공동 토의)은 팀 간 신뢰와 문제해결 능력을 높여 교회 전체 예배의 일관성과 창의성을 동시에 증진시킨다. 실무 중심의 '예배 설계 도구'와 매뉴얼은 협업을 구조화하는 핵심 수단이다.[68]

(3) 음악 조직의 종류와 적용
A. 음악 조직 및 예시
1) 성가대 / 찬양팀

교회 음악사역의 가장 대표적 조직은 성가대와 찬양팀이다. 전통적 형식의 성가대(합창단)는 성부(파트)별 보컬 조직을 통해 전통성가·칸타타·성가합창을 담당하며, 합창 지휘자와 섬세한 연습계획, 파트별 트레이닝이 필요하다. 현대적 예배 환경에서는 밴드형 찬양팀(리더 보컬, 기타, 베이스, 드럼, 키보드 등)이 주일예배와 찬양 집회를 이끄는 경우가 많으며, 이들은 레퍼토리 선정·편곡·현장 사운드·경배의 흐름을 설계하는 역할을 병행한다. 성가대는 전통적 찬송·음악적 깊이와 합창 예식에 강점을 지니고, 찬양팀은 즉각적 영적 호응과 현대적 감성에 강점을 지닌다. 효과적 운영을 위해서는 오디션 기준, 정기 리허설 계획, 봉사자 관리 매뉴얼, 공연·예배 당일 타임라인이 문서화되어야 한다.[69]

---

and Biblically Faithful Services (Grand Rapids, MI: Baker Academic, 2010), 72-75.
68 Bruce P. Powers, ed., Church Administration Handbook, 115, 277.
69 Don P. Hustad, ed., Jubilate II: chap. 6, "Choir Ministry and Pastoral Care."

2) 악기 연주 팀

교회 내 악기 연주 팀은 기타·베이스·드럼·건반(키보드/신디사이저)·관악기·현악기·타악기 등을 포함할 수 있으며, 각 악기는 예배의 음색과 에너지를 결정짓는 중요한 요소다. 악기 팀은 단순히 연주만 하는 것이 아니라 편곡과 사운드 밸런스(악기 간 레벨), 악보·파트 분배, 앙상블 리허설, 모니터(개인 이어·스피커) 요구사항, 무대 배치 등을 함께 관리한다. 특히 드럼·베이스·기타 등 리듬 섹션은 시간감각(템포 안정성)과 예배의 '움직임'을 책임지며, 신디사이저·패드 소리는 예배 분위기를 색채화한다. 악기팀의 전문성 향상을 위해서는 정기적 테크니컬 리허설, 개인연습 아카이브, 파트별 음원(백트랙) 관리가 권장된다.[70]

3) 오르간 연주자 및 반주자

전통 예배에서 오르간은 예배 반주와 성가대 반주의 핵심 장치였다. 오늘날에도 클래식 오르간 반주자와 피아노 반주자는 특별예배(성찬·절기 예배)와 찬송 반주에서 전문성을 발휘한다. 오르간은 악기 특성상 정기 점검·튜닝·관리(온도·습도)와 전문 기술(페달·등록 조작 등)을 필요로 하므로, 교회는 오르간 전용 예산과 보수 계획을 마련해야 한다. 또한, 반주자는 찬송 편곡·코드표 수정·솔리스트 동행 리허설 등에서 음악행정과 긴밀히 협업한다. 오르간·피아노 반주의 품질은 예배의 전통적 무게감과 영적 몰입에 직접 기여한다.[71]

4) 음악교육 프로그램

교회 내 음악교육은 단순한 기교 교육을 넘어 봉사자 양성·세대별 신앙교육

---

70 David B. Pass, *Music and the Church* (Nashville: Broadman Press, 1989), 41.

71 Charlotte Y. Kroeker, ed., *Music in Christian Worship: At the Service of the Liturgy* (Collegeville, MN: Liturgical Press, 2005), passim; see essay contributions on organ and accompaniment

과 결합된다. 어린이 성가대·유스 밴드·주일학교 음악교실·찬양학교·여름 음악캠프 등은 음악적 기초와 팀워크, 예배 참여 능력을 키우는 장이다. 이 교육 프로그램은 연령별 커리큘럼(음정·리듬·화성 기초, 합창 훈련, 리더십 훈련), 평가 체크리스트, 발표회(예: 연말 음악회) 계획, 봉사 전환 경로(교육생 → 예배팀 보조 → 정식 팀원)를 포함해야 지속적 효과를 낸다. 또한, 음악교육은 전도·영성형성의 도구로 활용될 수 있어, 교육과정 설계 시 신앙교육 목표와 음악적 목표를 병기하는 것이 중요하다.[72]

5) 음악 행사 기획팀

크리스마스 칸타타, 부활절 음악예배, 지역 음악선교 공연, 합동 음악회 등 대형음악행사는 기획·홍보·무대·리허설·안전·예산·자원봉사 관리 등 복합적 행정 능력을 요구한다. 음악 행사 기획팀은 기획안(목적·대상·예산·일정)을 수립하고 내부·외부 협력(지역교회·시청·학교)·홍보(홍보물·SNS)·티케팅(필요 시)·공연 당일 운영(무대 매니지먼트·음향·조명)까지 총괄한다. 성공적 음악행사는 교회의 공적 이미지와 지역사회 연결을 확대하며, 선교적·대외적 교류를 활성화한다.[73]

6) 기술 지원팀 (음향·조명·영상)

현대 예배에서는 음향·조명·영상(AV) 기술이 예배 전달력과 온라인 확산성에 결정적 역할을 한다. 기술 지원팀은 마이크·믹서·스피커·모니터 시스템 설정, 믹싱(현장·송출), 조명 큐, 영상 카메라 운영·중계(유튜브·페이스북), 자막·가사 템

---

[72] Don P. Hustad, ed., *Jubilate II*, 41.

[73] Bruce P. Powers, ed., *Church Administration Handbook*, "Office Administration" sec.; see table of contents entries (Office Administration, Financial Policies and Procedures). (Google Books preview shows TOC with pages: Office Administration 115; Financial Policies and Procedures 134; Planning and Budgeting 145; Staff Relationships 277).

플릿, 녹음·편집·아카이브를 관리한다. 기술적 실패는 예배 집중을 크게 저해하므로, 기술팀은 표준 운영 절차(SOP), 예비장비 리스트, 콜타임(call time), 큐시트(Q-sheet)를 문서화해 리허설에서 검증해야 한다. 저작권(음원·영상 사용)·데이터 보호(녹화 대상 동의)와 관련한 행정적 절차도 이 팀의 책임에 포함된다.[74]

B. 교회 내 적용 범위(활동 영역)

1) 예배 중심 사역에 음악행정 적용

음악행정은 정기예배(주일예배), 특별예배(성찬·기도회·부활절·성탄절), 집회(금요 찬양집회·전교인 수련회) 등 모든 예배 환경에 맞게 조직을 설계한다. 예배 유형별로 레퍼토리·인원·리허설 시간·사운드 셋업이 달라지므로, 각 유형에 따른 표준 체크리스트(예: 성례전용 반주 가이드, 합창단 좌석 배치, 찬양팀 음향 세팅)를 마련해야 예배의 일관성과 신학적 적합성이 유지된다. 예배 전 협의(설교자·예배기획자·음악감독)는 예배 메시지와 음악의 신학적 조화를 보장한다.[75]

2) 교육 프로그램 운영

음악행정은 유년부·청소년·청년·장년 대상의 교육 프로그램을 운영·관리한다. 교육은 연령별 음성 발달·음악적 취향을 고려해 설계되어야 하며(예: 유년부의 리듬·노래훈련, 청소년의 밴드 실습), 교육성과는 발표회·공연·사역 참여로 연결되어야 한다. 또한, 교육 프로그램은 교회학교(주일학교) 커리큘럼과 연계되어 신앙교육의 임무를 수행할 수 있도록 설계한다.[76]

---

74 CCLI (Christian Copyright Licensing International), "Church Copyright License" information and guidelines, accessed via CCLI website, https://ccli.com,

75 Constance M. Cherry, *The Worship Architect*: 72-75.

76 Howard A. Vanderwell, ed., *The Church of All Ages* 11. 그리고 Aubrey Malphurs, *Advanced Strategic Planning* (Grand Rapids: Baker Books, 2013), 215-218. (strategy for generational ministry). 참조!

3) 지역사회 연계 행사

음악은 지역사회에 접근하는 우호적 수단이다. 교회음악행정은 병원·복지시설 순회공연, 거리 찬양축제, 지역 축제 참여 등을 기획해 교회의 지역사회 봉사와 전도를 촉진한다. 지역연계 행사는 보험·안전·허가·장비운반 등 현실적 행정 이슈를 수반하므로 전문적 기획역량이 필요하다. 또한, 지역 파트너(지자체·NGO)와의 MOU·협약 관리는 사후평가·지속성 확보에 중요하다.[77]

4) 교회 성장과 비전 사역에 기여

음악 사역의 전문성과 운영능력은 교회의 외적 이미지와 내적 신뢰도를 동시에 높인다. 수준 높은 음악 예배와 문화 행사는 신규 방문자 유입, 지역사회 신뢰 확보, 제자훈련 프로그램의 매력도 향상에 기여한다. 따라서 음악행정은 장기 전략(예: 연차 음악 비전, 인재양성 파이프라인, 브랜드형 음악사역)과 연결되어 교회 성장의 인프라로 작동해야 한다.[78]

3. 현대목회에 필요한 교회음악

(1) 3가지 예배형식

현재 한국에 개신교회는 크게 3가지 예배형식을 가지고 주일예배 모임이 진행되고 있다.

77　Don & Emily Saliers, *A Song to Sing, a Life to Live: Reflections on Music as Spiritual Practice* (Boston: Cowley Publications, 2005). Examples of community music outreach are discussed across music-and-ministry literature.

78　Bruce P. Powers, ed., *Church Administration Handbook*, Staff Relationships 277., Planning and Budgeting 145.

1) 전통예배(traditional worship)

이러한 예배는 새문안교회, 영락교회 등과 같이 예전 순서에 따라 (조)부모세대를 중심으로 찬송가를 부르고 성가대와 고전음악 위주의 교회음악이 행하여지고 있다. 전통예배는 역사적 예식과 전통 찬송가를 중심으로 구성되는 예배 형태로, 주로 부모세대(장년·시니어)가 중심이 되어 참여한다. 음악적으로는 찬송가(한국의 경우 1·2·찬송가), 성가대(합창단), 오르간·피아노 반주, 전통적 성가곡(칸타타·모테트) 등이 주된 레퍼토리를 이룬다. 성가대는 하모니와 화성적 완성도를 통해 예배의 장엄함을 부각시키며, 지휘자와 반주자는 예배의 흐름을 안정적으로 이끈다. 악기 구성은 전통적이며, 오르간은 예배의 권위를 상징하는 핵심 악기로 사용된다. 연주 스타일은 고전적이고 학구적이며, 합창의 발성·발음·음정의 정확성을 중시한다. 내용 면에서 전통예배 음악은 신학적 깊이(예: 찬양의 가사 내용, 성경적 주제와의 연계)를 강조하고, 예배의 엄숙성과 경건함을 유지하는 데 초점을 둔다. 이러한 전통적 음악은 공동체의 정체성과 연속성을 강화하는 역할을 하며, 교회 연중 절기(성탄, 부활 등)와 연관된 대형 합창곡이나 칸타타가 자주 프로그래밍된다. 운영 측면에서 성가대·오르간 반주자·합창 연습 일정·악보 관리·합창단원의 오디션 및 유지·관리 등은 교회음악행정의 핵심 업무다. 전통예배의 음악적 성공은 예배의 신학적 일관성과 음악적 전문성의 결합에서 나온다.[79]

---

79 Don P. Hustad, ed., *Jubilate II*, chap. 6, "Choir Ministry and Pastoral Care" 그리고 David B. Pass, *Music and the Church* (Nashville: Broadman Press, 1989), 41.

① 새문안교회 예시 주보

구 분	내 용
교 회	새문안교회
날 짜	YYYY년 MM월 DD일 (주일)
예배 순서	1. 찬송: 찬송가 1장 2. 기도: 예배위원장 3. 성경봉독: 마가복음 10:13-16 4. 특송: 성가대 (베이스/소프라노) 5. 설교: 담임목사 6. 봉헌송: 성가대 반주 7. 축도
음악 인력	지휘: 김지휘 / 반주: 박피아노 / 성가대: 장년 합창단 / 오르간: 이오르간
공지/행정	1) 다음 주일은 성찬예식 2) 성가대 신규단원 모집: 행정실 접수 3) 오르간 점검 예정: 담당자 문의

② 영락교회 예시 주보

구 분	내 용
교 회	영락교회
날 짜	YYYY년 MM월 DD일 (주일)
예배 순서	1. 전주(오르간) 2. 찬송: 찬송가 45장 3. 기도 및 환영 4. 성가대 칸타타 (1부) 5. 설교 6. 합창: 아멘 (앙상블) 7. 파송
음악 인력	지휘: 이지휘 / 오르간: 홍오르간 / 성가대: 전통 합창단 / 반주 지원: 피아노
공지/행정	1) 성가대 연습: 수요일 19:30, 본당 2) 찬송가 개정 연습자료 배포: 음악부

③ 전통교회 예시 주보

구 분	내 용
교 회	전통교회 (예시)
날 짜	YYYY년 MM월 DD일 (주일)
예배 순서	1.입당송(합창) 2.찬송가 3.기도 4.성가대 특송 5.성례(필요 시) 6.축도
음악 인력	지휘: 최지휘 / 반주: 김반주 / 성가대: 합창단원
공지/행정	1) 합창단원 참석기록: 행정실 제출 2) 악보 구입비 청구 방법 안내

2) 현대예배(modern worship)

특별한 양식을 갖춘 주보 없이 간략한 예배순서(지)에 따라 자녀(청년)세대를 중심으로 비교적 최근에 소개된 경배찬양곡을 부르고, 밴드(band)형태의 찬양팀을 중심으로 음악이 사용된다. 예람워십, 마커스워십 등을 예로 들 수 있겠다. 현대예배는 현대적 경배 찬양곡(Contemporary Worship Music, CWM)과 밴드 형식의 찬양팀을 중심으로 전개되는 예배양식이다. 레퍼토리는 최신 경배곡, CCM, 워십송 등이 주류를 이루며, 구성은 보컬 리더, 기타, 베이스, 드럼, 키보드(신디사이저), 백보컬 등으로 이루어진다. 역할 분담은 명확하여, 예배 인도자(워십리더)는 예배의 영적 방향과 곡의 흐름을 설계하고 밴드는 음악적 뒷받침을 제공한다. 스타일 면에서 현대예배 음악은 감성적 리프레이즈, 반복적 후렴, 즉흥적 워십 세션(long worship set)과 같은 특징을 보이며, 라이브 사운드와 조명·미디어가 결합되어 몰입감을 조성한다. 내용적으로는 개인적 고백, 찬양, 회복, 기도 초점의 노래들이 빈번히 사용되며, 참예자의 감정적·영적 경험을 강조한다. 행정적으로는 세션별 곡 리스트, 라이선스(저작권) 관리, 밴드 리허설 스케줄, 기술(AV) 협업, 스트리밍 운영 등이 핵심이다. 현대예배는 젊은 세대를 중심으로 폭넓은 참여를 유도하며, 교회의 성장과 미디어 기반 사역 확장에 유리한

구조를 제공한다.[80]

① 예람워십 예시 주보

구 분	내 용
교 회	전통교회 (예시)
날 짜	YYYY년 MM월 DD일 (주일)
예배 순서	1. 입당송(합창) 2. 찬송가 3. 기도 4. 성가대 특송 5. 성례(필요 시) 6. 축도
음악 인력	지휘: 최지휘 / 반주: 김반주 / 성가대: 합창단원
공지/행정	1) 합창단원 참석기록: 행정실 제출 2) 악보 구입비 청구 방법 안내

② 마커스워십 예시 주보

구 분	내 용
교 회	마커스워십 (예시)
날 짜	YYYY년 MM월 DD일 (주일)
예배 순서	1. 찬양 4곡(현대곡) 2. 기도 및 간증 3. 설교 4. 헌금 송 5. 아웃트로
음악 인력	찬양리더: 서리더 / 밴드: 풀 밴드 / 구성기술스태프: 음향 / 조명 / 영상
공지/행정	1) 청년부 연합 찬양회 안내 2) 찬양곡 리스트 공유(채널)

80　Constance M. Cherry, *The Worship Architect*, 72-75.

③ 현대교회 예시 주보

구 분	내 용
교 회	현대교회 (예시)
날 짜	YYYY년 MM월 DD일 (주일)
예배 순서	1. 웰컴 및 찬양 2. 중보기도 3. 메시지 4. 워십 세션 (오랜 찬양) 5. 파송
음악 인력	워십리더, 기타리스트, 드러머, 키보디스트믹서 / 음향 엔지니어
공지/행정	1) 온라인 채팅 운영 안내 2) 헌금 모바일 QR 안내

3) **통합예배**(integrated/blended worship)

사랑의교회, 지구촌교회 등과 같이 찬송가와 현대 경배찬송을 혼용하여 부르고 찬양대와 찬양팀이 함께 어우러진 교회음악이 활용되고 있다.

통합예배는 전통적 찬송과 현대적 경배를 혼합하여 세대 간 조화를 꾀하는 예배 형태다. 음악적으로는 찬송가와 현대 워십송의 교차 구성, 성가대와 찬양팀의 협업, 오케스트라·밴드·합창의 혼성 프로그래밍이 가능하다. 역할 측면에서 음악감독(또는 예배디렉터)은 여러 팀(성가대·찬양팀·악기팀·오케스트라·AV)을 조율하여 예배의 신학적 통일성과 예술적 질을 균형 있게 유지한다. 스타일은 다양성과 통합성에 방점을 두며, 예배의 특정 부분(예: 찬송가로 성례의 엄숙성 확보 → 워십송으로 개인적 기도·회복 유도)에서 적절한 음악을 배치한다. 내용적으로는 세대별 신앙 형성을 고려하여 레퍼토리를 선정하고, 교회 연중행사에서 양식의 융합을 통해 공동체적 연대를 강화한다. 행정적으로는 합동 리허설, 파트별 악보·파트 분배, 시간 관리(타임라인), 세대별 참여 안내, 음악 자료의 통합 배포 등의 절차가 필요하다. 통합예배는 대형교회에서 자주 채택되며, 교회 내 다양한

세대가 함께 예배할 수 있는 실천적 대안으로 평가된다.[81]

① 사랑의교회 예시 주보

구 분	내 용
교 회	사랑의교회
날 짜	YYYY년 MM월 DD일 (주일)
예배 순서	1. 찬송가와 현대곡 혼합 (오프닝) 2. 합창(성가대)과 밴드 협업 3. 설교 4. 합창과 워십 연결 세션 5. 파송
음악 인력	음악감독: 황감독/성가대 및 찬양팀 협업오케스트라(필요 시)
공지/행정	1) 합동 리허설 일정 공지 2) 세대별 참여 안내(청년·장년)

② 지구촌교회 예시 주보

구 분	내 용
교 회	지구촌교회
날 짜	YYYY년 MM월 DD일 (주일)
예배 순서	1. 전통 찬송과 현대곡 교차 편성 2. 성가대 인도 찬양 (코러스) 3. 찬양팀 솔로 및 합창 협업 4. 설교 5. 파송
음악 인력	음악 디렉터성가대, 찬양팀, 오케스트라 섭렵 가능AV 스태프
공지/행정	1) 통합팀 연습 스케줄 2) 음악자료(악보·파트) 배포 안내

---

81 Aubrey Malphurs, *Advanced Strategic Planning* 215-218. 그리고 Howard A. Vanderwell, ed., The Church of All Ages, 11.

③ 통합교회 예시 주보

구 분	내 용
교 회	통합교회 (예시)
날 짜	YYYY년 MM월 DD일 (주일)
예배 순서	1. 전통적 전주(오르간) 후 현대곡 진입 2. 찬송가와 워십 교차 3. 특별 합창/밴드 콜라보 4. 설교 및 성례 5. 축도
음악 인력	합창 지휘자 및 워십리더 / 오케스트라(세션 음악가)/기술팀
공지/행정	1) 파트별 리더 미팅 안내 2) 합창단 악보 반환 및 정리

이제는 찬양대가 더 교회음악적(성서적, 신학적, 역사적)이냐, 찬양팀이냐 하는 지난 반세기 가까이 세월을 소비해온 이분법적인 논쟁을 멈추고 부모 세대는 자녀 세대와의 공감을 형성할 수 있는 소통을 하면서 그 어느 때보다 현실과 미래의 목회 전반적인 위기의식을 가지고 적극적으로 대안을 마련하기 위해 나서야 할 때다. 교회음악을 음악적인 장르나 형식으로 가늠할 것이 아니라 예배의 주체가 되는 회중들의 참여를 종용하고, 그 필요를 적극적으로 수용(수렴)하여 교회공동체 전체의 신앙적인 성숙함을 도울 수 있는 예배와 음악이 웨버(Robert webber)가 말하는 고전적 미래예배(Ancient Future Worship)다.[82]

(2) 성공적인 목회를 위한 교회음악의 바람직한 방향

현대목회의 성공과 실패는 교회의 건강성을 진단해 보면 알 수 있다. 그리고

---

82 Robert E. Webber., "*Ancient-Future Worship*", BakerBooks, 2009, 57-66.

그 지표는 교회에 등록한 성도의 정족수가 아닌 기독교 삶의 원천인 예배를 통해 더욱 분명하게 드러난다.[83] 찬양은 예배의 전반에 흐르는 윤활유와 같다. 따라서 건강하고 발전적인 목회를 위해 필요한 교회음악에 대한 바람직한 방향성을 세 가지로 정리하였다.

1) 팀 워크(Team work)

음악은 하나님께서 주신 선물이다. 교회에서 음악은 예배의 주체인 회중의 음악이며 공동체적이다. 또한, 하나님과의 수직적인 관계와 믿는 사람들 사이에 수평적 관계를 다룬 음악이다. 그래서 현대교회의 어떤 예배순서나 음악은 독주나 독창보다는 합창과 합주와 같이 그 대표성과 보편성 통해 더 잘 설명할 수 있다. 다시 말하면 현대교회에 모든 제사적이고 음악적 행위는 세상의 그 어떤 것보다 공동체성, 즉 회중성이 잘 담겨야 한다.

2) 음악적인 다양성(diversity)과 조화(balanced)

성공적인 목회를 위해 수용해야 할 다양성과 조화는 기독교 신앙의 근본임을 잊지 말아야 하겠다. 마태, 마가, 누가와 같은 공관복음과 요한복음은 각기 다른 입장과 관점에서 기록되었지만, 어느 것 하나 빼지 않고 모아서 정경(canon)을 완성하였다. 그리고 하나님은 한 분이시나 그 존재 안에는 성부와 성자, 그리고 성령의 존재가 함께하고 있다는 사실 또한 깊이 재고해야 할 명제일 것이다. 목회자가 교회, 교회음악, 회중 등 그 안에 내재하고 있는 많은 다양성을 인정하고 포용할 수 있을 때 비로소 그리스도의 존재가 우리의 예배와 찬송을 통해 선포되고, 교회의 모든 공동체가 삼위일체 하나님의 임재를 경험할 수 있게 된다. 우리의 신앙은 단일화하거나 전체주의화할 대상이 아니다. 다름에서 얻

---

83 목회데이터연구소, 『한국교회 진단 리포트』, (서울: 두란노 2025), 28, 29.

는 축복을 함께 나누고 누리며 살 수 있는 감사한 삶이 될 수 있기를 소망한다.

3) 선택된(anointed) 자의 삶을 감사

참된 기독교 교육은 세상의 가치를 가르치고 배우기보다는 자신의 재능에 하나님의 가치를 담는 과정이란 사실을 잊지 말아야 하겠다. 음악을 수단과 도구로 잘 활용하여 복음을 전하고 영혼을 구원하는 일을 절대로 멈추지 않아야 한다. 전 세계에서 대학 교육을 받은 사람은 2%에 불과하다. 우리는 그저 평범한 다수가 아닌 특별히 선택받고 축복받은 소수란 사실을 잊지 말자. 우리에게 허락하신 인생을 2% 가운데서도 탁월하고 우월한 재능으로 더 높은 지위와 위치를 누리겠다는 0.1%가 되기 위한 치열한 경쟁을 위해 쓰기보다는 98%의 선택받지 못한 하나님의 시선이 향해 있는 세상을 위해 투자하는 것이 마땅하지 않겠는가?

4. 교회음악행정과 기술(technology)

(1) 디지털 악보 관리와 저작권 대응

오늘날 교회음악행정에서 가장 큰 도전 중 하나는 디지털 악보와 저작권 관리이다. 교회가 사용하는 악보와 음원, 영상 자료는 단순히 '예배용'이라 할지라도 저작권법의 보호 대상이다. 특히 PDF 악보의 무단 복제, 유튜브 찬양 영상의 무허가 사용, 스트리밍 중의 배경음악 사용은 법적 문제를 초래할 수 있다. 이에 따라 교회는 합법적 사용을 위한 저작권 라이선스 시스템(CCLI, OneLicense 등)을 반드시 확보해야 한다. 또한, 악보 관리 측면에서는 클라우드 기반 데이터 저장(예: Google Drive, Dropbox) 대신, 저작권 보호가 강화된 플랫폼이나 내부 서버를 사용하는 것이 바람직하다. 교회음악 행정가는 모든 악보

파일에 사용처·편곡자·제작일 등의 메타데이터를 명시하고, 이를 체계적으로 분류하여 관리해야 한다. 더불어 저작권 침해를 방지하기 위해, 정기적인 교육과 내부 지침서를 마련하는 것이 중요하다. 저작권은 단순한 법적 의무가 아니라, 창작자의 노동과 예술을 존중하는 신앙적 실천이기 때문이다.[84]

(2) 온라인 예배 음향·영상 운영 행정

온라인 예배는 단순히 기술이 아니라 예배의 새로운 형태이다. 이를 위해서는 음향·영상 운영이 예배 행정의 일부로 통합되어야 한다. 먼저, 교회는 예배 장소의 음향 설계(마이크, 믹서, 스피커 배치)와 온라인 송출용 오디오 믹싱을 구분 관리해야 한다. 현장과 온라인의 음향 밸런스는 동일하지 않기 때문이다. 또한, 영상 부서는 카메라 동선, 조명, 자막, 송출 플랫폼(YouTube, Zoom, KakaoTV 등)을 포함한 전 과정을 '예배 매뉴얼'로 표준화해야 한다. 예배 중에는 기술적 문제가 영적 몰입을 방해할 수 있으므로, 장비 점검표와 비상대응 프로토콜(Backup Audio, 예비 인터넷 회선 등)을 문서화하는 것이 중요하다. 특히 중·소형 교회에서는 전문인력이 부족하므로, 음향·영상 봉사자 교육 프로그램을 통해 팀의 역량을 강화해야 한다. 온라인 예배 행정은 기술적 완성도뿐 아니라 '화면 너머의 회중'을 목회적으로 배려하는 영적 감수성을 필요로 한다.[85]

---

84 CCLI. Church Copyright License and Streaming Guide, 2024, 12-15.
85 Robert A. Guelich, "Worship in the Digital Sanctuary: A Theological Response," Journal of Church and Communication Technology 11 (2022): 44-46.

(3) AI·미디어 도구를 활용한 음악사역 효율화

AI 기술은 교회음악행정의 새로운 가능성을 열고 있다. 인공지능 작곡도구(예: AIVA, MuseNet), 음원 분리 프로그램(예: Moises), 자동 악보 인식 프로그램(예: ScanScore)은 음악사역자의 업무 효율을 크게 높인다. 이러한 도구는 찬양팀 연습자료 제작, 예배곡 편곡, 성부별 연습 음원 생성 등 다양한 영역에서 활용될 수 있다. 그러나 AI 사용은 단순한 기술 활용을 넘어, 창의성과 신앙의 관계를 성찰해야 하는 주제이기도 하다.[86]

음악행정 측면에서 AI는 데이터 기반 사역계획(출석패턴 분석, 예배음악 선호도 조사)과 자동 문서화(리허설 스케줄, 악보 정리, 영상 자막 생성)를 지원한다. 하지만 모든 AI 활용은 저작권과 개인정보 보호 규정을 준수해야 하며, 인간의 영적 통찰과 공동체적 discernment(분별)를 대체할 수는 없다. 교회는 기술을 도구로 삼되, "하나님 중심의 예배를 위한 기술적 청지기직"(technological stewardship)의 관점에서 이를 운용해야 한다.

86　Pete Ward, *Introducing Practical Theology: Mission, Ministry, and the Life of the Church*, (Grand Rapids: Baker Academic, 2017), 214-218쪽.

V

음악목회와 제도

Music Ministry
and Systems

V. 음악목회와 제도

1. 교회에서 음악적인 기능과 역할을 수행하는 담당자의 현황

(1) 명칭

구분	일반	전문	소속
전통(예전)교회	지휘자, 반주자, 독창자, 연주자 등	찬양사역자, 음악목사/ 전도사, 음악감독, 성가사	(예배)음악위원회(부)
현대(통합)교회	찬양인도자, 악기연주자, 음향담당자(엔지니어) 등	예배(찬양)인도자, 간사, 전도사, 예배목사 등	교육위원회(부)

(2) 교회음악전문인의 역할과 자질

한 설문 조사의 결과에 따르면 대부분의 목회자는 교회음악을 포함한 예배찬양 영역에 전문적으로 활용할 수 인력의 필요성을 알고 있거나 공통적으로 인식하고 있다. 그러나 전문인력을 통해 교회가 기대하는 역할과 기능이 무엇인가라는 질문에는 연주자보다는 예배인도자를, 음악가보다는 목양자를, 그리고 전문가보다는 교육가를 선호한다고 답변하였다.[87] 이것은 역사적으로 교회음악 전문인들이 교회에서 다양한 영역에서 그 역할과 기능을 수행해 왔던 사실을 재고하게 한다.[88] 초대 교부로부터 천주교 사제로 잘 알려진 그레고리 I세(Gregory I), 암브로우스(St. Ambrose), 비트리(Philippe de Vitry), 마쇼(Machault,

---

87 이상일, "음악사역자에 대한 담임목사들의 의식과 음악사역자 제도에 관한 연구," 「장신논단」, 46-4(2014), 419-448.
88 Paul Westermeyer, *The Church Musician*, Harper & Row, Publishers, San Francisco, 1988, 13.

1300-1377), 던스터블(Dunstaple, 1390-1453), 옥케겜(Ockeghem, 1430-1495), 비발디(Vivaldi, 1678-1741)에 이르기까지 수많은 인물이 사제의 신분으로 전문 교회음악 활동을 하였다.[89]

교회음악전문인 역할	예배인도(활성화), 목양, 교육, 교회의 음악수준 향상 등
교회음악전문인 자질	음악성, 소명감, 신앙심, 인격 등

목회자들이 교회음악을 담당하는 이들에게 기대하는 것은 은혜와 감동을 할 수 있는 찬양이다. 찬양은 곡조를 붙인 설교이며 기도이기 때문에 하나님과 깊은 영적 교류를 가능케 하는 훌륭한 매개체로써 은혜와 감동을 끼칠 수 있는 것이다. 하지만 수준 높은 음악적 고려가 자칫 과시적 연주를 지향하는 것이 되어버리기 쉽고 이는 교회에서 음악을 하는 이들의 자기만족으로 표출될 때도 종종 있다. 이런 이유로 인해 교회에서 행해지는 음악이라고 해서 무조건 찬양이 될 수 없을 뿐만 아니라 하나님께서 기뻐하시는 음악도 될 수 없는 것이다.[90]

(3) 교회음악관련 고용형태[91]

항목		전임	비전임	자원봉사
예배참석 교인 수	100명 이하	10%	60%	30%
	101-500명	10%	50%	40%
	501명 이상	20%	40%	40%

---

89 김남수, 『교회와 음악 그리고 목회』, 21.
90 이정익, "찬양에는 흥이 있어야 합니다," 「한국교회음악학회지」, 2011(가을), 31-32.
91 필자가 소속한 교단현황을 2009년부터 2025년까지 설문을 통해 집계한 현황을 바탕으로 작성

설문 결과 재정적으로 열악한 작은 교회나 도시 중심에서 벗어난 지역교회들이 재정적인 어려움 가운데도 전임은 아니어도 비전임사역자를 고용하여 사례를 지급하는 사례를 어렵잖게 발견할 수 있었다. 이는 중대형 교회의 사역현황에 비해 (비)전임 사역자의 비율이 절대 낮지 않다는 사실로 다소 예상치 않은 설문결과였다. 교회 규모와 재정에 다소 여유가 있는 교회들일지라도 음악적으로 상당한 재정을 투자하는 곳과 반대로 음악사역자의 대다수를 무료봉사직으로 대신하는 경우도 종종 있었다.

2. 교단별 제도적 규정과 내용

연세대학교가 1955년 신과대학에 종교음악과를 신설한 것을 계기로, 1974년에 총신대학교, 1976년에 서울신학대학교, 1978년 고신대학교, 1983년에 침신대학교, 그리고 1988년에 서울장신대학교와 호남신학대학교 등이 종교음악과를 개설하여 교회음악전문인 양성에 나섰다.

조숙자 교수와 이상일 교수는 선행연구[92]를 바탕으로 한 연구자료[93]를 통해 지역교회 담임목회자들 대부분이 음악목회자의 필요성에 대한 설문에 대한 긍정적인 응답을 하였으나 상대적으로 (비)전임사역자의 수가 확대되지 못하고 목회과정을 거쳐 음악목회자가 되려는 지원자 수가 증가하지 않은 원인을 크게 두 가지로 정리해 보았다. 첫째는 재정에 대한 부담감이 크다는 것이고 둘째로는 음악사역자 제도의 부재이다.

---

92 조숙자, "본 교단 '음악목사' 제도화를 위한 연구," 「장신논단」, 15, 1999, 613-634.
    하재송. "한국교회에서의 음악목회자의 위치와 역할에 관한 연구." 〈총신 100만 연구논문집〉(총신대학교, 2009), 635-692.
93 이상일, "음악사역자에 대한 담임목사들의 의식과 음악사역자 제도에 관한 연구," 「장신논단」, 46(4), 2014, 419-448.

(1) 대한예수교장로회

　1995년도 제80회 총회에서 교회음악사 자격증 제도를 통과시키었고, 그 총회 이후로 이 제도가 시행하고 있다. 이 규정에는 교회음악사 과정을 이수할 수 있는 자의 자격이 총회 산하 신학대학교 내의 교회음악과의 재학생이라고 명시되어 있다. 이러한 제도는 학부 출신에게 '성가사'란 명칭과 대학원교육 과정을 이수한 자에게는 '성가장'이란 명칭을 부여하고 있지만, 현재까지 자격 고사에 대한 합의가 이뤄지지 않아 실효성을 거두지 못하는 제도로 남아 있다. 아래는 연구자료에 함께 첨부된 제도 내용이다.

※ 대한예수교장로회 교회음악사 규정(1995년 제80회 총회 회의록, 331-333)

제1장 총칙

제1조　명칭
　　　본 규정은 기독교교육사, 교회음악사, 교회사회복지사 자격과정 운영(시행) 규정이라 칭한다.

제2조　목적
　　　이 규정은 대한예수교장로회총회가 목회 현장의 다양한 요구를 전문적으로 사역할 기독교교육사, 교회음악사, 교회사회복지사의 자격과정에 필요한 사항을 규정함을 목적으로 한다.

제3조　과정설치
　　　전 조의 목적을 달성하기 위하여 총회는 아래와 같은 자격 선발과정을 설치, 운영한다.

제2장 지도운영위원회

제4조　지도운영위원회
　　　1. 본 과정을 보다 원활하게 진행하기 위하여, 총회신학교육부내에 지도운영위원회를 둔다.
　　　2. 인원은 15인 정도로 하되 신학교육부 임원 3명(부장, 서기, 회계), 각 신학교

해당 학과장, 총회총대 5명으로 조직한다.
3. 신학교육부 임원은 매년 교체되고, 신학교 해당 학과장은 연임되며 총회총대 위원은 3년으로 하되 연임할 수 있다. 총회총대위원은 신학교육부 실행위원회에서 선정하되, 일시에 전원 교체하지 않고 2명, 3명으로 한다.
4. 지도운영위원회는 위원장 1명, 총무 1명을 둔다.
5. 지도운영위원회는 지도지침서(교과과정, 지도지침, 평가기준)를 편집 제작한다.

제3장 설치 및 운영

제5조 설치
본 과정을 운영하기 위한 훈련과정을 총회산하 신학대학교의 해당 학과 내에 둔다.

제6조 자격
본 과정을 이수할 수 있는 자는 총회산하 신학대학교 내의 해당 학과의 재학생으로 한다.

제7조 자격증의 명칭
본 과정을 이수한 자는 기독교교육사, 교회음악사, 교회사회복지사라 한다.

제8조 훈련년한
본 과정의 연한은 각 과정을 이수하는 기간으로 하되 4년 미만으로 한다.

제9조 과목
본 과정은 다음의 교과과정을 이수하여야 한다.

  1. 기독교교육사
    ① 신학영역: 성서개론, 조직신학개론, 역사신학개론, 실천신학개론, 기독교윤리, 기독교교육개론
    ② 전공영역: 기독교교육사, 성서교육방법, 기독교교육행정, 인간관계훈련

  2. 교회음악사
    ① 신학영역: 성서개론, 조직신학개론, 역사신학개론, 실천신학개론, 기독교윤리, 기독교교육개론
    ② 전공영역: 찬송가학, 예배와 음악, 교회음악개론, 교회음악행정, 한국교회음악사

  3. 교회사회복지사
    ① 신학영역: 성서개론, 조직신학개론, 역사신학개론, 실천신학개론, 기독교윤리, 기독교교육개론
    ② 전공영역: 기독교사회복지론, 기독교사회복지방법론, 기독교사회사업사, 기독교사회사업과 프로그램 개발, 기독교자원복지론, 기독교환경복지론

제10조   자격증 수여
본 과정을 이수한 자는 해당 신학교에서 매 졸업년도의 1월 말까지 신학교육부에 그 명단을 보고하고, 그 명단이 보고된 자에게 총회장은 기독교교육사, 교회음악사, 교회사회복지사의 자격증을 수여한다.

제11조   취업요건
대한예수교장로회(통합) 총회산하 각 교회와 기관은 총회장이 수여한 자격증을 받은 자에게 한하여 채용하도록 한다.

제12조   운영기관
본 과정의 운영업무는 신학교육부에서 관장한다.

제4장 평가

제13조   평가방법은 지도지침서에 준한다.

제5장 부칙

제14조   본 규정은 총회 출석 과반수로 개정할 수 있다.
제15조   본 규정 이외의 훈련과정 운영에 필요한 사항은 본 위원회의 의결로써 정한다.
제16조   본 규정은 총회 통과일로부터 시행한다.

※ 대한예수교장로회 교회음악사 규정(1995년 제80회 총회 회의록, 334-40)

대한예수교장로회 교회음악사(敎誨音樂士) 규정(안)

총칙

1. 대한예수교장로회 산하의 교회에서 음악을 담당하는 사람은 교단의 교회음악사 고시위원회로부터 부여되는 성가장과 성가사의 자격증을 획득한 사람이어야 한다.
2. 교회음악의 직무를 수행할 수 있는 자격증을 취득하고자 하는 사람은 신앙적, 도덕적, 음악적 면에서 검토되는 일정한 절차와 시험을 거친다.
3. 교회음악사의 자격증은 원칙적으로 교단의 신학교에서 교회음악을 4년 이상 배운 사람을 위한 것이다.
4. 교단의 신학교 이외의 곳에서 음악교육을 받고 지금까지 교회음악을 담당하고 있는 사

람은 교단에서 정하는 별도의 교회음악 교육과정을 통해 성가장과 성가사의 자격증을 취득할 수 있도록 하게 한다.(참조: 별정 성가장과 성가사 규정)
5. 교단은 교회음악사 제도를 행정적으로 뒷받침하기 위해 교단 신학교의 교회음악과 교수들과 교회음악에 관심이 있는 교단내의 인사들로 구성된 고시위원회를 구성하여 이 위원회로 하여금 자격증을 수여하는 일을 맡게 한다.
6. 고시위원회는 정기적으로 시험을 실시하며 교단은 시험에 필요한 행정적 지원을 한다.
7. 교회음악사 자격증에는 다음과 같은 종류를 둔다.
  1) 지휘자 성가장 자격증
  2) 지휘자 성가사 자격증
  3) 반주자 성가장 자격증
  4) 반주자 성가사 자격증
  성가장 자격증은 대학원 수준을, 성가사 자격증은 대학 수준을 요구한다.
8. 각 교회의 당회는 공석이 되는 성가장과 성가사의 자리를 자격증이 있는 새로운 사람으로 대체해야 한다. 교회는 공석이 되거나 공석이 된 자리를 공고하여 많은 사람들이 알 수 있고 지원할 수 있게 한다.
9. 여러 성가장과 성가사 지원자 중 적절한 사람을 선정하는 일은 각 교회가 결정한다.

성가장의 직무 범위

1. 성가장과 성가사는 교회가 회중찬송가를 잘 부를 수 있게 하는 의무를 지닌다.
  1) 정기적인 찬송가부르기 시간에서는 잘 부르지 않는 찬송가도 가르친다.
  2) 어린이들의 찬송가교육
  3) 젊은이를 위한 찬양시간 진행
  4) 교회의 요청이 있는 곳에서의 찬송가교육
2. 성가장과 성가사는 교회성가대가 매 주일에 있는 예배에 찬양할 수 있도록 하는 의무를 지닌다. 교회가 요구하는 성가대 찬양을 성실하게 준비하여 예배에서 하나님 찬양, 말씀 선포, 신자들의 감화에 최선을 다해야 한다.
3. 성가장과 성가사는 성가대의 책임자이다. 그는 성가대원의 신앙적, 음악적 교육에 힘을 기울여야 한다. 성가대의 책임자는 예배적 의무를 갖기 때문에 예배에서 요구하는 사항에 관심을 갖고 예배의 내용에 맞는 음악을 선정, 실시해야 한다.
4. 건반악기를 연주하는 성가장과 성가사는 회중찬송을 실질적으로 인도한다. 회중들의 찬송을 잘 이끌어 가는 데에 부족함이 없어야 한다. 성가대의 반주자로서 책임도 성실하게 수행해야 한다.
5. 성가장과 성가사는 당회의 요청이 있으면 여건이 허락되는 한에 있어서 합주단을 조직, 지도하여 교회음악을 더욱 풍요롭게 만들어야 한다.
6. 성가장과 성가사는 교회의 요청에 따라 선교행사, 장례식, 결혼식, 여타의 교회행사에 음악적으로 참가해야 한다.
7. 성가장과 성가사는 기회가 주어지는 대로 교회음악을 들려주는 행사를 개최해야 한다.
8. 성가장과 성가사는 성가대와 평신도의 교회음악 교육을 담당한다. 이를 위해 일정한 교

육 프로그램을 정기적으로 실시한다.
9. 성가장(성가사)과 목회자는 공통적으로 예배를 주관하기 때문에 정기적으로 의견을 교환하여 하나님의 일에 차질이 없도록 해야 한다. 교회 안에 다수의 목회자와 다수의 성가장이 있는 경우에는 모두가 의견교환에 참여하도록 해야 한다. 의견교환은 당회장의 초청으로 이루어진다.
10. 성가장(성가사)은 개교회의 교회음악 전반에 관해서 책임을 진다. 중요한 것은 예배를 위한 음악을 선정하는 것인데, 그러나 회중찬송가의 선정은 목회자의 일로서 여기에 해당되지 않는다. 그러나 회중찬송가를 성가대가 음악적으로 다양한 방법으로 부를 수 있도록 준비해야 한다.
11. 성가장과 성가사는 절기에 맞는 찬양부르기에 관심을 가져야 한다. 그러나 이것은 목회자와 함께 해야 효력이 있는 것이기 때문에 이 부분에 관한 협의가 목회자와 성가장(성가사) 사이에 있어야 한다.
12. 성가장과 성가사는 교회의 악기를 잘 관리, 유지하는 책임을 지닌다.
13. 성가장과 성가사가 질병, 개인사정 등으로 그 직무를 행할 수 없을 때에는 반드시 그 대리자를 지명하여 일에 차질이 없도록 한다. 직무수행이 장기간(3개월) 불가능할 경우 자격증을 가진 사람으로 하여금 그 직무를 대신하게 해야 한다.
14. 교회에서 사용되는 악보는 교회가 구입해야 하며 성가장과 성가사는 정리대장을 만들어 이를 잘 관리, 보존해야 한다.

성가장(성가사) 자격고사 규정
1. 대한예수교장로회총회는 성가장과 성가사 자격고사에 응시할 수 있는 전제조건을 갖춘 사람들을 위해서 필요에 따라 자격고사를 실시한다.
2. 고사위원은 총회에 의해 임명된다. 고사위원의 임기는 2년이고 위원들의 숫자는 7명 내외로 한다.
3. 고사위원들은 회원 가운데 한 명을 위원장으로 선출하며 위원장은 고사실시의 최종책임자가 된다. 대한예수교장로회총회는 위원장이 고사를 잘 치를 수 있도록 인적, 행정적 지원을 해야 한다.
4. 고사위원들은 각 과목의 시험에 필요한 출제위원과 채점위원들을 위촉하여 각 과목의 시험에 차질이 없도록 한다.
5. 시험은 필요에 따라 실시된다.
6. 지원자는 만 23세를 넘어야 한다.
7. 지원자는 교단에 속한 신학교의 교회음악과(대학 또는 대학원)를 졸업한 사람이어야 한다.
8. 시험에 응시하고자 하는 사람은 다음의 서류를 제출한다.
    1) 원서
    2) 이력서
    3) 세례증명서, 또는 입교증명서
    4) 소속교회의 당회장 추천서

5) 교단소속 신학교 교회음악과 졸업증명서
　　　6) 호적등본
9. 시험과목은 다음과 같다.
　　　1) 피아노(또는 오르간)
　　　2) 지휘
　　　3) 시창 청음
　　　4) 화성학 대위법
　　　5) 한국교회음악사
　　　6) 예배학
10. 시험결과는 "수," "우," "미," "가"로 판정되고 "가"는 불합격 처리된다.
11. 합격자가 받는 증서는 다음과 같은 형태로 만들어진다.

성가장 증서

　　　　　　　　지휘자 성가장 자격:
　　　　　　　　이름:　　　　　　생년월일:

위의 사람은 다음과 같은 성적으로 성가장 시험에 응시하여
합격하였으므로 이에 증서를 수여함.

　시험 종류:
　　　1) 피아노(또는 오르간)
　　　2) 지휘
　　　3) 가창
　　　4) 화성학 대위법
　　　5) 한국교회음악사
　　　6) 예배학
　평균총점:

　　　　　　　　　　19　.　.　.

　　　　　　　　대한예수교장로회 성가장 고사위원회
　　　　　　　　위원장　　　고사위원

별정 성가장 규정

1. 지금까지 교회에서 음악을 담당한 사람들은 6개월의 단기교육을 받고 성가장과 성가사의 자격증을 취득할 수 있다. 이들은 '별정 성가장"(또는 성가사)로 지칭된다.
2. 별정 성가장과 성가사의 단기교육을 위해서 성가장 교사위원회는 장로회신학대학교, 서울장로회신학교, 호남신학대학교와 협력하여 방학 중에 열리는 특별 교육과정을 개설한다.
3. 특별 교육과정을 성실하게 이수한 사람들에게는 별정 성가장과 성가사의 자격이 수여된다.
4. 별정 성가사의 자격증에는 "별정"이라는 표시를 명기한다.

(3개 학교 교과과정 비교 생략)

교과과정 조정안

1. 전공필수

전공실기	8(16)
시창, 청음	4(8)
화성학	4(8)
대위법	2(4)
음악사	4(8)
찬송가학	1(2)
예배와 음악	1(2)
교회음악개론(이론)	1(2)
합창	8(8-16)
지휘법	2(4)
가창(성악전공 이외의 전공은 필수)	2(4)
한국교회음악사	1(2)
반주법(건반악기 외 전공은 필수)	2(4)

2. 교양(신학)필수

국어	2(4)
영어	4(8)
체육	2(2)
예배학	1(2)
신약	2(4)
구약	2(4)

한국사	1(2)
교양 4과목 16학점, 신학 3과목 10학점	계: 26학점

특징
1. 세 학교의 공통되는 과목을 우선으로 했다.
2. 교회음악사 자격 시험과목을 채택했다.

대학원교과과정안
필수 21학점, 선택 9학점, 전공실기 6학점(3학기 2학점), 논문(연주, 실기시험) 3학점
계: 42학점

1) 전공실기 3(6)   2) 합창지도론 2(6)   3) 반주법 2(6)
4) 음악분석 1(3)   5) 논문(연주, 시험 학점)

(2) 기독교대한성결교회

〈헌법〉
(2013. 5. 29. 제107년차 총회 개정판)

제5장 지교회
  제4절 교역자
    제42조(전도사)
      2. 자격
      음악전도사는 서울신학대학교 교회음악과의 전 과정과 교단 소정의 교역자과정을 이수하고 졸업한 후 지교회에서 청빙 받은 자로서 지방회의 승인을 받은 자.
      3. 칭호와 직무
        라. 음악전도사
        음악전도사는 당회의 위임에 따라 담임목사를 보좌하며 교회음악에 대한 일을 담당한다. 단, 음악전도사는 담임전도사로 청빙될 수 없다.
    제43조(목사)
      2. 자격
        다. 음악목사는 서울신학대학교 교회음악과 과정과 교단소정의 교역자과정을 이수하고 동대학원에서 석사학위를 취득한 자.
      4. 칭호
        아. 음악목사
        음악목사는 서울신학대학교 대학원에서 교회 음악을 전공하고 교역자 과정을 이수한 자로서 본 교회에서 3년 이상 음악전도사로 시무한 경력

이 있으며 연령이 28세 이상 된 자. 단 음악목사는 담임목사로 청빙될 수 없으며 담임목사로 청빙 받으려면 서울신학대학교 신학대학원(M.div) 과정을 이수한 자여야 한다.

(3) 기독교한국침례회

기독교한국침례회에는 음악목사 제도가 없다. 침례신학대학교에는 1997년에 M.Div. in Church Music 학위과정이 신학대학원에 개설되었다. 2000년에는 교회음악대학원이 생기면서 M.Div. in Church Music 과정이 교회음악대학원으로 편입되었다. 현재 교회음악대학원에는 MCM 과정과 M.Div. in Church Music 과정이 있는데, 전자는 목사 안수를 받지 않고 교회음악사역자가 될 학생을 위한 과정이고, 후자는 음악목사를 위한 과정이다. 2009년에 M.Div with Church Music으로 이름을 바꾸면서 교과과정을 개편하여 히브리어와 헬라어를 뺀 거의 모든 필수 신학과목을 교과과정에 추가하였다. 그러나 음악목회자에 관한 교단차원의 제도적인 뒷받침이 없으므로 졸업 후 음악전도사나 음악목사의 자격을 취득하여 사역하는 경우가 매우 미미하다.

1998년 한국교회음악학회에서 주최한 세미나 자리에서 "한국교회 전임음악가제도를 위한 교과과정 연구"와 "교회음악과의 특성화를 위한 교과과정"이란 주제로 세미나를 개최했다. 당시 정정숙(서울신대), 조숙자(장신대), 송금섭(수원중앙침례교회 음악목사), 원성희(이화여대 명예교수), 박소인(장신대)의 발제하였다. 조숙자 교수는 당시 게재된 글을 통해 바람직한 교회음악 전문직위자를 양성하기 위한 교과과정과 제도적인 현황을 언급하면서 신학과목과 교회음악과목을 확대 보완하여 자격요건을 충족시켜야 한다고 주장하였다.[94]

---

94 조숙자, "본 교단 '교회음악사' 자격증제도와 교회음악학과 교과과정 연구," 「장신논단」, 46(4), 1998, 419-448.

3. 음악목회의 직업윤리 및 사역윤리

(1) 교회음악인의 윤리강령

교회음악인은 단지 높은 연주·편곡 능력만 요구되는 직무가 아니다. 예배의 설계자이자 목회적 돌봄의 한 축으로서, 윤리강령은 개인의 신앙·전문성·공공성의 조화를 요구한다.[95] 구체적으로는

1) 공동체에 대한 신실성과 겸손(공적 행동의 일관성),
2) 타인(동료·성도·목회자) 존중과 명예훼손 금지,
3) 저작권·재정·기물 관리 등 직무상의 법·규정 준수,
4) 지속적 전문성 개발과 자기관리(영성·가정·건강 보존),
5) 권력 남용·이중관계(dual relationships) 회피 등이 핵심이다.

단체·교단의 윤리강령(예: NPM)과 교단별 기준을 숙지하고 서면으로 직무기술서·행동강령을 명문화하여 팀과 공유하는 것은 행정적 필수이다.[96]

(2) 리더십 갈등과 해결

교회는 다양한 은사·배경을 지닌 사람들이 모인 공동체이므로 갈등은 불가피

---

[95] The United Church of Canada, Ethical Standards and Standards of Practice for Ministry Personnel (2023), 4-5.
[96] National Association of Pastoral Musicians (NPM), "2.9: Code of Ethical Behavior," (pdf), approved Jan. 30, 2021, 1.

하다. 갈등관리의 핵심은 '문제의 개인화'가 아니라 '구조적·신학적·관계적 원인'을 식별하는 것이다.[97] 실무적으로는

1) 초동평가(assess) – 감정·이해관계·권력구조 파악,
2) 의사소통 개방(open communication) – 경청·사실기반 대화,
3) 이해관계 조정(target interests) – 공통 목표 재확인,
4) 조정·중재·필요 시 교회 공적 절차 활용(mediate/arbitrate),
5) 회복·화해와 재발방지(시스템 개선) 단계를 권장한다.

A-C-T-I-O-N 같은 체계적 모델과, 성경적 화해 원리(예: 마 18장)를 결합하면 갈등이 공동체 성숙의 계기로 전환된다.[98]

(3) 목회자–음악담당자 간의 관계윤리

목회자와 음악담당자의 관계는 '사역적 동반자 관계'이며, 건강한 관계는 예배의 질과 공동체 통일성에 직결된다.[99] 관계윤리는 다음을 포함한다:
1) 명확한 역할과 권한의 규정(직무기술서·결재체계),
2) 사전 기획과 꾸준한 소통(설교주제·예배흐름 사전공유),
3) 상호 존중과 공개적 지지(공적 격려·사적 평가),

97　PIR Ministries, When Christians Clash: A Guide to Manage Conflict in the Church (pdf), A-C-T-I-O-N summary and steps, pp. 4-6.
98　Ken Sande, *The Peacemaker: A Biblical Guide to Resolving Personal Conflict*, 3rd ed. (Grand Rapids: Baker Books, 2004), 21-23.
99　Calvin M. Johansson, *Music & Ministry: A Biblical Counterpoint*, 2nd ed. (Peabody, MA: Hendrickson, 1998), 99.

4) 권한의 남용·책임 회피 방지를 위한 투명한 예산·장비·출연자 관리,

5) 갈등 발생 시 목회적·행정적 중재 절차(비공개 피드백 → 중재 → 필요시 외부 자문)다.

또한 목회자는 음악사역의 신학적 목적을 분명히 하고, 음악담당자는 목회적 감수성을 갖춘 전문인으로서 책임을 다할 때 관계의 시너지 효과가 발휘된다.[100]

---

[100] The United Church of Canada, Ethical Standards and Standards of Practice for Ministry Personnel (2023), 3-4.

VI

교회음악전공과 사례비

Church Music Major
and Compensation

VI. 교회음악전공과 사례비

    한국교회는 교단별 목회자 사례에 대한 구체적인 지침이 마련되어 있지 않은 것이 특징이자 현실이다. 대게의 경우는 교회 안에 당회와 같은 기구 또는 위원회를 통해 결의되는 내용에 따라 즉, 교회의 상황과 교역자들의 역량에 따라 많은 변수를 가지고 결정되고 있는 것이 현실이다. 교회음악전공자가 정규직으로 섬기는 담임목회자나 부교역자의 위치에서 사역을 하는 경우가 극히 드문 현실을 고려할 때 이번 사례연구는 필자가 경험한 미국 내의 다양한 교단별로 규정되어 있는 사례기준을 바탕으로 케나다, 영국, 아일랜드, 독일 등 몇몇 나라들의 사례비 기준표를 예로 제시하였다. 음악감독, 음악전도사 또는 음악목사의 공식적인 목회자 직함을 가지고 전임(full-time)이나 준전임(half-time) 이상으로 사역을 하는 경우를 제외하고 음악적인 영역에서 직능을 담당자들(지휘자, 반주자, 악기연주자, 경배 찬양팀 등)에게 무료봉사를 요구하는 교회들이 적잖은 것이 사실이다. 무료봉사를 요구하는 이유는 대개 교회의 재정문제 또는 '당회장'이란 용어적 접근성 때문인지는 모르나 '최고 경영자'로서의 담임목회자나 당회 운영위원들의 개인적 의견들이 중심이 되어 지역교회의 규정을 마련하고 있기 때문이다. 그러나 이러한 결정권자의 권위와 내용에는 모든 사역자에게 동일하게 적용된 윤리와 세계관 그리고 인간의 덕성과 깊은 관계성을 간과해서는 안 된다.[101]

    이번 장을 통해 유아부, 유치부를 비롯하여 청장년의 모임과 교육, 예배 및 선교, 전도 등의 교회에 전반적인 목회 운영을 위해 필요한 교회음악 전공자들의 효율적인 활용과 이들의 섬김, 봉사 사역의 가치가 성서적으로 역사적으로 재검토되어 한국교회의 적절하고 바람직한 교회음악 전공자들의 사례기준을

---

[101] 이장형, "한국교회 설교강단을 위한 기독교윤리학적 반성", 「성경과 신학」, 67 (2013): 222.

모색하고 마련하는 데 도움이 될 수 있기를 바란다. 아울러서 이번 장의 지면을 통해 한국교회 교회음악 전공자들이나 목회자의 검증된 통합적 사례기준이 아직 마련되지 않은 현실을 감안하여 현재 한국 노동자들의 기초임금 현황과 목회자들의 사례, 그리고 예시로 제시한 나라별 기준표들을 바탕으로 교회음악전공자 사례기준표를 제안하였음을 밝혀둔다.

1. 예배음악 담당자 사례에 관한 근거들

성전에서 음악을 담당하던 이들의 역할과 직능에 대한 분깃 또는 기업으로 주어진 사례의 성서적이고 역사적인 근거들을 찾아보았다.

(1) 성서적 근거

구약에는 이스라엘의 열두 지파가운데 레위 지파를 구별하여 성전에서 예배를 담당하게 하였다(대하7:6, 8:14, 31:2, 느11:22). 이들 가운데는 노래하는 자(대상 15:27), 악기를 연주하는 자(대상15:19), 그리고 전체적인 음악을 감독하는 자(대상16:41,42)들에 대한 성서의 기록을 심심치 않게 찾을 수 있다. 이들은 다 전문적인 훈련을 받을 자들로서 영역마다 남다른 재능을 가지고 그 직임을 담당하였으며(대상25:7), 구별된 옷을 입고 찬양하는 일에 열중하였다(대상15:27, 대하 5:12). 민수기 18장 21절에는 이들에 대한 사례에 대한 명확한 출처가 묘사되어 있다.

"내가 이스라엘의 십일조를 레위 자손에게 기업으로 다 주어서 그들이 하는 일 곧 회막에서 하는 일을 갚으니"

또한, 하나님께 드려진 거제물 또는 화제물의 십일조를 레위인들에게 기업으로 주었다는 기록들도 발견할 수 있다(민18:2, 신18:1,2, 여13:14). 이 밖에는 성전에서 봉사하며 가족의 생계를 유지(민18:8)하고 생활할 수 있는 집과 마을을 세웠다는 기록들(느12: 28~29, 여21:3, 에스라2:70)이 있다. 느헤미야서에는 사례를 한 시기에 대한 부분도 매일 정해진 일(느11:23)을 하고, 그 쓸 몫을 받았다는 기록을 담고 있다(느12:47). 이스라엘 자손에게서 받는 십일조 중에서 회막에서 일한 보수를 받았다는 기록도 있다(민18:31). 더욱이 성전에서 예배와 찬양을 담당하는 이들과 모든 일하는 자들에 대한 각종 세금을 면제해 준 기록도 찾을 수 있었다.

"제사장들이나 레위 사람들이나 노래하는 자들이나 문지기들이나 느디딤 사람들이나 혹 하나님의 전에서 일하는 자들에게 조공과 관세와 통행세를 받는 것이 옳지 않으니라 하였노라"(스7:24)

신약성서에도 구약에서와 마찬가지로 제사장의 직분을 맡은 자나 성전에서 일하는 이들에 대한 사례의 기록들을 찾을 수 있다(히7:5, 히7:9, 고전9:13~14 등). 디모데전서에 기록된 보다 명확한 설명은 교회가 왜 봉사하고 수고한 섬김에 대한 댓가를 지불해야 하는가에 대한 답변을 주고 있다.[102]

"잘 다스리는 장로들은 배나 존경할 자로 알되 말씀과 가르침에 수고하는 이들에게는 더욱 그리할 것이니라 성경에 일렀으되 곡식을 밟아 떠는 소의 입에 망을 씌우지 말라 하였고 또 일꾼이 그 삯을 받는 것은 마땅하다 하였느니라"(딤전 5:17,18)

---

102 Carlos D. Caldwell, Jr., *The Ministry of Music: Precepts-Principles-Procedures*, AutheorHouse, 2004, 129.

(2) 역사적 근거

A.D. 313년 콘스탄틴 대제에 의해 로마의 국교로 기독교가 선포되면서 로마 정부는 교회를 세우고 종교활동에 대한 전폭적인 지지를 하였다. 초대교회사의 예배예전을 위해 필요한 음악들이 대부분 성악이었다. 이를 위해 기원후 6세기 경 그레고리 대제(Gregory the Great)에 의해 설립된 전문적인 음악훈련을 학교인 '스콜라 칸토룸(Schola Cantorum)'이란 가창학교가 설립되었다.[103] 중세시대 교회사에서 이 학교에서 훈련을 받은 교회음악전공자를 칸토르(Cantor/Kantor)라고 불렀으며, 이들은 예배에 필요한 찬송의 기준을 세우고 가르치는 역할을 하였다.[104] 또한, 찬양을 인도하며 기도, 성무일과, 말씀예전 등 예배를 집례하는 순서를 담당하였다.[105] 중세 후기에 수도원 교회들을 중심으로 예전의식에 참여하며 음악적 직임을 담당한 교회음악전문인들에게 사례를 지급했다는 기록들을 찾는 것은 어려운 일이 아니다.[106] 주목할 것은 초대 교부로부터 천주교 사제로 잘 알려진 그레고리 I세(Gregory I), 암브로우스(St. Ambrose), 비트리(Philippe de Vitry), 마쇼(Machault, 1300-1377), 던스터블(Dundable, 1385-1454), 옥케겜(Ockeghem, 1430-1495), 비발디(Vivaldi, 1678-1741)에 이르기까지 수많은 인물이 사제의 신분으로 전문 교회음악 활동을 하였다.[107] 또한, 중세에 교회에서 합창을 담당하는 사람들이 종교개혁 이후 르네상스시대와 바로크시대에 교회음악의 대표적인 장르인 오라토리오를 공연할 때 사례를 했다는 기록도 있

---

103 홍세원, 『교회음악의 역사』, (서울: 연세대학교 출판부, 1999), 41.
104 Donald P. Hustad, *Jubilate II.*, 176.
105 Paul Westermeyer, *The Church Musician*, Harper & Row, Publishers, San Francisco, 1988, 13.
106 James G. Clark, *The Culture of Medieval English Monasticism-Studies in the History of Medieval Religion*, Boydell Press, Woodbridge, UK., 2007, 43.
107 김남수, 『교회와 음악 그리고 목회』, 21, 97.

다.[108] 13세기 초에는 교회의 합창을 담당하는 전문인들에게 사례를 하는 것이 상당히 보편적화 되었다. 이런 기록들은 후에 영국교회가 17세기 초부터 19세기 후반까지 사례에 대한 구체적인 지침을 가지고 교회음악 전공자들을 고용하게 하였다.[109] 종교 개혁가 마틴 루터와 함께 사역한 Johann Walter, Johann Eccard, Johann Grueger, 그리고 음악의 아버지로 알려진 J.S. Bach역시 교회음악 전문 훈련을 받은 칸토르였다.[110] 이러한 흐름은 17세기 영국의 정부의 적극적인 지원과 함께 전문 교회합창단을 재정비하였고 최고의 재능을 소유한 음악가들(court musicians)을 프랑스에 파송해 영국 교회음악과 더불어 일반음악에 이르기까지 모든 전문적인 교육과 습득을 장려하였다.[111]

19세기 영국을 대표했던 교회음악전문인 Samuel Sebastian Wesley (1810-76)는 교회 안에 한 가지 직능만을 담당하는 단순한 기능인보다는 찬양대와 더불어 다양한 행정능력을 가진 경우에 더 많은 사례를 해야 한다는 기준을 제시하기도 하였다.[112] 비슷한 시기에 프랑스에서도 교회음악전공자들에 매일 2프랑(francs)씩 매년 600에서 800프랑을 사례비로 지급한 기록들을 찾을 수 있다.[113] 19세기 미국에서도 예배 안에 찬양을 담당하고 인도하는 교회음악 전문가를 양성해 내기 위한 가창학교(Singing School)들이 생겨났는데 재정적인 여건이 뒷받침 될 수 있었던 교회들은 전문 찬양대를, 그렇지 않은 교회들은 소

---

108 Don Michael Randel, *The Harvard Dictionary of Music*, 4th edition, Harvard University Press, Boston, MA., 173.
109 Barra Boydell, *A History of Music at Christ Church Cathedral, Dublin*, The Boydell Press, Rochester, NY.,2004, 3.
110 Westermeyer, *The Church Musician*, 14.
111 Erik Routley, *Music Leadership in the Church*, Agape, Carol Stream, IL., 1967, 33.
112 Trevor Beeson, *In Tuneful Accord: The Church Musicians*, SCM Press, London, UK., 2009, 25.
113 Orpha Ochse, *Organists and Organ Playing in Nineteenth-Century France and Belgium*, Indiana University press, Bloonington, IN., 1994, 125.

수로 구성된 성악중창단(Paid Quartet)을 고용하여 예배와 각종 행사에 활용하였다. 이러한 흐름이 19세기 말에는 'Moody Bible Institute', 'Northwestern University' 그리고 20세기 들어서면서 'Westminster Choir College'와 같은 보다 전문적인 교회음악전공자들을 양성하는 교육기관인 대학으로 발전하였다.[114] 특히 미국 찬송가 협회(Church Hymnal Corporation)에서는 교회음악전공자들의 지속적인 전문성을 유지하고 개발하며 발전시킬 수 있도록 교육받을 수 있는 연장교육에 대한 재정적인 지원을 하도록 지침서를 만들어 각 교회가 따르도록 하고 있다.[115] 한국교회가 교회음악 전문인에게 사례를 한 기록들 가운데 예배의 질적 향상과 교회 안에 음악을 보다 효율적으로 적용하고 활용하기 위해 1953년 6.25 전쟁이후 새문안교회 및 연동교회가 교통비 명분으로 소정의 사례를 지급하였다.[116] 이후 한국교회는 1970년 이후 지역사회의 경제성장과 더불어 교회음악 전문인에 대한 사례의 개념이 일반화된다.[117] 사실 오늘날 한국교회와 교회음악의 침체는 다음 세대와 교회를 섬기고 이끌어 갈 젊은 사역자들이 경제적 생활고와 교육환경, 그리고 열악한 사역여건 등의 영향으로 전공자의 부재와 사역지의 부재와도 연관된다. 결국, 현실성 있는 교회행정의 개혁과 더불어 교회음악전공자를 배출하는 신학교 교육환경과 내용의 개선이 없이는 더 이상의 발전과 성장을 기대하기 어렵다고 하겠다.[118]

---

114 Hustad, *Jubilate II*, 78-79.
115 Marion J. Hatchett, A Manual for clergy and church Musicians, The Church Hymnal Corporation, New York, NY., 1980, 39~40.
116 『연동교회 100년사: 1894-1994』, (서울: 대한예수교 장로회 연동교회, 금영문화사, 1995), 350.
117 이문승, 『교회성장과 교회음악: 목회자와 교회음악인을 위한 교회성장 지침서』, (서울: 호산나음악사, 2000), 56-57.
118 주정관, "개혁영성에 기초한 교회교육행정에 관한 연구", 「성경과 신학」, 70 (2014): 339-341.

2. 교회음악전공자 사례비 나라별/교단별 예시

자본주의적 개념에서 영역별 전문인들이 가진 지식과 재능은 경제단위로 환원될 수 있으며 이것은 일의 효율성을 자극하여 생산력을 높이는데 많은 기대와 가치를 낳게 된다. 교회도 마찬가지로 성장과 발전을 통한 교유의 가치를 유지하기 위해 전문인력의 봉사가 필요하다. 즉 정당하고 적절한 처우와 사례는 노동에 대한 자긍심과 생산력을 준다는 것이다.[119] 사례를 통한 가치 창출과 동기 부여는 교회에서 일정한 직임을 담당하는 모든 전문인에게 보다 책임감 있는 양질의 봉사를 요구하는 긍정적인 수단이며 무엇보다 하나님이 모든 자산에 전적인 공급자와 주인이 되신다는 것을 기억하게 하는 신앙적이고 교육적 차원의 한층 더 깊은 의미를 부여할 수 있다.[120] 많은 경우 교회운영을 위한 예산은 성도들의 십일조에 의존하게 된다. 그러나 이 수입이 올바른 행정과 투명한 소득분배에 따른 예산 지출의 과정을 거치지 못하는 경우가 빈번해 지면서 한국교회 안팎의 곱지 않은 사례들이 발생하였다.[121] 대부분의 미국 교단에서는 정규직이나 비정규직으로 음악적인 일을 담당하는 전문인력에 대한 사례를 책정할 때, 한 달에 최소한 미화로 $3000 ~ $8000의 사례의 책정이 적절하다고 소개한다. 물론 지역교회마다 가진 재정적인 여건들의 차이가 있겠으나 기본적인 사례에 대한 당위성은 상당히 보편화 되어있다.[122] 교회가 필요로 하는 음악적인 부분에 대한 예산을 편성하는 과정 역시도 평신도 비전공자에게 맡겨지기

---

119 이문승, 『교회음악 담당자의 사례 문제』, 교수논총, Vol. 17., (부천 : 서울신학대학교 출판부, 2005), 346.

120 Calvin M. Johansson, *Music & Ministry:* A Biblical Counterpoint, Hedrickson Publikhers, Inc., Peabody, MA, 1984, 76~78.

121 박성환, "프레임 이론: 십일조에 관한 신앙적 이해 변화",「성경과 신학」, 73 (2015): 102-103.

122 James McCray, *Church Choir Director's Guide to Success*, Santa Barbara Music Publishing, Santa Barbara, CA., 1997, 99~102.

보다는 교회음악에 전문적인 경험과 지식이 있는 전공자들이 함께 참여해야 바람직하다.[123]

아래 예시로 제시한 여러 나라의 환율 적용 기준[124]은 2025년 10월을 기준으로 했으며 환산된 표에 적용값은 다음과 같다.

- 1 EUR = 1.165 USD(약값; 출처: Exchange-Rates / ECB 참조).
- 1 GBP = 1.3355 USD
- 1 CAD = 0.7121 USD(즉 1 USD = 1.404 CAD).
- 1 AUD = 0.6486 USD(즉 1 USD = 1.542 AUD).
- 1 KRW = 0.0007056 USD(즉 1 USD = 1,417.29 KRW).[125]
- 1 BRL = 0.1837 USD(즉 1 USD = 5.4426 BRL).

(1) 미국

미국은 교단·도시·교회 규모에 따라 편차가 큼. 전문단체·교단 설문(예: PAM, AAM, AGO)과 일부 교구(예: Episcopal dioceses) 지침안을 근거로 대표 수치 제시를 제시한다.

---

123 Donald Clark Measels, *Music Mnistry: A Guidebook-A comprehesive guide to successful church Music administration*, Smyth & Helwys, Macon, GA, 2004, 153,154.
124 Exchange-Rates.org, "USD to CAD/AUD/BRL - October 2025 history/average," https://www.exchange-rates.org/exchange-rate-history/usd-cad-2025
125 Wise / Exchange history USD↔KRW (October 2025), https://wise.com/us/currency-converter/usd-to-krw-rate/history

1) 장로교(Presbyterian church/PCUSA)[126]

⟨표 1⟩

일주일 근무시간	Part-time (10-19)	Half-time (20-35)	Full-time (40)
박사학위	$17,095-$32,473	$32,473-$60,836	$60,386-$81,177
석사학위	$15,039-$28,888	$28,888-$54,005	$54,005-$72,116
학사학위	$12,985-$20,166	$24,953-$47,469	$47,469-$62,498
준 학사	$10,592-$20,166	$20,166-$37,599	$37,599-$50,409

⟨표 2⟩ 미국 장로교(PCUSA church)의 결혼예식, 장례식[127]

결혼예식	장례식
사례 $100-$350 · 리허설은 시간당 $30-$50 추가. · 오르가니스트와 보컬리스트 또는 다른 악기의 리허설은 $30-$50 추가.	사례 $100-$225 · 리허설은 시간당 $25-$100 추가. · 오르가니스트와 보컬리스트 또는 다른 악기의 리허설은 $30-$50 추가.

2) UCC(United Church of Christ) 교단[128]

⟨표 3⟩

구분(시간)	Full time(40)	3/4 time(30)	1/2 time(20)	3/8 time(15)	1/4 time(10)
박사학위	$80,915-$107,967	$60,672-$82,739	$44,485-$61,110	$32,550-$45,129	$23,423-$32,074
석사학위	$80,915-$107,967	$53,962-$73,449	$39,534-$54,312	$28,812-$39,861	$20,756-$28,812
학사학위	$80,915-$107,967	$47,404-$65,503	$34,440-$47,404	$24,997-$34,435	$17,920-$24,997
준 학사	$50,387-$67,547	$37,653-$51,130	$27,631-$37,927	$20,122-$27,631	$14,614-$20,280

---

126 미국 장로교단 홈페이지 http://www.presbymusic.org/pdf/bookletguidelines.pdf
127 http://www.presbymusic.org/pdf/bookletguidelines.pdf
128 미국UCC교단 홈페이지 http://www.uccma.org/Guidelinesforthechurchmusician2011.pdf

3) 루터 교단 (Lutheran Church)[129]

〈표 4〉

구분	1-5년	6-10년	11-15년	16년 이상
advanced	$24.24-$28.16	$27.40-$28.98	$28.16-$30.48	$32.82-$35.98
석사학위	$21.84-$24.24	$24.62-$27.40	$27.40-$28.16	$28.99-$32.82
학사학위	$19.60-$21.84	$20.34-$24.63	$21.84-$27.40	$25.90-$28.99
비전공자	$15.70-$19.60	$17.17-$20.34	19.58$-$21.84	$21.83-$25.90

〈표 5〉 루터 교단 (Lutheran Church)의 직무 시간

* 오르가니스트, 피아니스트 (일주일 당)	* 지휘자 (일주일 당)
예배 1 회를 위한 준비와 연주 6 - 10 시간 예배 2 회를 위한 준비와 연주 2 - 15 시간 예배 3 회를 위한 준비와 연주 5 - 19 시간	1 개의 성가대의 리허설 6 - 8 시간 2 개의 성가대의 리허설 10 - 12 시간 3 개의 성가대의 리허설 14 - 16 시간 4 개의 성가대의 리허설 20 - 22 시간 5 개의 성가대의 리허설 24 - 30 시간

4) 성공회 (Episcopal Church)의 자격조건 구분[130]

〈표 5〉

Level	Qualification (자격조건)[131]
Column A	Less than a Bachelors Degree or Service Playing Certificate (비전공자/연주수료자)
Column B	Bachelors in Organ or Sacred Music or CAGO or ChM Certificate (학사/교회음악과정수료자)
Column C	Master in Organ or Sacred Music or AAGO Certificate (석사/전문과정수료자)
Column D	Doctorate in Organ or Sacred Music or FAGO Certificate (박사/최고과정수료자)

---

[129] 미국 루터교단 홈페이지 http://www.alcm.org/wp-content/uploads/2012/04/Placement-Employment-Guidelines-20121.pdf
[130] 미국 성공회 홈페이지 http://www.episcopalchurch.org/page/liturgy-music
[131] Service Playing Certificate (SPC)/Colleague (CAGO)/Choir Master (ChM)/Associateship (AAGO)/Fellowship(FAGO)

4-1) 성공회 (Episcopal Church)의 정규직 교회음악전공자 사례비

〈표 6〉

Level 경력(년)	A 비 학위	B 학사이상	C 석사이상	D 박사이상
1	$29,668	$33,928	$44,505	$45,937
2	$30,412	$35,083	$45,692	$47,164
3	$31,152	$36,238	$46,877	$48,386
4	$31,896	$37,392	$48,064	$49,611
5	$32,896	$38,982	$48,954	$50,531
10	$35,636	$44,035	$53,406	$55,123
15	$35,602	$49,088	$57,855	$59,718
20	$38,571	$51,975	$62,305	$64,311
25	$41,538	$55,440	$66,756	$68,907

4-2) 미국 성공회 (Episcopal Church)의 Part time 교회음악전공자 사례비

〈표 7〉

구분	1/4time(9-12)	3/8 time(13-18)	1/2 time(19-24)	3/4 time(25-34)
A	$7,564– $11,124	$11,125– $15,131	$15,132– $21,508	$21,509– $30,262
B	$9,346– $14,091	$14,092– $18,545	$18,546– $25,958	$25,959– $36,790
C	$10,441– $15,722	$15,729– $21,213	$21,214– $29,223	$29,224– $40,943
D	$12,759– $17,057	$17,058– $23,438	$23,439– $32,337	$32,338– $44,950

5) 천주교(Catholic Church)[132]

⟨표 8⟩ 미국천주교목회음악자협회(The National Association of Pastoral Musicians and Directors of Music Ministries Division)

Level of formal musical training	급여	부가수당
박사학위와 CDMM자격증 Doctoral Degree in Music with CDMM	$62,460–82,312	+ $12,492–24,513
박사학위 Doctoral Degree in Music	$59,385–79,237	+ $11,679–23,770
석사학위와 CDMM자격증 Master's Degree in Music with CDMM	$55,789–83,479	+ $11,160–22,043
석사학위 Master's Degree in Music	$52,687–70,404	+ $10,538–21,121
학사학위와 CDMM자격증 Bachelor's Degree in Music with CDMM	$49,411–63,971	+ $9,882–19,162
학사학위 Bachelor's Degree in Music	$43,245–61,017	+ $9,267–18,305
CDMM자격증 No Academic Degree in CDMM	$41,925–55,226	+ $8,390–16,569
비학위 No Academic Degree	$38,937–51,005	+ $7,787–15,747

※ CDMM = Certified Director of Music Ministries

6) 오르가니스트협회 사례비 지침 (American Guild of Organists)[133]

⟨표 9⟩

구분	Full time(40)	3/4 time(30)	1/2 time(20)	3/8 time(15)	1/4time(10)
박사학위	$84,915– $113,365	$63,705– $86,875	$46,710– $64,165	$34,178– $47,385	$24,595– $33,678
석사학위	$75,986– $101,464	$56,660– $77,121	$41,510– $57,028	$30,252– $41,854	$21,794– $30,252

---

132 미국 천주교 음악목회자연합 홈페이지 http://www.npm.org/Sections/images/DMMDSalary Guidelines.pdf

133 미국 오르가니스트협회 홈페이지 http://www.agohq.org/profession/guidelines.htm, 결혼예식과 장례식의 사례는 미국 장로교 계열과 동일.

구분	Full time(40)	3/4 time(30)	1/2 time(20)	3/8 time(15)	1/4time(10)
학사학위	$66,288-$87,279	$49,660-$68,778	$36,162-$49,774	$26,246-$36,156	$18,816-$26,246
준 학사	$52,906-$70,924	$39,535-$53,686	$29,012-$39,823	$21,128-$29,012	$15,345-$21,294

정리하면, 미국 교단 교회에서 전임과 파트타임으로 사역을 감당하는 경우 연봉 범위와 근무시간/경력에 따른 사례비의 평균적 지급 현황을 아래와 같다.

① 전임(Full-time) 음악감독 / Director of Music
  - 현지통화: USD $55,000 - $85,000 (연봉 범위)
  - 비고: 도시·대형교회·대학연계 기관은 상회; 복리후생 차이 큼.
② 파트타임 / 시간제(예: 8-20 hrs/week)
  - 현지통화: 연간 $10,000 - $40,000 (근무시간·경력에 따라)
  - 비고: PAM 2025 설문에서 파트타임 종사자 다수는 연 $25,000 미만.[134]
③ 결혼식·장례 등 서비스별 사례비(권고 범위 예시 - 지방교구/AGO/Diocese 권고)
  - 현지통화: 서비스당 $150 - $500 (결혼식은 $200-$500 권장 예시; 리허설 별도 $50-$150)
  - 비고: 디오세즈·교단별 안내문에서 세부 권고 존재(서비스 복잡도·합창 포함 여부로 가감).[135]

---

[134] Presbyterian Association of Musicians, PAM Musician Salary Survey and Report (2025), https://www.presbymusic.org/surveyreport 또는 PAM 2025 Salary Survey; AAM/AO G compensation survey; AGO Employment Handbook; 예시 Diocesan guides.

[135] American Guild of Organists, Employing Musicians in Religious Institutions: AGO Employment Handbook, PDF 또는 Episcopal Diocese (example guideline), "Musician Compensation Guide (sample PDF)," Diocese of [example], https://edow.org/wp-content/uploads/sites/2/2021/10/2022-Musician-Compensation-Guide.pdf

(2) 캐나다 (Canada)[136]

Royal Canadian College of Organists(RCCO)의 2025 Table of Recommended Salaries가 상세 숫자(연봉)를 시간당·주당 근무시간·학력(레벨)별로 제시하였다.

1) 경력 구분

〈표 10〉

Level	자격요건(Qualification)
1	비학위 (no diplomas)
2	전문학사 또는 CRCCO공인자격증 (conservatory diploma (e.g.ARCT) or CRCCO
3	학사 (bachelor's degree of ARCCO)
4	학사와 공인자격증 (bachelor's degree with ARCCO or master's degree)
5	석사와 ARCCO공인자격증 또는 학사와 FRCCO공인자격증 (master's degress with ARCCO or bachelor's degree with FRCCO)
6	석사와 FRCCO공인자격증 또는 박사 (master's degree with FRCCO or doctorate)
7	박사학위와 FRCCO공인자격증 (doctorate with FRCCO)

---

136 캐나다 오르가니스트협회 홈페이지 http://www.rcco.ca/employment-salary-table.cfm

2) 캐나다 (Canada)의 권장급여

〈표 11〉

(단위 : $)

경력(년)	Level									
	1	2	3	4	5	6	7	8	9	10
6	5,916	6,844	7,540	8,470	9,281	9,976	10,789	11,601	12,413	13,109
8	7,889	9,125	10,053	11,293	12,375	13,301	14,385	15,467	16,550	17,479
10	9,861	11,407	12,567	14,116	15,468	16,625	17,982	19,334	20,688	21,849
12	11,833	13,688	15,080	16,939	18,562	19,951	21,578	23,201	24,825	26,218
14	13,805	15,970	17,593	19,762	21,656	23,277	25,175	27,068	28,963	30,588
16	15,777	18,251	20,107	22,586	24,750	26,602	28,771	30,935	33,100	34,958
18	17,749	20,532	22,620	25,409	27,843	29,927	32,367	34,802	37,238	39,328
20	19,722	22,814	25,133	28,23	30,937	33,252	35,964	38,668	41,375	43,697
22	21,694	25,095	27,647	31,055	34,031	36,577	39,560	42,535	45,513	48,067
24	23,666	27,376	30,673	33,879	37,124	39,903	43,156	46,402	49,651	52,437
26	25,638	29,658	32,673	36,702	40,218	43,228	46,753	50,269	53,788	56,807
28	27,610	31,939	35,187	39,525	43,312	46,553	50,349	54,136	57,926	61,176
30	29,582	34,221	37,700	42,348	46,405	49,878	53,945	58,003	62,063	65,546

3) 캐나다(Canada)의 결혼예식과 장례식

〈표 12〉

결혼예식	장례식
사례 $100-$350에서 시작. 예식의 복잡성과 오르가니스트의 요구에 의해 증가할 수 있다. 리허설은 시간당 $50-$100 추가된다. 예식의 길이, 독창자 또는 다른 악기 의 리허설 등이나 오르가니스트의 요구에 의해 증가 할 수 있다.	사례 $100-$300

정리하면, 캐나다의 사례 기준(RCCO)은 근무시간과 경력 그리고 학력에 차등을 두어 사례비를 책정하고 있으며 그 밖의 처우에 관한 적용 범위도 매우 다양하다는 것을 알 수 있다.

① 주당 20시간, Level 4 (예: 학사 수준)
  - 현지통화: CAD 38,052 /년.[137]
  - 환산(USD): $27,097 (CAD 38,052 × 0.7121).
② 주당 30시간, Level 5
  - 현지통화: CAD 67,227 /년.
  - 환산(USD): $47,888.
  - 결혼식(최소 권장): CAD 150-300 (weddings), 장례: CAD 100-250 (RCCO 권고).

(3) 아일랜드 천주교 (Liturgy - Ireland)[138]

아일랜드 경우는 ChurchMusicDublin 과 아일랜드 가톨릭·Church of Ireland 의 2025 권고표가 서비스조합(예: Two services + choir + weekday rehearsal)별로 Band 체계로 금액을 제시하고 있는 내용을 아래 표로 정리하였다.

〈표 13〉

일반 주간 업무	48주의 급여
하나의 미사 / 예배, 성가대 없음	€3,243 ($4,236)
하나의 미사 / 예배, 성가대와 일요일 리허설	€4,323 ($5,649)
하나의 미사 / 예배, 성가대와 주 중 리허설	€5,406 ($7,065)
두 개의 미사 / 예배, 성가대 없음	€5,406 ($7,065)
두 개의 미사 / 예배, 성가대와 일요일 리허설	€6,973 ($9,113)
두 개의 미사 / 예배, 성가대와 주 중 리허설	€8,432 ($11,019)

137　The Royal Canadian College of Organists (RCCO), "Table of Recommended Salaries (2025)," PDF, https://www.rcco.ca/resources/Documents/Salary%20Table%202025.pdf

138　아일랜드 국립예전학교 홈페이지 http://www.liturgy-ireland.ie/payment-of-church-musicians.html

1) 아일랜드 천주교 (liturgy - Ireland)의 결혼예식과 장례식

〈표 14〉

결혼예식	장례식
결혼예식의 사례는 €212 ($277) 이지만, 연주자가 리허설 또는 음악을 구입하거나 배우는데 경비가 필요한 경우 그 이상으로 사례가 지급된다.	· 장례식의 사례는 €116 ($151)이다. · 장례식 전날에 있는 예배에도 음악이 제공된다면 사례는 €169 ($220) 이다.

정리하면, 사례기준표의 예시에 따라 매년 소폭의 인상비율을 반영해 오고 있다.

① Band F (Two services + choir + weekday rehearsal)
  - 현지통화: €13,663 /년 (Band F, 2025 권고).[139]
  - 환산(USD): $15,917 (13,663 × 1.165).
② 결혼식/장례: 가이드라인에 서비스별 최소 요율(예: 결혼식 최소 €110 이상 등) 제시됨(세부는 Catholic Bishops' 2025 PDF 참조).[140]

(4) 영국 (RSCM - The Royal School Of Church Music)[141]

영국의 경우 RSCM의 2024 교회음악가 수당 조사(Fees Survey)와 권고 지침

---

[139] ChurchMusicDublin, "Remuneration / Fee Guidelines (Remuneration 2025: Band F example)," https://www.churchmusicdublin.org/about-you/fee-guidelines 또는 https://litmus.dublindiocese.ie/wp-content/uploads/sites/2/2025/02/Guidelines-for-Remuneration-of-Church-Musicians-2025.docx

[140] Catholic Bishops' Conference of Ireland, Guidelines for Remuneration of Church Musicians 2025, PDF, https://www.catholicbishops.ie/wp-content/uploads/2025/06/Guidelines-for-Remuneration-of-Church-Musicians-2025-002.pdf

[141] 영국교회음악학교홈페이지 http://www.rscm.com/info_resources/payingChurchMusicians.php

을 전달해 오고 있다. 영국은 RSCM의 'RSCM rates'가 실무 기준으로 널리 인용되고 있으며 그 내용을 아래 표로 제시한다.

1) 전문 교회음악가 사례비[142]

〈표 15〉

교회		연봉	예배 추가(시간수당)
음악 감독	Category A	£5,430-£6,590 ($7,000~$8,500)	£26.50-£32.50 ($33~$41)
	Category B	£3,370-£4,370 ($4,300~$5,600)	£21.50-£28.00 ($27~$36)
오르가니스트	Category A	£2,700-£4,600[143] ($3,500~$5,900)	£26.50-£44.50* ($33~$56)
	Category B	£1,980-£2,730 ($2500~$3,500)	£19.50-£26.50 ($24~$33)

2) 영국 (RSCM)의 전문 교회음악가의 결혼예식, 장례식 사례비(행사기준/건)

〈표 16〉

	포함되는 음악	한번 예식의 최소 급여
음악 감독	행사 전반에 필요한 음악	£136.00($178.00)
오르가니스트	특수한 음악이 연주 될 때 (시편, 성가, 합창곡, 특별한 오르간 연주곡 등)	£98.00($128.00)
	보통의 음악 연주 될 때 (찬송가, 자발적 연주 등)	£75.50($98.00)

---

142 Category A: 아마추어 성가대가 있는 대형 교회. Category B: 소규모 교회
143 높은 급여는 주요 교회의 예배에 적합하다.

3) 영국(RSCM)의 장례식을 위한 전문 오르가니스트의 급여

〈표 17〉

포함되는 음악	한번 예식의 최소 급여
특수한 음악이 연주 될 때	£85.00($111.63)
보통의 음악이 연주 될 때	£63.00($82.74)

4) 비전공 교회음악가의 사례비[144]

〈표 18〉

	교회	연봉	예배 추가(시간수당)
음악 감독	Category A	£3,600–£4,390 ($3600~$5765)	£18,00–£21,00 ($23~$27)
	Category B	£2,250–£2,910 ($2954~$3821)	£15,00–£19,00 ($19~$24)
오르가니스트	Category A	£1,790–£3,080* ($2350~$4044)	£18,00–£29,00* ($19~$38)
	Category B	£1,310–£1,800 ($1720~$2363)	£13,00–£18,00 ($17~$23)

* 높은 급여는 주요 교회의 예배에 적합하다.
Category A: 비전공자들로 구성된 찬양대가 있는 중대형 교회기준.
Category B: 소규모 교회

5) 영국 (RSCM)의 비전공 교회음악가의 결혼예식, 장례식 사례비(건)

〈표 19〉

	포함되는 음악	1회 예식의 최소 급여
음악 감독	행사 전반에 필요한 음악	£89,00($116)
오르가니스트	특수한 음악이 연주 될 때 (시편, 성가, 합창곡, 특별한 오르간 연주곡 등)	£64,00($84)
	보통의 음악 연주 될 때 (찬송가, 자발적 연주 등)	£48,50($63)

---

144 높은 급여는 주요 교회의 예배에 적합하다. Category A: 비전공자들로 구성된 찬양대가 있는 중대형 교회기준/Category B: 소규모 교회

6) 영국(RSCM)의 장례식을 위한 비전공 오르가니스트의 급여(건)

⟨표 20⟩

포함되는 음악	한번 예식의 최소 급여
특수한 음악이 연주 될 때	£57,00($74)
보통의 음악이 연주 될 때	£42,00($55)

정리하면, 영국 교회는 RSCM 자료를 기반으로 서비스별·합창·리허설 포함 여부로 세분화된 권고표를 제공하여 교회음악 전문인들에 대한 사례와 처우에 관한 기준안을 지키도록 하고 있다.

① 주일 서비스(오르가니스트 / 합창단 포함) 기본요율(권고 범주):
 - 현지통화: GBP £80 - £200 per service (지역·교회규모 차등) (※ RSCM 최신 권고문 참고).[145]
 - 환산(USD): 약 $107 - $267 (GBP→USD 적용).
② 결혼식 / 장례 권고(영국 사례):
 - 현지통화: £100 - £350 (결혼식), 리허설 별도 £30-£100.

(5) 독일 (베를린지역기준)

독일의 교회음악가의 사례는 사실 주마다 교회마다 조금씩 다르며, 사실 교회 측과 정식계약을 할 때 교회음악인의 나이, 가정환경(자녀 유무), 학력, 경력

---

145 Royal School of Church Music (RSCM), "Paying Church Musicians - Fees Guidance; The 2024 RSCM Church Musicians' Fees Survey," RSCM website, https://www.rscm.org.uk/our-resources/guidance-information/paying-church-musicians/ 또는 https://www.rscm.org.uk/our-resources/guidance-information/paying-church-musicians/the-2024-rscm-church-musicians-fees-survey/

에 따라 조금씩 다른 사례를 받게 된다. 주(州) 교회(Landeskirche)의 전임 교회음악가 제도는 크게 주 교회음악감독(Landeskirchenmusikdirektor), 교회음악감독(Kirchenmusikdirektor), 그리고 교구음악감독(Dekanatskantor)으로 구성되어 있다. 이들은 전업 음악가 등급(A/B)과 부업 음악가(C/D)로 구분되어 때에 따라서는 교회뿐만 아니라 주립 교회음악대학(Kirchenmusikhochschule)이나 국립음악대학(Staatliche Musicikhochschule)등에 고용되어 일하기도 한다.[146] 다음은 2014년 기준으로 작성된 독일 전임 교회음악가의 사례를 전문 교회음악전공자의 경우와 교육기관에서 교사로 가르치는 경우로 나누어 도표로 예시하였다.

〈표 21〉

교회음악전담사역자 등급별 사례현황표(유로화기준)

분류	기본급여			상위급여		
	1등급	2등급	3등급	4등급	5등급	6등급
15	3,952.10	4,381.82	4,543.66	5,118.48	5,553.79	
14	3,578.21	3,968.84	4,197.66	4,543.66	5,073.85	
13	3,299.17	3,661.91	3,857.24	4,236.72	4,761.32	
12	2,958.74	3,282.41	3,740.04	4,141.85	4,660.87	
11	2,858.30	3,165.23	3,394.05	3,740.04	4,242.30	
10	2,752.26	3,053.61	3,282.41	3,511.24	3,946.54	
9	2,434.15	2,696.43	2,830.39	3,198.71	3,488.92	
8	2,277.88	2,523.44	2,635.04	2,741.09	2,858.30	2,930.84
7	2,132.79	2,361.61	2,512.27	2,623.90	2713.19	2,791.31
6	2,093.72	2,316.95	2,428.57	2,540.18	2,612.74	2,690.86
5	2,004.43	2,216.50	2,328.12	2,434.15	2,517.86	2,573.66
4	1,903.97	2,110.47	2,249.98	2,328.12	2,406.25	2,456.47
3	1,876.07	2,076.99	2,132.79	2,222.08	2,294.63	2,356.02
2	1,730.98	1,915.14	1,970.95	2,026.75	2,155.11	2,289.04
1	매4년마다 →	1,541.23	1,569.13	1,602.61	1,636.10	1,719.81

---

146 홍충식, 독일의 전임 교회음악가 제도, 33th 한국교회음악학회 주최 전국대학교 교회음악과 연합 학술세미나 자료집, 2015. 8.

〈표 22〉

분류	교회음악관련 교육기관 교사 등급별 사례현황표(유로화기준)					
	기본급여			상위급여		
	1등급	2등급	3등급	4등급	5등급	6등급
13	3,291.97	3,654.71	3,385.04	4,229.52	4,754.12	
12	2,951.54	3,275.21	3,732.84	4,134.65	4,653.67	
11	2,851.10	3,158.03	3,386.85	3,732.84	4,235.10	
10	2,745.06	3,046.41	3,275.21	3,504.04	3,939.34	
9	2,426.95	2,689.23	2,823.19	3,191.51	3,481.72	
8	2,271.48	2,517.04	2,628.64	2,734.69	2,851.90	2,924.44
6	2,087.32	2,310.55	2,422.17	2,533.78	2,606.34	2,684.46
5	1,998.03	2,210.10	2,321.72	2,427.75	2,511.46	2,567.26

또한, 과거에는 칸토르(Kantor)의 경우에는 사택도 제공이 되었지만, 현재는 대부분 직접 구해야 하는 상황이다. 물론 경우에 따라 교회에서 만약 사택을 소유한 것이 있다면 소정의 금액이나 일정 금액을 매달 집세로 내고 사용하는 때도 있다고 한다. 독일 베를린지역의 경우는 아래 표와 같다. 사례비는 A, B, C의 자격증 소지여부에 따라 대략 500 euro(약 70만 원 정도)의 차이가 난다고 할 수 있다.

〈표 23〉

	경력	사례(월)
A	전공영역 최소 6년 수학기준전공	£3000($3900)
B	전공영역 최소 4년 수학기준	£2000~2300($2600~3000)
C	전공영역 최소 2년 수학기준	£1500($1900)

정리하면, 독일은 Landeskirche(州 교회) 단위로 Richtsatztabelle(개별 서비스별 시간당·직급별 요율)를 기준으로 공적·체계적 기준이 있어 이를 바탕으로 교회음악전문인에 대한 사례를 권장하고 있다.

① A-Musiker(상위학력) 단시간 요율(예)[147]
  - 현지통화: €46.70 /시간 (유효: 2024.03.01 적용표 중 A-Musiker).
  - 환산(USD): $54.41 /시간 (46.70 × 1.165).
② B-Musiker(중급): €36.27 /시간 (2024~2025 표본) → 약 $42.27 /시간.
  지역별(예: Bayern, Eichstätt 등) 권고: C/D 등급별로 €25-40 범위의 서비스별 요율 공개.[148]

(6) 한국

서울지역 한 교회에서는 사례비 연구위원회를 발족해 1500명의 성도의 설문을 통해 목회자 사례비 기준안을 만들어 발표하였다. 이 두 기준에 따라 사립대학 교수 연봉이 목회자 사례비의 기준이 될 수 있다고 판단했다. 해당 연구위원회는 교육기관이 교회와 가장 유사한 비영리조직이라는 점과 설문 조사에서도 교인 85%가 숭의대학 평교수 연봉을 기준으로 삼는 것이 가장 합당하다고 답변한 것을 참고했다고 밝혔다. 단 목회자에게 사택을 지원하는 것이 바람직하다는 견해에 따라 교수 연봉과 비교하면 15% 정도의 차등을 주도록 해, 교회 목회자 연봉은 대학교수 연봉의 85% 수준으로 최종적으로 결정했다.

자체 조사 기준으로 마련한 대학교수 연봉은 35세의 경우 3,500만 원에서 많

---

[147] Evangelische Landeskirche in Württemberg, Amt für Kirchenmusik, "Richtsätze & Richtsatztabelle - Vergütung für Kirchenmusiker (gültig ab 01.03.2024 / 01.04.2025)," https://www.kirchenmusik.elk-wue.de/recht-und-ordnung/richtsaetze-richtsatztabelle https://www.service.elk-wue.de/media/Dezernate/Dezernat_5/Referat5.6/KirchenmusikerInnen/Richtsatztabelle_fuer_Kirchenmusiker_ab_01.04.2025.pdf

[148] Kirchenmusik Bayern / Diözesanämter, "Neue Stundensätze ab April 2025 - Organistensätze / Honorarempfehlung," https://www.kirchenmusik-bayern.de/informationen-downloads

게는 4,000만 원, 40세는 4,000에서 4,500만 원, 45세는 5,000에서 5,500만 원, 50세는 6,000에서 6,500만 원, 55세는 7,000만 원 수준이다. 이 기준에 따라 환산해 보면 50세인 담임 목회자는 월급여 약 475만 원에 연봉 약 5,700만 원을 받게 된다. 물론 한국교회 목회자들에게 지급되는 사례비 명목 안에 포함되거나 그렇지 않은 대학교수 연봉의 상여금 명목에 유사한 사택을 지원하거나 구입 또는 관리하는데 소요되는 보조금과 자녀들에 대한 양육 보조, 차량 지원비 및 기타 목회 경상비 등의 목록 등으로 교회마다 상당한 변수가 작용한다.

사실 한국교회 교회음악영역에 다양한 사역을 담당과 있는 위치가 정규직인 경우가 현저하게 낮아서 비정규직으로 사역을 담당하고 있는 부교역자(전도사/강도사 등)의 일반적인 사례비 실례(아래도표 참조)를 참고하여 사례 현황을 파악할 수 있다.[149]

⟨표 24⟩

	경력	사례(월)
A	신학생	15만원~30만원
B	신학대학원 재학중	40만원~70만
C	교단인준자 및 목회안수자 이상	80만원~120만

위 도표는 대략적인 한국교회 비정규직 사역자들의 사역 현황을 매년 필자의 수업을 통해 설문 조사를 시행한 내용을 근거로 작성되었다. 지역 교회마다 재정 상황과 부교역자 사역의 위치와 역량에 따른 봉사내용들이 사례의 변수로 작용하고 있음을 파악할 수 있다. 간혹 학업 중인 비인준 사역자들의 경우는 소정의 학업 보조비를 지급하는 교회들이 있다. 관례적 사례비 기준이나 미자립 교회 등의 불특정 영역에 관해서는 대상에 포함하지 않았다. 아래 표는 필자가

---

149 장로교단 교역자 사례비에 관한 불로그 http://cafe.daum.net/volume100/FGEV/35?q=%BB%E7%B7%CA%BA%F1%20%BF%AC%B1%B8 &re=1

매학기 강의를 통해 벌인 설문 조사의 결과를 간추려 간략히 도표화 한 교회음악 전공 학생들(졸업자 및 교단인준자 포함)의 월 사례비 현황이다.

〈표 25〉

구분	반주자	지휘자	독창자	찬양인도자	음악교역자
학부	무료~25만원	무료~35만	무료~25만	무료~25만	해당없음
대학원	25~35만	25만~60만	25만~35만	25만~40만	35만~55만
교단인준자	해당없음	30만~60만	25만~35만	35만~55만	40만~85만

사례 지급 방법 또한 교회마다 상이하여 위의 표에서는 다루지 않았다. 교회 사례비 지급방침에 따라 월별 기준이 아니라 한 학기 또는 일 년 단위의 사례 지급하는 교회도 상당수 있는 것으로 파악되었다. 지역교회의 여건에 따라 학

American Guild of Organists

2015 Salary Guide for Musicians in Religious Institutions

Approximate Size of Position	Doctorate in Music or FAGO	Masters in Music or AAGO	Bachelors in Music or CAGO	Private Study, etc. or SPC
Full Time (40 hours)	Base- $63,877-85,235	Base- $56,705-75,721	Base- $49,842-65,622	Base- $39,478-52,929
	Ben- $21,082-28,129	Ben- $19,281-25,541	Ben- $16,445-21,656	Ben- $13,427-17,994
	Total- $84,960-113,365	Total- $75,986-101,464	Total- $66,288-87,279	Total- $52,906-70,924
¾ Time (30 hours)	Base- $46,835-63,877	Base- $41,625-56,705	Base- $36,070-49,842	Base- $29,069-39,478
	Ben- $16,870-22,998	Ben- $15,034-20,416	Ben- $13,703-18,935	Ben- $10,466-14,207
	Total- $63,705-86,875	Total- $56,660-77,121	Total- $49,774-68,778	Total- $39,535-53,686
½ Time (20 hours)	Base- $34,096-46,835	Base- $30,298-41,625	Base- $26,200-36,070	Base- $21,174-29,069
	Ben- $12,612-17,330	Ben- $11,211-15,402	Ben- $9,961-13,703	Ben- $7,838-10,754
	Total- $46,710-64,165	Total- $41,510-57,028	Total- $36,162-49,774	Total- $29,012-39,823
3/8 Time (15 hours)	Base- $24,583-34,096	Base- $21,919-30,332	Base- $19,016-26,200	Base- $15,424-21,174
	Ben- $9,593-13,288	Ben- $8,332-11,521	Ben- $7,230-9,956	Ben- $5,703-7,838
	Total- $34,178-47,385	Total- $30,252-41,854	Total- $26,246-36,156	Total- $21,128-29,012
¼ Time (10 hours)	Base- $17,949-24,583	Base- $15,790-21,919	Base- $13,634-19,016	Base- $11,121-15,429
	Ben- $6,644-9,094	Ben- $6,002-8,332	Ben- $5,181-7,230	Ben- $4,223-5,864
	Total- $24,595-33,678	Total- $21,794-30,252	Total- $18,816-26,246	Total- $15,345-21,294

It is the policy of the American Guild of Organists not to discriminate on the basis of sex, age, disability, race, color, religion, marital status, veteran's status, national or ethnic origin, or sexual orientation. Musicians contemplating employment are encouraged to research the job history and work climate of prospective employing institutions.

기별 소정의 장학금을 지급하거나 현금이 아닌 상품권을 지급하는 교회도 있는 것으로 설문조사를 통해 파악되었다.[150]

교회의 주차 봉사와 식당 봉사에 비교하며 무료봉사를 당연시하는 관행은 결국 교회음악의 발전을 저해하는 근본적인 요인으로 자리 잡게 되었다. 위의 표는 꽤 오랜 시간 동안 미국교회에 음악을 담당하는 전문인들에 대한 적절한 사례비 표준을 제시해 온 미국오르간협회(AGO)에서 배포한 사례비 기준표다.

(7) 기타(호주, 브라질)

그 외에 교회음악전공자의 사례비 기준표와 기본적인 권고 지침을 찾아볼 수 있는 나라는 호주와 브라질 등이 있다. 호주는 ANCA(호주국가합창협회) 등의 권고와 지역 오르간·교회음악 단체(OSWA 등) 권고가 실무기준으로 활용되고 있고, 브라질은 중앙 권고보다는 채용·시장자료(Salary Expert, Glassdoor 등)에 기반한 실수입 추정치 사용하는 것으로 파악된다.

1) 호주[151]

① 정규 예배 서비스(오르가니스트/디렉터) – 캐주얼(서비스당) 권고:

현지통화: AUD $300 – $400 per service (rehearsal 별도 추가 권고 AUD $150).[152]

---

150 지역교회의 여건에 따라 학기별 소정의 장학금을 지급하거나 현금이 아닌 상품권을 지급하는 교회도 있는 것으로 설문조사를 통해 파악되었다.

151 Organists' Schedule / OSWA / OMSV (Australia) - OSWA recommended schedule & payment examples (2024-2025 guidance), https://www.oswa.org.au/sup/classifieds/20240115%20Payment%20of%20organists%20SOQ.pdf and OMSV fees page.

152 Sydney Organ / local practice page "Organist Fees (Sydney)" (practical example of service fees), accessed October 17, 2025, https://www.sydneyorgan.com/Fees.html.

환산(USD): 약 $195 - $259 per service.

② ANCA(2025) 권고(리허설/지휘자/반주자) 표 참고 - 지역별 차등·경력가산 권장.[153]

③ 비고: 일부 대형교회는 연봉형(년봉)으로 채용(평균 수치 상이).[154]

2) 브라질[155]

① Music Pastor / Church Organist (연평균) - 시장추정:

- 현지통화: R$123,000 - R$125,000 /년 (지역·경험에 따라 상이).

- 환산(USD): 약 $22,900 - $23,000 (R$124,799 × 0.1837).

② 비고: 대도시(상파울루·리우)와 지방의 격차 큼; 교회직(정규직)·프리랜스 구분 필수.[156]

3. 교회음악전공자 기준 사례표

느헤미야서에서 살펴보았듯이 성서 시대로부터 교회사의 긴 역사 가운데 성

---

sydneyorgan.com. Australian National Choral Association (ANCA), "Recommended Rates of Pay for Conductors & Accompanists" (Feb 2025), https://www.anca.org.au/dbpage.php?pg=ratesofpay

153 Australian National Choral Association (ANCA), "Recommended Rates of Pay for Conductors & Accompanists" (Feb 2025), https://www.anca.org.au/dbpage.php?pg=ratesofpay

154 SalaryExpert (Australia) - "Church Organist Salary in Australia (2025)" (market averages), https://www.salaryexpert.com/salary/job/church-organist/australia

155 SalaryExpert (Brazil) - "Music Pastor / Church Organist Salary in Brazil (2025)" (market data), https://www.salaryexpert.com/salary/job/music-pastor/brazil and https://www.salaryexpert.com/salary/job/church-organist/brazil/rio-de-janeiro

156 Glassdoor / Brazil musician salary pages (보충시장자료), https://www.glassdoor.com/Salaries/brazil-musico-salary-SRCH_IL.0,6_IN36_KO7,13.htm

전과 지역 교회로부터 많은 교회음악 전문인들이 교회를 떠난 사실을 심심치 않게 발견할 수 있다.[157] 그 이유는 교회가 이들의 사역과 섬김 그리고 재능을 위해 투자하고 노력한 수많은 수고와 시간에 대한 정당하고 적절한 사례를 하지 않고 봉사와 희생만을 강요하였기 때문이다.[158]

2013년 8월 1일자 국민일보 지면에 실렸던 흥미로운 기사 내용을 소개한다. 목사를 근로자로 간주하고 세금을 부과하는 것은 성직자의 존엄성과 거룩성을 해칠 수 있다는 등의 이유로 '근로소득세'에 대한 과세를 반대해 온 교계의 의견과는 달리 정부와 예장통합, 한국기독교교회협의회(NCCK) 등에 따르면 정부는 종교인의 소득(사례비)을 세법상의 '기타소득'으로 간주해 세금을 물리기로 하는 협의안을 통과시켰다. 신문 지면을 통해 예시된 기타소득의 과세표준은 일반적으로 필요경비의 80%는 인정하고, 나머지 부분에 22%(지방세 포함) 세율이 적용된다. 예를 들어 월 300만 원 정도 사례비를 받는 종교인(4인 가족 기준)의 경우, 필요경비(80%)는 240만 원이고, 과표는 60만 원이 된다. 여기에 세율(22%)을 적용하면 대략 세금은 13만 2000원이 된다. 1년에 대략 158만 4000원 정도 과세가 될 전망이다. 연간 사례비의 약 4.4%에 달하는 수준이다. 현행 근로소득세율은 소득 수준에 따라 6~38%에 달한다. 이런 정부가 일부 교계와의 과세표 제시기준안이 자칫 대형교회와 같이 근로 여건을 갖춘 교회의 목회자들보다는 미자립교회나 시골교회같이 영세한 환경 속에 사역을 담당하고 있는 목회자들에게 오히려 많은 부담감을 준다는 일부 교단 측의 반대의견 등을 토대로 아직까지도 정상적인 시행을 하지 못한 채 논란의 소지를 남겨두고 있다.[159]

목회와 신학, 25주년 기념 발간호에 특집기사로 실린 목회자들의 이중직(二重

---

157 느13:10,11 - "내가 알아본즉 레위사람들의 받을 것을 주지 아니하였으므로 그 직무를 행하는 레위사람들과 노래하는 자들이 각각 그 전리로 도망하였기로 내가 모든 민장을 꾸짖어 이르기를 하나님의 전이 어찌하여 버린바 되었느냐 하고 곧 레위 사람을 불러 모아 다시 그 처소에 세웠더니..."

158 Carlos D. Caldwell, Jr., The Ministry of Music: Precepts-Principles-Procedures, 129.

159 국민일보, 2013년 8월 1일자, '미션라이프' 지면 참조.

職)현실과 관련하여 사역 현황에 대한 설문 조사 결과 발표내용을 다룬 내용이 있어 사례비를 다룬 이번 장에 간략하게 언급하고자 한다. 이 설문 조사는 목회와 신학, 생명의 삶 플러스 정기 구독자와 목회사회학연구소의 데이터베이스에 있는 목회자들을 대상으로 이메일과 SNS를 통해 실시했다. 목회자 904명이 설문에 참여했다. 조사 내용에는 "한국 교회 목회자 73.9%가 '이중직', 목사 외에 '다른 직업'을 갖는 것에 대해 찬성하고 있는 것으로 나타났다. 목회자들 중 가장 많은 사람들이 '120~180만 원'의 사례비를 받고 있었다(21.7%). 그 다음이 '180~250만 원'(18.9%), '80만 원 미만'과 '받지 않는다'는 목회사들도 각각 16%와 15%를 차지했다. 특히 목회자들이 받는 월 사례비의 경우 10명 중 6.7명 또는 8.6명이 4인 가족 최저 생계비에도 미치지 못하는 사례비를 받고 있었다. 보건복지부 고시 월 163만 원과 비교하면 66.7%, 대법원 개인 파산 규정(빚을 갚을 때 최소 4인 가족이 생활할 수 있게 남겨두도록 허용하는 액수) 244만 원을 기준으로 하면 85.6%에 육박했다. 보건복지부 고시 4인 가족 최저 생계비인 월 163만 원에 미치지 못하는 목회자들이 66.7%를 차지한다는 조사 결과 중에는 열악한 여건 속에서 사역하는 목회자들에 대한 교단의 지원이 원활하게 이뤄지지 않고 있음을 지적하였다.[160]

결국, 사례비 지급이 어려운 약 70%의 교회를 제외한 30%의 지역교회들에서 지급 가능한 교회음악 전공자들의 사례비 기준을 마련해야 하는 게 현실이다. 다시 말하자면 10개 교회가운데 사례비를 지급할 수 있는 3개의 교회만이 해당된다. 그런데도 설 자리가 없을 만큼 위축되고 있는 교회음악 전공자의 현실을 극복하고 한국교회 예배음악의 잠정적인 발전을 도모하기 위해서는 성서적인 근거 위에 현실에 필요한 적절한 기준안이 반드시 마련돼야 한다.

사례비에 관한 내용을 정리하면서 현실적으로 미국이나 다른 나라들의 사례

---

[160] "목회자 이중직", 「목회와 신학 25주년 기념호」, (서울: 두란노, 2014년 4월호), 60-71.

비 기준현황에 맞출 수 없다 하더라도 2025년 한국 근로자 최저월급(2,096,270)과 최저시급(10,030원)과 학위/경력 관련 전공유무 등을 반영하고 한국교회 70%가 넘는 담임 목회자들의 사례비 현황과 비정규직 부교역자 사례비현황, 교회음악 전공자들의 사례 현황 등을 고려하여 지휘, 반주, 독창자등의 역할로 주일이나 특정 시간에 참석하여 주당 6시간 이상~10시간 미만을 섬기는 사례비 기준표1(안)와 주일 이외에 다른 일정들과 목회일정에 부교역자(음악전도사, 음악목사 등), 준교역자(감독, 성가사, 예배찬양인도자 등)의 역할로 참여하여 주당 10시간 이상~20시간 미만을 섬기는 여건을 고려한 사례비 기준표를 아래에 붙이는 동시에 사역자의 소명과 지도자의 섬기는 삶, 즉 이론과 실제가 일치된 초대교부의 목회 실례를 암브로시우스의 사역가운데 자신의 부와 소유를 팔아 가난한 이들을 섬겼던 목회적 삶을 돌아보며 이번 장을 마무리하고자[161]

(1) 한국교회 교회음악전공자(주당 6시간 이상~10시간 미만) 사역 사례비(년) 기준표

구분 경력(년)	A 비 학위	B 학사이상	C 석사이상	D 박사이상
1	$3,000	$4,300	$7,000	$8,000
2	$3,350	$5,000	$7,500	$8,500
3	$3,500	$5,500	$8,000	$9,000
4	$3,750	$6,000	$8,500	$9,500
5	$4,000	$6,500	$9,000	$11,000
10	$5,000	$8,000	$11,000	$14,000
15	$5,500	$9,000	$13,000	$15,000
20	$6,000	$10,000	$14,000	$17,000
25	$6,500	$13,000	$16,000	$19,000

---

161 박태수, "가난한 자에 대한 암브로시우스의 교훈: 습관적 선행과 유용함", 「성경과 신학」, 58 (2011): 193-195.

(2) 한국교회 교회음악전공자(주당 10시간 이상 ~ 20시간 미만) 사역 사례비(년) 기준표

구분 경력(년)	A 비 학위	B 학사이상	C 석사이상	D 박사이상
1	$9,000	$13,000	$24,000	$25,000
2	$10,000	$15,000	$25,000	$27,000
3	$11,000	$16,000	$26,000	$28,000
4	$11,000	$17,000	$28,000	$29,000
5	$12,000	$18,000	$28,000	$30,000
10	$15,000	$24,000	$33,000	$35,000
15	$15,000	$29,000	$37,000	$39,000
20	$18,000	$21,000	$42,000	$44,000
25	$21,000	$35,000	$46,000	$48,000

한국의 수도권 지역의 몇몇 교회를 제외하고 대부분 교회에 전임으로 교회음악전공자를 고용하여 운영하는 경우는 극히 드물어서 전임사역자에 대한 기준표는 별도로 작성하지 않았다. 다만 비전임/잔딤 사역을 기준으로 사례비를 책정하되 4대 보험 및 근로자 혜택(연금, 병가, 휴가, 연장교육 등)을 고려해야 할 것이다.

VII

교회음악과 교과정

Church Music
and Curriculum

Ⅶ. 교회음악과 교과정

1 교회음악과 교육과정 현황

교회음악전문인들의 활동 범위, 고용실태, 역할과 기능 및 사례비 현황들은 결국 전문성과 정체성에서 비롯된 결과라 하겠다. 이에 대한 원인을 찾고 논의하기 위해서는 반드시 대학을 중심으로 한 선문 교육기관의 교회음악 교과정을 살펴봐야 할 것이다. 소망하기는 이 장에서 우리는 현재의 교회음악 현황을 올바로 인지하고 목회현장과 사역의 현실에서 필요를 채울 수 있는 인재를 양성하여, 미래의 교회음악 전문인들의 역할과 기능을 보다 전문적인 잣대로 예측해 볼 수 있을 것으로 기대한다.

(1) 대학별 교회음악과(전공) 교과정 운영 현황
1) 학부

※ 교회음악과 교과정 현황

학교명	소속교단	교회음악(전공)과	비 고
연세대학교	초교파 (에큐메니칼)	합창지휘, 오르간	성악, 피아노, 관현악, 작곡은 일반음악과로 운영 중
서울장신대학교 (경기도 광주시)	예장(통합)	피아노, 성악, 오르간	미디어음악 교과과정 및 CCM교과 과정 운영, 본교 신대원 진학특혜
한일장신대학교	예장(통합)	피아노, 성악, 작곡, 관현악, 오르간	작곡의 경우 선택에 따라 고전적 음악양식과 실용음악분야로 전공공부를 할 수 있음
총신대학교	예장(합동)	피아노, 성악, 작곡, 관현악, 오르간, 지휘	교회음악과는 신학부에 소속
장로회신학대학교 (서울시 광진구)	예장(통합)	피아노, 성악, 작곡, 오르간, 지휘, 음악이론	전공에 상관없이 건반은 필수
칼빈대학교	예장(합동)	피아노, 성악, 오르간	

학교명	소속교단	교회음악(전공)과	비고
서울신학대학교	기성	피아노, 성악, 작곡, 오르간	
침례신학대학교	기침	성악, 오르간, 관현악	피아노과는 일반음악학부로 분리운영

※ 교회음악(학)과 교회음악 및 신학관련 학과목 개설현황(필수과목)

학교명	교회음악관련 개설과목		신학관련 개설과목		계	
	과 목 명	학점	과 목 명	학점	교음	신학
연세대학교	교회음악개론	2			10	
	교회음악합창	2				
	찬송가학	3				
	예배와음악	3				
서울장신대학교	교회음악연주실습	6			8	
	예배와음악	2				
한일장신대학교	교회음악개론	2			6	
	찬송가학	2				
	찬송가예배연주	2				
총신대학교	교회음악이해를위한 서양음악사 I, II	4	인성과구약산책 I·II	4	23	19
	교회음악인을위한 시창청음 II	1	섬김과신약의세계 I·II			
			철학의이해와통섭	3		
	교회음악인을위한 화성학 I, II	4	종교개혁과신앙윤리	2		
			종교개혁과문화	2		
	교회합창합주 I-VI	12	기독교와통일교육	2		
	교회음악입문	2	기독교인성과섬김의리더	2		
장로회신학대학교	교회음악개론	2	구약성경	2	2	4
			신약성경	2		
칼빈대학교	찬송가학	2			2	
서울신학대학교	교회음악입문	2	기독교의이해	2	6	4
	교회음악사	2	성서의이해	2		
	교회음악행정	2				
침례신학대학교	교회음악개론	2			16	22
	예배와음악	2				
	찬송가학	2	구약성서개론	3		
	교회음악교육	2	신약성서개론	3		
	현대예배음악	2	조직신학개론	3		
	찬송인도의이해와실제		교회사개론	3		
	예배반주법	6	침례교회의역사	2		
	워십앙상블	각2	예배학	3		
	성가곡연구와연주	학점	선교학개론	3		
	교회음악편곡법	3과목	경건생활지도 I·II	2		
	성가대지도	선택				
	예배기획과인도					

총신대와 침신대를 제외한 나머지 대학들의 커리큘럼은 일반 음악대학의 교과정과 별다른 차이가 있지 않아 교회음악 전공자를 양성하는 교과과정으로 그 역할을 잘 감당하고 있는지 되돌아볼 필요가 있다.

2) 대학원

학부 과정에서 심화된 교회음악대학원의 커리큘럼은 어떨까? 음악목회자와 전문 교회음악지도자 양성을 위한 신학석사(신학/목회음악전공, M. Div. with C.M.)와 교회음악석사(M.C.M.) 과정을 도입하고 있는 총신대, 침례신학대학, 서울신학대학교 대학원 교과과정(필수과목)을 비교하여 보았다.

학교명		교회음악관련 개설과목		신학(교양)관련 개설과목	
		과목명	학점	과 목 명	학점
서울신학대학교 (일반대학원)	M.A.C.M.	교회음악문헌세미나	3		
		교회음악행정워크숍	3		
		예배와음악세미나	3		
		교회음악사세미나	3		
침례신학대학교 (교회음악대학원)	M.C.M.	예배와음악	2	구약개론	3
		찬송가학	2	신약개론	3
		교회음악사	3	역사신학 체계신학 실천신학 중 택1	3
		교회음악문헌	2		
침례신학대학교 (교회음악대학원)	M. Div. with C.M. 신학목회음악과			신약개론 I·II	6
				구약개론 I·II	6
				전도학	3
		교회음악철학과행정	3	교회사개론 I·II	6
		예배와음악	2	목회신학개론	3
		예배기획 I	2	조직신학 I·II	6
		음악목회실습 I·II	2	설교학	2
		교회음악사	3	침례교회사	3
		예배인도 I	2	침례교신학	3
		교회음악문헌	2	교육목회론	3
				예배학	3
				목회상담학	3
				기독교윤리학	3

학교명	교회음악관련 개설과목			신학(교양)관련 개설과목	
		과목명	학점	과목명	학점
총신대 (교회음악대학원) 교회음악 지도자 과정/ 찬양사역 지도자과정	M. C. M.	교회음악철학	2		
		교회음악문헌연구I/II	2		
		합창I/II	2	신약서론	2
		교회음악워크숍	2	구약서론	2
		교회음악세미나	2	음악목회서론	2
		교회음악인턴쉽	2	기독교세계관	2
		교회음악인을위한딕션	2	찬송가학	2
		칸타타오라토리오연구	2	교회론	2
		예배와 음악		논문	
		찬양과경배 중 택1	2	찬양사역프로젝트	
		성가편곡법			
		CCM작,편곡법 중 택1	2		

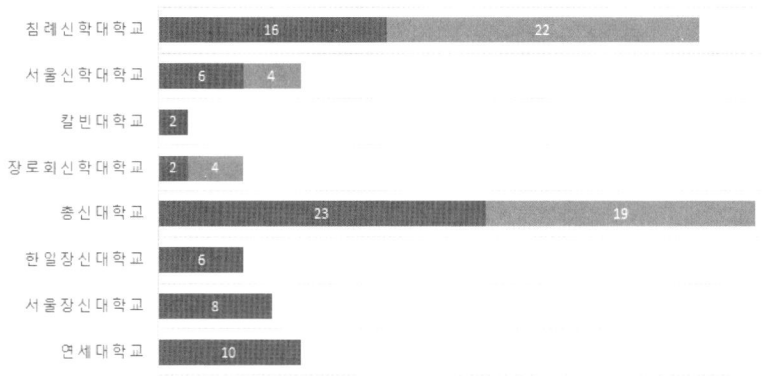

[도표1] 대학별 교회음악, 신학 관련 학과 개설현황

1924년부터 2년마다 대학(원)내 음악 관련 학과의 학위과정을 위한 자격과 기준들을 제시하여 각 대학의 교과정과 교육내용을 평가해 오고 있는 미국음악대학협회(National Association of School of Music, NASM)는 교회음악 전문인 양성 학위과정과 그 평가 영역을 Sacred Music, Church Music, Music and Worship, Worship Leadership, Music Ministry로 분류하였다. 협회는 교회음악전문과정에 65%의 음악전공관련 교과정과 35%의 신학 및 교회음악관련 과목을 가장 적절한 교육과정의 평가 기준으로 언급하였다.[162] 바람직한 교회음악전공 리더십이 양성되고 현장에 나가 그 역할과 기능을 수행하기 위해서 신학교육보다는 교양이, 교회음악 과목보다는 일반음악 과목이 현저하게 높은 비율로 다뤄지고 있는 점은 현대목회 현장에 필요한 인재를 제공하고 미래의 교회음악과의 경쟁력과 전문성을 높이는데 반드시 재고해야 할 부분이라 하겠다.

2. 교회음악과 융합교과정

2015년 교육부의 방침을 반영한 개정 교육과정 개혁안에 함께 자주 통용되는 용어는 바로 '창의융합형인재'이다. 한 연구 논문에서는 창의융합형 인재에 대한 개념을 정의하면서 이전에 없던 것을 새롭게 창조해 내는 인재상이 아니라 기존의 기술을 새롭고 조화롭게 융합하는 능력을 소유한 인재를 뜻한다고 설명하였다.[163] 대학마다 인재상을 언급할 때 창의융합형 인재상이란 항목을 넣어 교육목표와 내용의 연관성을 억지로 짜집기 하는 사례를 경험해 본 적이 있다. 사실은 우리에게 이미 주어진 보석 같은 재료들을 찾아 활용하거나 접목해 보려는 노력보다 기독교대학에 정체성과는 전혀 관련이 없는 새로운 학과나 전공을 만들어 대학평가에 조금이나마 평점을 올릴 수 있는 단기적 안목에서의 해결책을 내놓는 경우가 많다. 대학별로 교육목표에 따라 특성화되고 설립의 이념을 지키며 운영 중인 대학조차 정권이 바뀔 때마다 내놓는 획일적이고 단기적인 평가기준에 부합하지 않으면 하루아침에 '기본역량부족'이라는 사

---

162 https://nasm.arts-accredit.org
163 임새롬, 송영욱, 백성혜, 민경훈, "음악 중심 융합교육에 관한 국내 연구 동향 분석", 「음악교육공학」 45(2020), 107.

유로 '재정지원제한' 대학이라는 낙인을 받게 된다.[164] 그래서인지 국내의 기독교대학들도 특성화 교육이나 자율경쟁에서 벗어나 평가지표에 따라 교육목표를 수정하고 신입생 유치를 위한 무리한 예산을 투자하며 학교 홍보에 사활을 걸고 있는 것이 오늘날 대학 교육의 현실이다. 특히 교회음악 관련 학과들은 학령인구 감소와 낮은 선호도로 인해 입학정원을 채우지 못해 미충원되는 전공이 속출하고 높은 중도탈락률 등으로 학과 운영에 이중고를 겪고 있다. 이것은 어쩌면 한국교회 목회현장과 교육 현실에 당면한 어려움에 대한 별다른 대안이나 새로운 것을 수용하는데 경험과 교육이 없었던 부모세대—목회자들, 그리고 일반 회중—와 더 이상 교회에 오려고 하지 않는 자녀세대 사이에 겪고 있는 갈등과 무관하지 않다.

그래서 이번 장에서는 현대 목회현장에 절대적으로 필요한 인재양성과 현실적인 시간이 지날수록 교회와 대학에 자녀세대의 늘어가는 빈자리를 채울 수 없는 다급한 현장의 목소리를 담아 융합형 교과정과 전공 개발이란 주제에 담고자 한다. 오랜 시간 동안 교회 성장과 공동체의 연합에 장애 요소로 자리를 잡은 구성원 간의 갈등 요소들을 분석하며 예배 현장과 교육 현장을 정상화할 수 있는 융합(통합)적 대안을 시급히 모색해야 할 필요성을 제기하게 되었다. 실제로 음악을 통한 융합교육 또는 종종 통합교육이라는 단어로 확장되어 사용되어온 선행연구를 살펴보면 서양음악을 일색으로 하는 고전음악 교육과정과 민족적 정서와 문화를 담고 있는 국악교육 사이에 연합을 위해서는 역사적이고 시대적인 배경을 포함하여 서로 다른 영역 간 긴밀한 소통이 전제될 때 비로소 바람직한 융합교육과정이 완성될 수 있다는 것을 강조하였다.[165] 앞서 언급한 예술계열 내에 소통이 없는 갈등문제를 제기한 현실을 극복할 방안으로 '음악'을 특별한 매개체로 활용하고 전통적으로 '고전음악'과 '부모세대'를 중심으

---

164 http://news.unn.net/news/articleView.html?idxno=514652(2022년 9월 7일 접속)
165 앞의 책, 115.

로 구성된 '찬양대'와 '실용(대중)음악'과 '자녀세대'를 중심으로 한 '찬양팀'처럼 한국교회에 당면한 세대(구성원) 간의 갈등 구조를 해결할 수 있는 실천적 대안을 찾고자 하였다. 한 걸음 더 나아가 이러한 목표와 필요성을 바탕으로, 찬송 교육을 통한 지역교회 예배 활성화와 성도들의 영적 회복을 돕고, 찬양대와 찬양팀으로 구별된 세대간의 갈등을 해소할 수 있는 대안을 찾아보고, 지역교회 성장을 위한 구성원들의 직접적 참여를 종용하여, 교회음악의 전문적이고 융합적인 교육과정을 마련하므로 대학의 교실에서(from) 교회음악이 행해지는 사역의 현장까지(to) 필요한 고전음악과 실용음악의 폭넓은 음악적 영역을 함께 교육받고, 전문적 훈련과정을 걸쳐 준비된 교회음악인을 공급할 수 있는 효율적이고 실제적인 방안이 될 수 있기를 소망한다. 융합형 교과정 개발을 위한 문제 인식을 위해 저자가 소속한 대학의 교과정을 기반으로 국내의 유사한 교회음악과 교과정을 살펴보고자 한다.

(1) 서울신학대학교 교회음악과

서울신학대학교는 한국교회에 교회음악 발전에 이바지할 전문적인 교회음악 지도자 양성을 목표로 1978년 교회음악과-당시 종교음악과-를 창립하였다. 그러나 학과를 운영해온 지 43년 만에 2022학년도 대학입시에서 입학정원을 충원하는 데 매우 어려움을 겪고 있다. 특히 2021년도를 기점으로 교회음악과의 지원율이 급격히 감소한 것을 볼 수 있다. 물론 전 세계적으로 유행한 펜데믹의 영향과 대학을 진학하려고 하는 고등학교 재학생 비율이 감소한 것에 따른 결과일 수 있겠으나 서울을 제외한 지역에서 고전음악을 전공하려는 입시생의 회피성향과 특정학과 지원자의 수적 감소도 큰 영향을 미쳤다는 것을 가늠해 볼 수 있다. 다음의 도표는 대학에 지원한 학생 수와는 다른 실제 입학하여 재학하겠다고 등록금을 지급한 학생들을 바탕으로 한 신입생충원율을 보여주는 그래프이다.

⟨표⟩ 서울신학대학교 교회음악과 신입생 충원율(2013년~2022년)

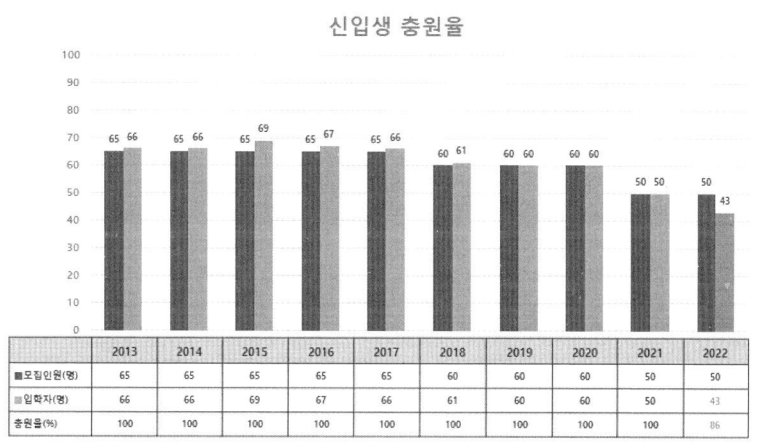

최근 3년(2023~2025)간 입학 충원율은 정원을 하향 조정하여 겨우 채우고 있는 것이 현실이다. 입시 지원율의 감소는 신입생 충원율의 불안감을 조성하는 주된 원인으로 작용하지만, 그보다도 서울과 수도권에 편향된 지원자의 오랜 상향지원성 관례와 고전음악을 전공하려는 수험생의 감소도 또 하나의 근본적인 원인이라 하겠다. 여기서 한가지 간과해서는 안 될 것이 있다. 그것은 교회음악과에 재학 중인 학생들의 중도탈락률이다. 한정된 지면 관계로 교회음악과 학생들이 어떠한 이유로 학과를 이탈하는지에 대한 자세한 내용을 이번 장에서는 다루지 않겠지만 가장 큰 이유 중의 하나는 당면한 진로와 취업이라는 현실적 문제에 대한 대안을 제시하지 못한 구태의연한 교과정-전공 및 부전공 레슨 포함-에서 오는 괴리감이다.[166] 그러면 여기서 서울신학대학교 교회음악과의

---

166 연구자는 소속 대학 교무처에서 집계한 학과별 중도탈락률과 더불어 수업을 통한 정기적인 학생들의 설문조사와 상담을 통해 내용을 수집해오고 있다.

교과정을 잠시 살펴보자. 다음의 표는 2022년을 기준으로 현재까지 큰 변화가 없이 운영해 온 있는 교회음악과 교과정을 정리한 도표이다.

〈표〉 서울신학대학교 교회음악과 교과정[167]

전공과목(필수)		
	과목명	학점
교회음악	교회음악입문	2
	교회음악사	2
	교회음악행정	2
음악	전공실기 I ~ VIII	16
	음악이론 I, II	4
	시창청음 I	4
	서양음악사 I ~ II	4
	예배합창 I ~ II	4(P/F)
	심포니콰이어 I ~ VI	12(P/F)
	소계	48

졸업이수를 위한 학점배분			
전공필수(교회음악+음악)	전공선택(음악)	교양필수/일반선택	소계
48	28	54	130

서울신학대학교 교회음악과는 현재 교회음악필수 3과목(교회음악개론, 교회음악사, 교회음악행정 이론과 실제)을 제외하고는 일반적인 음악대학의 고전음악 교육과정 학제와 특별히 다를 게 없는 교육과정을 운영중이다. 물론 전공선택과목에 예배와 음악, 찬송가학, 경배와 찬양 등 교회음악과 관련된 선택과목을 1년 한 과목 개설하고 있지만, 학생들의 선택 폭이 넓지 않아 매년 수강률이 그리 높지 않은 것이 현실이다. 무엇보다 개선이 필요한 부분은 교양(일반)과목의

---

167 https://www.stu.ac.kr/CmsHome/stu03_03_07_01.eznic

비중이 지나치게 높다는 것이다. 학과 소속 학생들의 설문조사 결과 예능계열의 학생들 대부분은 자신의 전공영역에 대한 심화학습과 실기 실습을 조금이라도 더 배우고 싶다는게 중론이다. 그러나 다른 대학의 유사계열학과에 비해 교양과목 이수의 비율이 지나치게 높다는 것은 음악을 전공하는 학생들의 중도탈락율을 높이는 중요한 사유 가운데 하나로 작용하고 있다. 연구자는 재학시절 교회음악과 졸업을 위해 필수로 수강해야 했던 신학필수과목(신약개론, 구약개론, 기독교교육개론, 전도학개론, 교회사, 예배학, 선교학 등)은 현행 교육과정과에서 완전히 제외되었고, 교회음악 공통필수 교과정(찬송가학, 예배와음악, 교회음악사I/II 등)은 선택과목으로 변경하거나 시수를 줄여 학생들에게 제공하고 있다.

그동안 교육부의 정책에 따라 대학생의 졸업 이수학점운영에 대한 많은 구조조정이 있었다. 물론 이 과정에서 학과의 정체성, 기독교대학의 교육이념과 목표를 모두 포함할 수 있었던 것은 아니었다. 위의 표에서 볼 수 있듯이 교회음악과 수업은 교회음악과 관련한 교과목(6학점)과 고전음악을 바탕으로 한 대부분의 고전음악 실기 교육을 위한 교과정(70), 그리고 교양과목(필수/선택)으로 채워져 있다. 학생들이 교회 현장에서 적용 가능한 융합교육과목 이라는 전제로 대입해 볼 수 있는 수업은 현재로서는 전혀 없는 상태이다. 그렇다면 서울신학대학교 교회음악과와 비슷한 국내의 교회음악과(전공)를 운영 중인 대학들의 교과정 현황은 어떤지 살펴보도록 하자.[168]

---

[168] 첨부한 자료는 각 대학의 2022년~2023년 웹사이트에 올려진 교과정을 바탕으로 취합한 내용으로 매번 변화하는 교과부 정책이나 교육기관 내부적으로 변경 및 취소 등에 따른 상황은 반영되지 않았다. 따라서 교과정의 비교분석은 각 대학의 업데이트권 자료나 관계자를 통한 설문을 통해 최근 현황을 반영한 내용을 참고할 필요가 있다.

(2) 타 대학 교회음악과 교과정 비교

1) 총신대학교 교회음악과(2017학번 이후 전공필수 및 전공졸업소요학점)

〈표〉 총신대학교 교회음악과 교과정[169]

이수구분	전공역역	과목명	학점	졸업요소학점
전공필수	교회음악 기초과목	교회음악이해를위한서양음악사 I, II	4	36+6P
		교회음악인을위한시창청음 II	1	
		교회음악인을위한화성학 I, II	4	
	교회음악 중심과목	전공실기 I-VIII	16	
		교회음악연주실습 I-VI	6P	
		교회합창·합주 III-VI	8	
		교회음악입문	2	

(개정된 전공 심화과정 교육과정 2017학번부터)

이수구분	과목명	학점	총 이수학점
전공선택	고급지휘법	2	36
	교회음악문헌	2	
	교회음악분석 I, II	4	
	교회음악이해를위한서양음악사 III	2	
	교회음악인을위한관현악법 I	2	
	교회음악인을위한대위법 I, II	4	
	교회음악인을위한딕션 II	2	
	교회음악인을위한시창청음 I	2	
	교회합창지휘법	2	
	교회합창·합주 I, II	4	
	예배와음악	2	
	찬송가학	2	
	찬양지휘법	2	
	20세기교회음악의이해 I	2	
	CCM개론	2	

---

169 https://www.csu.ac.kr/department/music

총신대학교 교회음악과는 교회음악 기초과목과 중심과목으로 구분하여 학생들의 학습역량에 따른 교과정을 운영하고 있다. 특별히 2017학번 이후의 교과정 운영을 살펴보면 대부분 음악대학에서 개설 중인 '서양음악사'라는 과목명을 '교회음악 이해를 위한 서양음악사' 등으로 변경하였고, 기독교대학 내에 교회음악과라는 학과 명칭에 부합하도록 과목명칭을 변경하여 사용중이다.[170]

2) 침신대학교 교회음악과

〈표〉 침신대학교 교회음악과 교과정[171]

과목명	전공과목(필수)	학점
공통필수(38)	음악사 I, II	6
	화성학 I, II, III	6
	시창청음 I, II	2
	건반화성 I, II	2
	합창/합주 I ~ VI	6
	연주 6P	0(P/F)
	전공실기 I ~ VIII	16
	교회음악실습 I, II	0(P/F)
	졸업연주	0(P/F)
전공별 필수 성악(4)	이태리딕션	1
	독어딕션	1
	불어딕션	1
	영어딕션	1
전공별 필수 오르간(4)	예배연주법 I, II	4
전공별 필수 관현악(4)	실내악 I ~ IV	4
전공별 필수	컴퓨터음악	2

---

170 총신대학교에서 명칭을 변경한 교회음악관련 교과목들이 실제 제목에 맞는 교육내용으로 구성되어 있는지는 파악할 수 없었다. 대학관계자에게 질의한 결과 기독교계열로 구분하여 대학평가에서 제외된 종교지도자 양성학과가 되는 방안 중의 하나였다는 응답을 받았다.

171 https://music.kbtus.ac.kr/music/CMS/Contents/Contents.do?mCode=MN057

전공과목(필수)		
과목명		학점
응용작곡(4)	관현악법	2
교회음악 필수(4)	음악개론	2
	찬송가학	2
신학필수(3)	예배학	3
교음필수선택(4)	예배와 음악	2
	예배반주법	2
	워십앙상블	2
	성가곡연구와연주	2
	예배기획과인도	2
	교회음악문헌	2
소계		51

침신대학교는 현재 교회음악과 교과과정 운영에 '교회음악 필수'와 '신학 필수'라는 이수 과목을 분리하여 운영하고 있다. 특별히 조금이라도 더 많은 전공 필수와 선택의 폭을 학생들에게 제공하기 위한 '교회음악 필수선택'이라는 과정을 따로 분리하여 운영하므로 학습자들의 세부 전공 과정 가운데 교회음악에 대한 이해를 돕는 선택과목을 학생들이 선택하여 수강할 수 있도록 하고 있다.

3) 장로회신학대학교 교회음악과

〈표〉 장로회신학대학교 교회음악과 교과정[172]

※ 전공필수[전필]

학년	1학기		2학기	
	교과목명	학점	교과목명	학점
1~4	전공실기 1, 3, 5, 7	2	전공실기 2, 4, 6, 8	2
	연주실습 1, 3, 5, 7	0/P	연주실습 2, 4, 6, 8	0/P
1~2	합창 1, 3	2/P	합창 2, 4	2/P
	부실기 1, 3	1	부실기 2, 4	1

---

172 https://www.puts.ac.kr/www/sub/haksa_db/sub.asp?m1=4&m2=2&m3=undefined

학년	1학기		2학기	
	교과목명	학점	교과목명	학점
1	시창 1	1	시창 2	1
	청음 1	1	청음 2	1
	화성학 1	2	화성학 2	2
2	서양음악사 1	2	서양음악사 2	2
	교회음악개론	2		
3	음악형식과분석 1	2	음악형식과분석 2	2

※ 필수선택[필선]

학년	1학기		2학기	
	교과목명	학점	교과목명	학점
01월 04일	예배와음악	2	찬송가학	2

※ 전공선택[전선]

구분	1학기		2학기	
	교과목명	학점	교과목명	학점
공통	합창5,7	2/P	합창6,8	2/P
	건반화성1	2	건반화성2	2
	경배와찬양1	2	경배와찬양2	2
	경배와찬양피아노반주법1	2	경배와찬양피아노반주법2	2
	고급합창1,3,5,7	2/P	고급합창2,4,6,8	2/P
	반주법1,3,5,7	2	관현악법	2
	부실기5,7,9,11	1	반주법2,4,6,8	2
	사회복지개론	3	부실기6,8,10,12	1
	서양음악사3	2	불어딕션	2
	악기론	2	서양음악사4	2
	연주합창1	2/P	악식론	2
	예배와음악	2	어린이합창지도법	2
	전자음악실습1	2	연주합창2	2/P
	지휘법1	2	예배오르간실습	2
	지휘법의이론과기초1	2	전자음악실습2	2
	총보독보법1	2	지휘법2	2
	한국교회음악사	2	지휘법의이론과기초2	2

구분	1학기		2학기	
	교과목명	학점	교과목명	학점
공통	현대성가분석	2	찬송가학	2
	화성학3	2	총보독보법2	2
	창작곡연주1,3	1/P	합창편곡법	2
	음향엔지니어링		창작곡연주2,4	1/P
	음악교육프로그램개발	2	음악교수학습방법	2
	음악교육론	2	문화예술교육개론	2
	경배와찬양작편곡법	2	문화예술교육현장의 이해와실습	2
	기악앙상블1,2,3,4	2	실용건반화성	2
	찬송가피아노 즉흥연주법1	2	합창반주법1,2,3,4	2
	성악반주실습1		찬송가피아노 즉흥연주법2	2
	합창반주실습	2	찬양과복음	2
	예배학	2	성악반주실습2	2
	예수의복음	3	합창반주실습	2
			실천신학개론	2
성악 전공	이태리어딕션	2	독일어딕션	2
	영어딕션	2	성가곡연구	2
	오라토리오연구	2		
	성악교수법	2		
오르간 전공	찬송가오르간반주법	2	성가오르간반주법	2
	오르간즉흥연주법1	2	오르간즉흥연주법2	2
	오르간구조학	2	오르간문헌	2
작곡 전공	기초작곡법	2	성악합창작곡법	2
	고전소나타작곡법	2	인벤션푸가작곡법	2
	근대음악작곡법	2	현대음악작곡법	2
	기악편성작곡법	2	전자음악작곡법	2
지휘 전공	지휘마스터클래스1,3,5	2	지휘마스터클래스2,4,6	2
피아노 전공	피아노교수법	2	찬송가피아노즉흥연주법2	2
	바로크건반음악연구	2	고전주의피아노음악연구	2
	낭만주의피아노음악연구	2	20세기피아노음악연구	2

장로회신학대학교는 교회음악과 필수과목 영역에 음악실기(실습)과목들과 함께 '교회음악개론'이라는 과목을 학생들이 필수로 수강하도록 하였고, 선택 필

수 과정으로 두 학기 동안 '예배와 음악' 그리고 '찬송가학' 과목을 수강하도록 안내하고 있다. 나머지 교회음악과 관련한 과목들은 공통선택 과목에 배치하여 학생들이 선택하여 수강할 수 있도록 교과정을 운영하고 있다. 장로교신학대학교도 고전음악 교육 중심의 일반 음악대학과 큰 차이점이 없는 교과정을 운영하고 있으며 다른 학과 또는 전공, 특히 실용음악이나 경배와 찬양 같은 현대 찬송과 관련한 융합(통합) 교과정이나 연계된 전공과정을 학부에서 운영하고 있지 않다.

4) 서울장신대학교 교회음악과

〈표〉 서울장신대학교 교회음악과 교과정[173]

구분		과목명	학점/학기	총학점
예술학부	공통필수	화성법 1, 2	1학점*2학기	2
		찬송가학	1학점*1학기	1
		기초음악이론	1학점*1학기	1
	공통선택	시창청음 1, 2	2학점*2학기	4
예술학부 교회음악과	전공필수	전공실기 1~8	2학점*8학기	16
		연주실습 1~6 (P/NP)	1학점*6학기	6
		음악사 1~2	3학점*2학기	6
		예배와음악	2학점*1학기	2
		졸업연주	2학점*1학기	2
	공통과목	합창 1~8 (P/NP)	2학점*8학기	16
		합창지휘클래스 1~8	2학점*8학기	16
		글로리아싱어즈 1~8(P/NP)	2학점*8학기	16
		교회음악개론	2학점*1학기	2
		현대성가반주법 1~2	2학점*2학기	4
		건반화성 1~2	2학점*2학기	4
		실용음악화성법	2학점*1학기	2
		취창업전략(P/NP)	2학점*1학기	2

---

[173] https://www.sjs.ac.kr/ht_ml/w_02ed/2023.php

구분		과목명	학점/학기	총학점
예술학부 교회음악과	공통과목	반주실습 1~2	1학점*2학기	2
		성악 부전공 클래스 1~4	1학점*4학기	4
		피아노 부전공 클래스 1~4	1학점*4학기	4
		오르간 부전공 클래스 1~4	1학점*4학기	4
		지휘 부전공 클래스 1~4	1학점*4학기	4
교회음악과 성악전공	전공선택	딕션1	2학점*1학기	2
		딕션2	2학점*1학기	2
		한국가곡클래스	2학점*2학기	4
		성가클래스 1~2	2학점*2학기	4
		성악문헌 1~2	2학점*2학기	4
교회음악과 피아노전공	전공선택	기악앙상블 1~2	2학점*2학기	4
		피아노문헌 1~2	2학점*2학기	4
		피아노교수법 1~2	2학점*2학기	4
교회음악과 오르간전공	전공선택	성가반주법 1~2	2학점*2학기	4
		오르간클래스 1~2	2학점*2학기	4
		오르간문헌 1~2	2학점*2학기	4

서울장신대학교는 예술학부 소속 교회음악과를 운영하고 있으나 일반 음악대학의 보편적인 전공별 이수 과정을 따르고 있다. 찬송가학, 예배와 음악, 교회음악개론 3과목을 교회음악 관련 공통필수 과목으로 둔 것을 제외하고는 고전음악에 중심으로 전공별 실기 실습 과정을 그대로 교회음악과 교과정에 반영하여 운영하고 있다. 특별히 서울장신대학교는 예술학부에 교회음악과와 더불어 실용음악과를 별도로 운영하고 있으나 두 학과 사이에 연계 전공이나 교과정을 공유하는 융합(통합) 교과정을 운영하고 있지는 않다.

5) 성공회대학교

〈표〉 성공회대학교 신학과(신학대학원) 교회음악전공[174]

분류	A해	B해
개설과목	교회음악사	교회음악문헌
	주제별특강(솔페이지)	예배와 음악
	주제별특강(합창발성연구)	주제별특강(독일어와 이태리어)
	화성학과 음악분석	주제별특강(반주법)
	주제별특강(덕션-영어와 불어)	찬송가학
	주제별특강(스코어리딩)	주제별특강(피아노실기)
	주제별특강(합창지휘법 이론)	주제별특강(건반화성)
	주제별특강(관현악법)	주제별특강(앙상블)
	앙상블 Ⅰ, Ⅱ, Ⅲ, Ⅳ	앙상블 Ⅰ, Ⅱ, Ⅲ, Ⅳ
	합창 Ⅰ, Ⅱ, Ⅲ, Ⅳ	합창 Ⅰ, Ⅱ, Ⅲ, Ⅳ
	전공실기 Ⅰ, Ⅱ, Ⅲ, Ⅳ	전공실기 Ⅰ, Ⅱ, Ⅲ, Ⅳ
	졸업연주	졸업연주

성공회대학교는 교회음악과 관련한 전공을 학과로 분리하지 않고 신학과(신학대학원) 내에 대학원 과정(M.C.M)만 운영하고 있다. 교육내용은 다른 교회음악과처럼 고전음악 기반의 일반음악대학 교과정과 차이가 없다. 특별히 신학대학원 내에 소속되었으면서도 신학계열의 교과목이나 기독교교육과 연계한 교육과정이 없다는 것이 여러 가지 측면에서 궁금점을 주었다. 사실은 교회음악은 신학과, 기독교교육과와 함께 신학 계열 또는 기독교 계열로 분리하여 별도로 특성화 방안을 마련하여 통합 및 융합교육안을 두고 운영하는 것이 가장 바람직하다. 성공회대학교의 교과정을 예로 든 이유는 개신교 가운데 예전적인 예배와 교리를 고수하고 있는 신학대학교로서 국내에 유일하게 신학대학원에 교회음악 과정이기에 그 교육내용을 살펴보는 것이 융합과정 개발에 참고가 될

---

174 https://skhu.ac.kr/gstlg/2157/subview.do

듯하여 예시하였다. 미국 예일(Yale)대학교를 비롯하여 남침례교단을 배경으로 한 기독교 대학도 대부분 신학대학원 안에 교회음악전공과정(음악목회, 음악선교, 예배(찬양)인도 등)을 두고 운영하고 있다.[175]

3. 현대목회에 필요한 교회음악과 융합교과정 및 전공 예시

(1) 교회음악과 융합교과정 제안

음악 중심 융합교육에 가장 중요한 전제조건이 있다. 조대현은 교육과정을 개편할 때 반드시 학습자 중심이어야 한다는 사실과 현장에서 요구하는 목소리를 포함해야 한다고 주장하였다.[176] 이에 필자는 교과정 및 교수법 개선을 위한 전공(실기)영역의 창의적이고 융합형의 교과목 연구 개발과 함께 융합전공 신설을 통한 다양한 예술 콘텐츠 개발로 이어진다면 서울신학대학교 안에 예술계열 운영의 다양화뿐만 아니라 운영의 효율성을 높이고 교수법 개선 및 콘텐츠 개발 참여를 통한 학생들의 실기 전공능력의 향상에 크게 도움이 될 것으로 믿는다. 그래서 기독교 교계 및 지역사회는 물론 학생들의 졸업 후 여러 분야의 진출과 활동에 도움이 될 수 있도록 본 융합교과정 개발이 기여할 수 있기를 바라는 마음을 담아 서울신학대학교에 소속된 예술계열의 학과-교회음악과와 실용음악과-의 융합교과정을 실례로 만들어 보고자 한다. 또한, 융합교과정이 마련된다면 전공 명칭은 어떤 분야가 포함될 수 있을지를 숙고하며 예배찬양사역, 예배사역, 예배예술 또는 예배음악전공 등을 우선 고려대상으로 두었다. 그리고 그 세

---

[175] 양정식, "A Survey Study of Graduate Curricula in Church Music", (CA.,Claremont, 2008), 87.

[176] 조대현, "음악 중심 융합교육과 이를 위한 전제조건", 「음악과 현실」 46(2013), 282, 285.

부전공 과정으로는 예배연주, 예배(찬양)인도, 무대음향(엔지니어) 또는 음악선교 등을 대안으로 제시할 수 있겠다. 아래의 표(표 9)는 기독교대학의 학습 목표에 맞춰 앞서 언급한 전공과 세부전공을 전제로 한 융합교과정의 예시이다. 첫 번째는 대학 내에 개설되어 운영중인 신학과목과 현재 교회음악과 교과정을 기반으로 하는 융합전공-가칭 예배찬양(인도)사역-교과정의 예시다.

〈표 9〉 교회음악과 융합교과정(안) 예시 I

신학 및 교양과목			전공과목		
	과목명	학점		과목명	학점
성실한 기독인	신약개론	2	융합형 전문인	교회음악입문	2
	구약개론	2		예배와음악	2
	예배학	2		교회음악사	2
	교회사/조직신학 중 택1	2		교회음악행정	2
	전도학개론/ 선교학개론중 택1	2			
	기독교교육개론	2			
	채플(7회)	0(P/F)			
	춘계/추계신앙수련회	0(P/F)			
실천적 봉사인	사회봉사(선교)실천 I	1			
	사회봉사(선교)실천 II	1			
	현장(연주/사역)실습 I	1			
	현장(연주/사역)실습 II	1			
				학생연주(6회)	0(P/F)
				전공실기 I – VIII (보컬)	16
				부전공실기 I – II – 예배인도: 기타 또는 건반 중 택일(2학기)	2
창조적 세계인	교양독서와 글쓰기	2		시창청음 I-IV (예배인도: 실용시창청음 III,IV)	4
	중국어회화	2		음악이론 I-IV (예배인도: 실용음악이론 III,IV)	8
	영어회화 I	2		예배합창 I – II	2
				코러스 콰이어 I – II	4
				서양음악사 (I – II) 또는 찬양과경배의 역사(I – II) 중 택1	6
소 계		18	소 계		50

위의 교과정 예시 표(표 9)를 다시 신학, 교양, 교회음악 그리고 음악 실기(실습)영역으로 분리하고 각각 이수해야 할 과정과 학점을 정리하여 표로 만들어 보았다.

신학 및 교양과목				전공과목			일반선택	총계
필수		현장실습	소계	필수	선택	소계		
신학	교양							
12	6	4	22	50	52	102	4	130

(2) 교회음악과 융합교과정의 전공 및 선택과목 제시

교회음악이 성경적 그리고 신학적 기반 없이 연주되면 세속음악과 다를 바가 없다. 이는 알지 못하는 것을 예배하는 것과 별반 다르지 않다(요4:21-24). 실기 중심의 음악 교육과정이 성공적인 교회음악 전문인 양성이라는 결과로 이어지지 못한 사례가 더 많다는 것은 부인할 수 없다.[177] 이처럼 학교에서 배운 것을 활용해 현재의 생계나 미래를 걱정하지 않고 하나님의 일을 감당할 수 있는 교회의 여건과 환경이 보장되지 않은 한국 교회음악의 현실을 앞으로 누가 감당하려 하겠는가.[178] 하재송은 교회음악 교육이 회중을 주체로 공동체가 함께 아는 것과 이해하는 것을 부르고 연주할 수 있는 음악교육이어야 한다고 강조하였다.[179] 교회에서 음악만 하는 기능인으로 전락하는 것을 멈추기 위해서라도 학생들의 음악적인 기반이 성경과 신학이란 기초 위에 세워질 수 있도록 교과

---

[177] 연구자는 지난 10년간 교회음악과를 졸업하고 교회음악 관련한 업종(교회, 출판사, 선교단체와 기독교합창단 등)에 취직한 사례를 설문한 결과 12%만이 4대 보험이 적용되는 비전담 업무를 담당하고 있다는 것을 알게 되었다.
[178] 박영만, 『무대 위의 예배자』, (서울: 빛나라, 2015), 250.
[179] 하재송, "한국교회 예배의 현실과 개혁주의 예배음악의 원리", 「성경과 신학」 97(2020), 170, 171.

정을 구상하였다.[180] 학생들에게 교회음악의 근간이 된 신학적이고 성경적 기본 지식을 습득하게 하므로 신앙공동체 안에서 기독교적 정체성을 형성하는게 된다.[181] 이와 같은 교육의 방향과 목표 그리고 교회음악의 특성화를 담아내면서 미래를 준비할 수 있는 좀 더 명확한 교육안이 마련될 필요가 있다는 기준에서 위의 전공과 운영을 위한 교과정을 예시한 것이다.

(3) 교회음악과 미래를 위한 융합교과정

다음으로는 저자가 소속한 대학에 실용음악과 교과정을 참고하여 교회음악과의 융합전공 교과정을 제안한 내용이다. 참고로 아래에 제시한 융합전공 교과과정은 입학 후 2학년 2학기까지 선택할 수 있으며, 융합전공과정 중 선택과목에 따른 전공 인정을 위한 이수 학점은 49학점으로 한다는 전제를 두었다. 이는 학생들이 개별 전공 과정과 함께 융합 전공을 복수로 인정받기 원하는 경우 동반되는 제반의 행정 처리와 교육과정이 겹치는 학기 등을 감안한 전제조건이라 하겠다. 전체적인 이수 교과목과 학점은 아래 표로 예시하였다.

※ 교회음악과 미래를 위한 융합교과정

학수	교과목명	학기	학점	합계
전공 필수	전공실기(기타/베이스/드럼/피아노/싱어송라이터)	8	1	8
	워십앙상블	6	2	12
	학내(생)연주	4	P/F	.
	졸업연주/작품(CD)	04월 01일	P/F	.
	(실용)화성	2	2	4

---

180 양정식, "코로나 시대의 교회음악 교육에 대한 소고" 「성경과 신학」 97 (2021), 171, 172.
181 김정준 책임편집, "코로나 19를 넘어서는 기독교 교육", (서울:동연, 2020), 246.

학수	교과목명	학기	학점	합계
전공필수	대중음악과 문화	1	3	3
전공 선택	라이브음향	1	2	2
	D.A.W	2	2	4
	(실용)시창청음	2	1	2
	CCM히스토리	2	2	4
	사역현장실습(국내,국외)	2	1	2
	부전공실기(기타/드럼/베이스/피아노)	4	1	4
	(실용)작편곡법	2	2	4
				총49학점

위에 제시한 교과정은 학생들의 기존 전공과 희망전공 그리고 신설하는 융합전공과정을 자유롭게 선택 조정할 수 있도록 전공선택과 필수에 대한 이수 학점을 배치할 것을 권장한다. 물론 이 과정은 많은 소통과 사전 조율이 필요한 영역이다. 이미 두 학과가 가지고 있는 기존 과목 중에 공통과목(시창청음, 화성학, 음악이론, 작편곡법 등)으로 수강이 가능한 수업에 대한 고려도 사전에 충분히 검토돼야 한다. 특별히 고전음악 중심의 세부 전공(오르간, 피아노, 성악, 작곡 등)을 개별로 학습하는 과정이지만 교회 현장 사역에 필요한 실용음악의 영역을 배우고 싶은 학생들에게도 위의 교과정이 적용되기 시작한다면 현장에 적합한 폭넓고 상당한 전문적 지식과 기술을 습득할 기회를 제공할 것으로 기대한다. 위에 제시한 융합전공 교과목에 대한 이해를 돕기 위해 간략한 개요와 함께 과목 이수를 위한 필요학점과 과목해설을 아래 표로 제시한다.

※ 서울신학대학교 교회음악과 융합교과정(안) 과목해설

과목명	과목해설	학기	학점
전공실기1-8 (Major)	기타, 베이스, 드럼, 피아노, 싱어송라이터 등 전공 영역에 대한 실기 레슨으로 진행	8	8
워십앙상블1-6 (Worship Ensemble)	현대 예배음악의 다양한 리듬과 코드, 선율과 코러스 등의 연주와 연구를 통해 찬양과 악기의 조화와 앙상블의 연주와 디렉팅 개발과 향상을 위한 학습	6	12

과목명	과목해설	학기	학점
학내연주1-4 (Weekly)	창작을 통한 연주와 발표를 통해 예배음악의 작,편곡, 연주에 대한 예술성을 향상한다.	4	P/F
졸업 연주/작품	개인 또는 팀을 이루어 앨범을 제작 발표를 하거나 개인 연주발표를 하여 예술성과 창의성을 개발한다.	.	P/F
실용화성1, 2 (Jazz Harmony)	실용화성과 현대재즈의 화성과 코드스케일 등 실용과 재즈의 전반적인 과정을 학습한다.	2	4
라이브음향 (Live P.A System)	교회와 공연에 사용되는 믹서와 스피커, 모니터와 마이크 등 음향의 전반적인 셋업과 설치에 대한 이론과 실습	1	2
사역현장실습(국내,국외) (Live Performance Seminar)	국내외의 대중음악에 대한 현장학습과 무대 및 연주를 경험하며 세계의 음악현장의 상황을 연구하고 체험한다.	2	2
실용시창청음1, 2 (Sight Singing & Ear Training)	대중음악의 연주에 필요한 악보의 시창능력과 코드 및 리듬의 청음 능력을 훈련하는 실습과목.	2	4
D.A.W (Digital Audio Workstation)	컴퓨터를 활용한 음악 제작과 녹음, 창작 콘텐츠 등의 개발을 위한 프로그램을 익히고 실습한다.	2	4
대중음악과문화 (Popular Music & Culture)	대중음악의 산업과 발전, 그리고 문화의 관계에 대한 이론적 토대를 확립하고 음악과 기독교와의 상황과 현장에 대한 이해와 안목을 확립한다.	1	3
CCM히스토리 (Contemporary Christian Music History)	현대 예배음악의 시작과 대중음악의 관계에 대한 역사적 이해와 사역자들의 활동과 예배음악의 방향성에 대하여 고찰한다.	2	4
실용작편곡법 (Song Writing & Arranging)	대중음악의 작곡과 편곡에 대한 이론적 기법 연구와 예배음악의 창작과 밴드음악의 편곡에 대하여 학습	2	4
부전공실기1-4 (minor)	기타, 드럼, 베이스, 건반 등 예배음악의 연주와 음악(세션)감독 활동을 위한 부전공 악기에 대한 실습과목	4	4

정리하자면, 미래에 한국교회는 새로운 예배와 예술의 변화를 맞게 될 것이다. 특히 교회음악은 새로운 시대에 맞춰 토착화된 찬양문화와 다양한 악기를 동반한 소그룹의 찬양팀에 적용 가능한 실제적인 내용으로 채워져야 할 것이다.[182] 위의 제시한 교과정 가운데 실용음악을 적극적으로 수용하여 설계한 융

---

182 김순환, 『예배와 예술』, (서울: 쿰란출판사, 2014), 184-185.

합전공 교과정을 운영하는 과정에 필요한 몇 가지 절차와 효율적인 운영을 위한 전제조건들이 있다. 먼저, 최소 이수 학점인 총 49학점을 이수하되 각 학과에 필요한 필수 과목과 졸업 인증을 위한 연주과정은 추후 양 학과의 논의가 필요하다. 그리고 다음으로는 개설 학기는 4학년 8학기 중 6학기 이수하되 학기는 변동 가능하며, 선택, 필수 과목의 개설 역시 변동이 가능하다. 또한, 등록금(전공실기, 실습에 대한 실기 비용)은 기존 양 학과의 학생들과 같아야 하고, 융합전공 졸업자는 교단과 학교의 활동에 대한 보장과 진로를 위한 자격증 제도(찬양사역전도사, 예배사역자, 교회음악지도사(자) 자격증 등)를 교단과 협의하여 마련할 필요가 있다. 여기에 현대예배에서 가장 비중 있게 다루는 건축, 음향, 영상, 조명 등에 대한 과목들이 성경적이고 신학적인 기반위에 기독교 교육이 세부전공 및 학과 특성에 맞춘 필수와 공통 선택과목 등과 함께 학습자에게 제공될 수 있다면 미래지향적이고 바람직한 교회음악 융합교과정이 될 수 있겠다.[183]

4. 교회음악인의 리더십 개발 교육

(1) 영성훈련 및 자기관리

교회음악인의 리더십은 기술과 행정 능력만으로 완성되지 않는다. 영성훈련과 자기관리는 그 리더십의 토대이다. 영성훈련은 하나님과의 일상적 동행을 유지하는 훈련이며, 예배 인도자나 음악담당자는 기도, 말씀 묵상, 금식, 침묵, 성경연구 등의 규칙적 습관을 통해 내적 삶을 지속적으로 갱신해야 한다. 이러

---

183 주종훈, 『기독교 예배와 세계관』. (서울:워십리더, 2014), 173, 174.

한 훈련은 단순한 감정적 체험이 아니라, 리더로서 공동체를 섬기기 위한 영적 기반이다. 이를 위해 교회 차원에서는 정기 영성훈련 프로그램이나 영성 멘토링 제도를 마련하고, 개인 차원에서는 영적 일기 작성, 영적 동역자와의 규칙적 교제, 영적 쉼(은퇴일, 영적 재충전) 등을 권장할 수 있다.

자기관리는 리더로서의 지속 가능성을 보장하는 요소다. 음악담당자는 불규칙한 예배 출석, 리허설 일정, 악기 연습, 예배 준비 등으로 바쁜 일정을 소화해야 하므로, 건강관리(수면, 운동, 식사)를 비롯해 일정 관리, 스트레스 관리, 경계 설정(boundaries) 등이 중요하다. 또한, 자신의 한계와 약점을 인정하고 멘토나 동료 음악인과 정기적으로 피드백을 나누며 성장 계획을 세우는 것이 필요하다. 교육 기관들도 이 점을 반영해, 예배 리더 혹은 워십리더 프로그램에서 spiritual formation 과목을 포함하고 있다. 예컨대 어떤 신학교에서는 "영성 훈련" 과정을 통해 리더가 지속 가능한 신앙적 삶을 살도록 돕는 커리큘럼을 운영한다.[184] 또 교회 현장에서 목회자나 리더가 디지털 – 미디어 시대 속에서 영적 균형을 잃지 않기 위해 '디지털 디톡스'나 '매체 절제' 훈련을 병행하는 경우도 늘고 있다.[185] 이러한 훈련들은 음악 리더가 '예배자'로 먼저 서고, 이후 '인도자'로 설 수 있게 만드는 중요 기제이다.

(2) 조직 내 의사소통 기술

교회음악팀이 효과적으로 기능하려면, 기술이나 음악 능력만큼 소통 기술이

---

184 CDSP (Church Divinity School of the Pacific), Spiritual Formation 과목 설명 (웹사이트) — 영적 리더십과 리더의 영성 관리 과정 설명 참조.
185 Chris Holland, "Transforming Church Leadership with Digital Literacy in Ministry," Playlister (Jul 15, 2024) — 디지털 리터러시와 균형 관리 문맥에서 미디어 절제 필요성 언급.

중요하다. 조직 내 의사소통은 단방향 지시가 아니라 상호 피드백, 경청, 갈등 조정, 의도 전달이 일상적으로 일어나는 구조여야 한다. 특히 음악담당자는 목회자, 기술팀, 영상팀, 찬양팀원, 성도들과 유기적으로 연결돼 있으므로 다양한 소통 채널을 운영할 수 있어야 한다.

첫째, 정기회의나 워크숍을 통해 예배디자인, 리허설 전략, 기술 협업 등을 사전에 공유하는 것이 중요하다. 이때 진행계획표(Q-sheet), 의제, 회의록을 명확히 기록하고 배포하는 행정적 디테일이 필요하다. 둘째, 의사소통 방식은 다양한 매체(대면, 이메일, 채팅 그룹, 공지판 등)를 균형 있게 활용해야 한다. 어떤 메시지는 구두로, 어떤 메시지는 문서로, 또 어떤 것은 시각적 매체로 전달하는 것이 효과적이다. 셋째, 피드백 문화가 조직 내에 정착해야 한다. 팀원들이 자유롭게 제안하고 개선점을 나눌 수 있는 분위기, 정기 평가 및 설문, 일대일 면담 등이 포함된다.

학문적 연구에서도 건강한 교회는 소통 문화가 조직문화의 핵심 요소임을 지적한다. 예컨대, 건강한 교회 커뮤니케이션 문화를 분석한 연구는 소통 방식, 상호 신뢰, 개방성 등이 교회 성장과 조직 역량에 깊은 상관관계가 있음을 발견했다.[186] 이러한 연구는 음악팀 조직에도 적용 가능하다. 의사소통 기술 훈련에는 비폭력 대화(NVC), 활성 경청, 중재 스킬, 메시지 구조화 훈련 등이 포함될 수 있다. 이러한 훈련을 강의나 워크숍 형태로 제공하는 것이 추천된다.

(3) 예배디자인·미디어리터러시(media literacy)

현대 교회음악 리더는 단순히 음악적 역량만 아니라, 예배디자인 능력과 '미

---

[186] R. D. Jenkins, "The Communication Culture of Flourishing Churches," Doctoral Dissertation, Liberty University, 2023, 45-52.

디어 리터러시(media literacy)'를 함께 갖추어야 한다. 예배디자인은 곡 선정, 구성 순서, 예배 흐름, 시각 요소(영상, 조명, 자막), 참여 유도 요소 등을 설계하는 일이다. 이때 예배자의 영성과 예배의 목적을 중심에 두고, 기술적 매체(스크린, 투사, 영상 클립, 멀티미디어)와 음악적 요소가 유기적으로 조화를 이루도록 구성해야 한다. 특히 하이브리드 또는 온라인 예배 환경에서는 미디어 요소의 설계가 예배의 품질을 좌우한다.

미디어 리터러시는 단순히 영상·사진·자막을 다루는 기술이 아니라, 매체의 메시지, 이미지 언어, 편집 방식, 시청자 참여 방식 등을 비판적으로 이해하고 활용하는 능력이다. 예를 들어, 영상 클립 사용에서 상업적 저작권, 영상 기획의 내러티브 구조, 화면 전환 속도와 감정 연결, 자막 색·글꼴·타이밍 등이 예배 메시지의 전달력에 영향을 준다. 학문적 차원에서는 종교 공동체 내 미디어 리터러시 교육의 중요성이 제기된다.[187] Hess는 미디어 리터러시가 종교 공동체 내 책임감 있는 상상력을 지원한다고 주장하면서, 신앙과 매체 간의 비판적 통찰이 필요함을 강조한다.[188]

미디어 리터러시 훈련은 예배 리더 및 음악팀원이 공동으로 받을 때 효과적이다. 워크숍에서는 기본적인 영상 편집, 자막 제작, 화면 구성, 영상 포맷 이해, 영상–음성 동기화, 라이브 스트리밍 원리 등을 다루고, 사례 실습(예배 영상을 기획하고 편집해보기)을 포함하는 것이 좋다. 또한, 교회 차원에서는 미디어 윤리 지침(영상 사용 기준, 자막 노출 기준 등)을 함께 제정하고, 팀 내 매체 사용 원칙을 공유해 일관성을 확보해야 한다.

---

[187] National Council of Churches, "The Churches' Role in Media Education and Communication Advocacy" (Policy Statement, Nov. 11, 1995), 3-5.

[188] M. E. Hess, "Media Literacy as a Support for the Development of a Responsible Imagination in Religious Community," in Religion and Popular Culture: Studies on the Interaction, ed. D. J. Smith (Atlanta: Mercer University Press, 2010), 114-118.

VIII

찬양대와 찬양(예배)팀의 운영

Choirs and
Worship Teams

VIII. 찬양대와 찬양(예배)팀의 운영

21세기 한국교회 예배순서 가운데 중요한 역할을 담당해온 찬양대와 찬양팀은 교회음악행정에 기본적이고 핵심적인 기능과 역할을 감당하고 있다. 교회음악행정을 기획하고 실행하는 단계에 있어 예배 찬양을 담당하는 두 그룹의 역사적이고 신학적인 관계와 기반이 되는 내용을 이해할 필요가 있다. 우선 예배에 사용되는 음악이 오랜 역사 속에서 쌓아온 몇 가지 특징은 예전으로서의 예배음악(Music as Liturgy), 기도로서의 예배음악(Music as Prayer), '회중찬송'으로서의 예배음악(Music as Corporate song), 설교와 해석학으로서의 예배음악(Music as Homily and Hermeneutic), 문화반영으로서의 예배음악(Music as Culturally Tuned), 하나님에 대한 기억으로서의 예배음악(Music as Anamnesis)이다. 이러한 특징을 바탕으로 현대 교회에 다양해진 예배 형태 안에서 찬양이 내포하고 있는 다양한 역할(roles)과 기능(functions)에 대하여 간략하게 알아보자. 예배에서 음악의 담당하는 역할은 다음 몇 가지로 요약할 수 있다.

1) 이끔의 역할(Leading & Guiding)
2) 알림의 역할(Notice)
3) 드림의 역할(Offering)
4) 나눔의 역할(Sharing)
5) 이음의 역할(Connecting)
6) 강화의 역할(Reinforcement)

다음의 도표는 역사적으로 예배 가운데 찬양이 내포하고 있는 다양한 내용(contents)과 관련된 여러 가지 기능에 대한 변화를 보여준다.

〈표〉 예배구분에 따른 기능구분

※ ○-있다 / X-없다 / △- 중간(있을 때와 없을 때가 있다)

기능구분[189] \ 예배구분	고전적 예전예배 (Classical Liturgical Worship)[190]	개신교적 전통예배 (Protestant Traditional Worship)[191]	경배찬양 현대예배 (Praise and Worship Service)
선포적 기능(Music as Proclamation)[192]	○	△	X
예술적 기능(Music as Art)[193]	○	○	△
공연적 기능(Music as Performance)	○	△	○
신학적 기능(Music as Theology)	○	X	X
교육적 기능(Music as Education)	○	○	X
교리적 기능(Music as Doctrine)	○	X	X
언어적 기능(Music as Language)[194]	○	○	△

189 예배찬양이 담당하는 다양한 기능과 그 역할에 대한 자료는 첨부한 별지를 참고.

190 James F. White, 'Documents of Christian Worship - Descriptive and Interpretive Sources', Westminster JohnKnox Press, Louisville, London/Leiden, 1992, p6 - 예배의 형태와 역사적 구분을 위해 White교수가 사용한 명칭.

191 Ibid, 7

192 음악을 통해 하나님의 메시지가 선포되어 진다는 기능적인 부분에 대해 언급한학자들을 소개하면 Berger, Blume, Buszin, Butt, Baillie, Chafe, Garside, Irwin, Mellers, Routley, etc., 등이 있다. 특히 리버(Leaver A. Robin)박사는 그의 저서 'The Liturgy and Music: A Study of the Use of the Hymn in Two Liturgical Traditions'와 'Music as Preaching: Bach, Passions and Music in Worship' 등 그의 저서들을 통해 음악이 담은 신학적이고 선포적인 내용에 대해 그 비중을 두고 깊은 연구를 하였다. 찬양의 선포적인 기능과 관련된 다양한 견해들과 신학적 이해를 원하는 이들을 위해 참고 도서 목록을 통해 국내외의 출판된 서적들을 소개하였다.

193 음악이 사람의 지각과 감성을 소리라는 매개체를 통해 형상화할 때 예술적 기능을 수행하게 된다. 보편적인 수준에서 벗어나 숙련되고 정제된 예배의 한 구성요소로서 구별된 찬양과 사용되는 여러 음악적 요소들은 예배의 올바른 의미를 재해석하는데 중대한 역할을 감당하게 된다. 이런 찬양의 예술적 기능을 연구하고 다룬 학자들을 소개하면 Begbie, Brown, Cone, Drabkin, Faulkner, Foley, Georgiades, Gombosi, Langer, etc., 등이 있다. 그 가운데도 폴레이(John Foley)나 랭거(Susan Langer) 같은 학자들은 음악의 예술적 기능을 통해 구조적인 것을 극대화 시키는 효과를 가져다준다고 주장하며 예배안의 예술적 기능들에 대한 다양한 견해들을 저를 통해 필역했다. 찬양의 예술적 기능이란 면을 다룬 이 밖의 더 많은 학자들의 글을 접하고 싶은 이들은 첨부된 참고 도서를 활용하기 바란다.

194 Austin C. Lovelace & William C. Rice, 'Music and Worship in the Church', Abingdon Press, Nashville, 1976, 19,20 ; 언어는 지적 전달 방법으로서 사람에게 인식되게 되어 감정을 가지게 하지만 음악은 감정적인 것이 사람에게 인식되어 지적 전달을 일으키게 된다. 뿐만 아니라 음악 속에 가사 등을 통해 전달하는 기능은 언어가 가지는 인식과정처럼 중요한 의미전달의 기능을 수행

기능구분 \ 예배구분	고전적 예전예배 (Classical Liturgical Worship)	개신교적 전통예배 (Protestant Traditional Worship)	경배찬양 현대예배 (Praise and Worship Service)
제사적 기능(Music as Sacrifice)[195]	○	△	X
은유적 기능(Music as Metaphor)	○	○	△

이 외에도 예배 안의 음악은 전도, 선교, 교제적 기능 등 다양한 역할을 수행하는 중요한 요소이다. 예배 안에 음악이 담당하는 다양한 기능들이 빠짐없이 그 역할을 수행할 때 온전한 예배를 세울 수 있다. 예배 안에서 드려지는 찬송을 통해 우리는 하나님의 말씀에 담긴 메시지를 회중 앞에 선포(Proclamation)하게 되고 더불어 드리는 행위로써 제사적(Sacrifice) 기능을 담당하게 된다. 음악을 통해 그 안에 예술성(Art)과 공연적(Performance) 성격을 띠게 되며 그 안에 신학적(Theology)이고 교리적(Doctrine)인 내용을 회중에게 가르치는 교육적 기능을 담게 된다. 특히, 음악은 '곡조 있는 기도'인 찬양을 담아 드리고 또한 하나님의 은혜와 성령의 임재를 체험하는데 중요한 은유적(Metaphor) 기능을 가지게 된다. 교회음악행정을 위해 예배에서 음악이 가지는 특징과 역할 그리고 그 기능에 대해 이해했다면 각각의 조직에 대해 알아보자.

하게 된다고 저자는 언급한다.

195 예배 속의 찬양을 일체의 드리는 행위로 이해할 때 이는 제사적 기능을 수행한다고 본다. 이와 관련되어 많은 저서를 남긴 학자들을 소개하면 Baker, Benedict, Burrows, Cone, Cook, Costen, Rega, González, Hawn, Johnson, Kallestad, Kimball, Lakoff, Lathrop, Liesch, etc., 등이 있다. 이 가운데 킴벌(Dan Kimball)교수나 리쉬(Barry Liesch)교수는 자신의 저서를 통해 예배를 일체의 드리는 행위로 규정하고 그 가운데 하나님의 임재와 은혜의 체험을 수평적인 개념으로 보았다. 특히 '찬양'은 전적으로 아래에서 위로 드리는 제사적 기능을 수행한다는 것을 지적했다. 이와 관련하여 더 다양한 책자를 참고하기 원하는 이는 첨부한 인용도서들을 참고하기 바란다.

1. 찬양대(성가대) 운영의 실제

(1) 찬양대의 역사와 기능

찬양대란 예배에서 하나님께 영광을 돌리기 위한 목적을 가지고 조직된 노래(연주)하는 집단이다. 구약시대의 성별된 찬양대는 음악적으로나 영적으로 첨병(尖兵)에 해당하는 존재임에 틀림없었다. 구약성경에는 찬양대의 기원에 대하여 여러 곳에서 나타나고 있다. 다음의 성경구절들은 찬양대의 임명, 구성, 자격, 임무, 그리고 필요성 등에 대하여 언급하고 있다. 역대상(6:31-48)에는 다윗이 레위인들을 세워 성전에서 찬양하는 자들로 임명한 것에 대해 다음과 같이 언급하고 있다. 그 당시 성전예배에서 찬양의 직무를 행한 인물은 헤만(33절), 아삽(39절), 그리고 에단(44절)이었다.

> "언약궤가 평안한 곳을 얻은 후에 다윗이 이 아래의 무리를 세워 여호와의 집에서 찬송하는 일을 맡게 하매 솔로몬이 예루살렘에서 여호와의 전을 세울 때까지 저희가 회막 앞에서 찬송하는 일을 행하되 그 반열대로 직무를 행하였더라.(대상 6:31-32)"

역대상(16:4-7)에는 다윗과 백성들이 언약궤를 성막에 안치한 후에 레위 사람을 세워 여호와께 감사찬송을 드린 것에 대하여 다음과 같이 언급하고 있다.

"또 레위 사람을 세워 여호와의 궤 앞에서 섬기며 이스라엘 하나님 여호와를 칭송하며 감사하며 찬양하게 하였으니 그 두목은 아삽이요 다음은 스가랴와 여이엘과 스미라못과 여히엘과 맛디디아와 엘리압과 브나야와 오벧에돔과 여이엘이라 비파와 수금을 타고 아삽은 제금을 힘있게 치고 제사장 브나야와 야하시엘은 항상 하나님의 언약궤 앞에서 나팔을 부니라 그날에 다윗이 아삽과 그 형제를 세워 위선 여호와께 감사하게 하여 이르기를."

역대상(23:3-6)에는 레위 자손의 구분과 임무에 대하여 언급하며, 사천명의 찬양대원에 대하여 다음과 같이 말하고 있다.

"레위 사람은 삼십 세 이상으로 계수하였으니 모든 남자의 명수가 삼만 팔천인데 그 중에 이만 사천은 여호와의 전 사무를 보살피는 자요 육천은 유사와 재판관이요 사천은 문지기요 사천은 다윗의 찬송하기 위하여 지은 악기로 여호와를 찬송하는 자라 다윗이 레위의 아들 게르손과 그핫과 므라리의 각 족속을 따라 그 반열을 나누었더라."

역대상(25:1-7)에는 성전의 기능을 원활히 하기 위하여 조직되어 있던 찬양대를 보다 체계적인 24반열로 조직한 것에 대하여 다음과 같이 말하고 있다.

"다윗이 군대장관들로 더불어 아삽과 헤만과 여두둔의 자손 중에서 구별하여 섬기게 하되 수금과 비파와 제금을 잡아 신령한 노래를 하게 하였으니 그 직무대로 일하는 자의 수효가 이러하니라 아삽의 아들 중 삭굴과 요셉과 느다냐와 아사렐라니 이 아삽의 아들들이 아삽의 수하에 속하여 왕의 명령을 좇아 신령한 노래를 하며 여두둔에게 이르러는 그 아들 그달리야와 스리와 여사야와 하사바와 맛디디야 여섯 사람이니 그 아비 여두둔의 수하에 속하여 수금을 잡아 신령한 노래를 하며 여호와께 감사하며 찬양하며 헤만에게 이르러는 그 아들 북기야와 맛다냐와 웃시엘과 스브엘과 여리못과 하나냐와 하나니와 엘리아다와 깃달디와 로암디에셀과 요스브가사와 말로디와 호딜과 마하시옷이라 이는 다 헤만의 아들들이니 나팔을 부는 자며 헤만은 하나님의 말씀을 받드는 왕의 선견자라 하나님이 헤만에게 열네 아들과 세 딸을 주셨더라 이들이 다 그 아비의 수하에 속하여 제금과 비파와 수금을 잡아 여호와 하나님의 전에서 노래하여 섬겼으며 아삽과 여두둔과 헤만은 왕의 수하에 속하였으니 저희와 모든 형제 곧 여호와 찬송하기를 배워 익숙한 자의 수효가 이백팔십팔 인이라."

역대하(5:12-14)에는 솔로몬이 성전을 봉헌할 때 찬양대와 악기를 연주하는 제사장 일백이십 인이 여호와께 찬양과 감사를 드린 것에 대하여 다음과 같이 언급하고 있다.

"노래하는 레위 사람 아삽과 헤만과 여두둔과 그 아들들과 형제들이 다 세마포를 입고 단 동편에 서서 제금과 비파와 수금을 잡고 또 나팔 부는 제사장 일백이십 인이 함께 서 있다가 나팔 부는 자와 노래하는 자가 일제히 소리를 발하여 여호와를 찬송하며 감사하는데 나팔 불고 제금 치고 모든 악기를 울리며 소리를 높여 여호와를 찬송하여 가로되 선하시도다 그 자비하심이 영원히 있도다 하매 그때에 여호와의 전에 구름이 가득한지라 제사장이 그 구름으로 인하여 능히 서서 섬기지 못하였으니 이는 여호와의 영광이 하나님의 전에 가득함이었더라."

역대하(29:25-30)에는 히스기야 왕이 성전을 청결케 한 후 성전에서 시행되던 각종 제사를 재개하는 것을 다음과 같이 보여주고 있다.

"왕이 레위 사람을 여호와의 전에 두어서 다윗과 왕의 선견자 갓과 선지자 나단의 명한 대로 제금과 비파와 수금을 잡게 하니 이는 여호와께서 그 선지자들로 이렇게 명하셨음이라 레위 사람은 다윗의 악기를 잡고 제사장은 나팔을 잡고 서매 히스기야가 명하여 번제를 단에 드릴 새 번제 드리기를 시작하는 동시에 여호와의 시로 노래하고 나팔을 불며 이스라엘 왕 다윗의 악기를 울리고 온 회중이 경배하며 노래하는 자들은 노래하고 나팔 부는 자들은 나팔을 불어 번제를 마치기까지 이르니라 제사 드리기를 마치매 왕과 그 함께 있는 자가 다 엎드려 경배하니라 히스기야 왕이 귀인들로 더불어 레위 사람을 명하여 다윗과 선견자 아삽의 시로 여호와를 찬송하게 하매 저희가 즐거움으로 찬송하고 몸을 굽혀 경배하니라."

이스라엘 민족이 긴 바벨론 포로 생활에서 귀환하여 성전을 다시 세우고 기공 예배를 드리는 장면이다. 다윗때의 조직 편성을 따라 음악적인 직능을 담당하는 장면이다.

"건축자가 여호와의 성전의 기초를 놓을 때에 제사장들은 예복을 입고 나팔을 들고 아삽 자손 레위 사람들은 제금을 들고 서서 이스라엘 왕 다윗의 규례대로 여호와를 찬송하되 찬양으로 화답하며 여호와께 감사하여 이르되 주는 지극히 선하시므로 그의 인자하심이 이스라엘에게 영원하시도다 하니 모든 백성이 여호와의 성전 기초가 놓임을 보고 여호와를 찬송하며 큰 소리로 즐거이 부르며 제사장들과 레위 사람들과 나이 많은 족장들은 첫 성전을 보았으므로 이제 이 성전의 기초가 놓임을 보고 대성통곡하였으나 여러 사람은 기쁨으로 크게 함성을 지르니(에스라3:10-12)"

느헤미야(12:40-43)에서는 재건한 예루살렘 성곽을 봉헌하는 예배의 광경을 묘사하고 있는데, 두 찬양대가 교송하는 장면이 다음과 같이 나타난다.

"이에 감사 찬송하는 두 떼와 나와 민장의 절반은 하나님의 전에 섰고 제사장 엘리아김과 마아세야와 미냐민과 미가야와 엘료에내와 스가랴와 하나냐는 다 나팔을 잡았고 또 마아세야와 스마야와 엘르아살과 웃시와 여호하난과 말기야와 엘람과 에셀이 함께 있으며 노래하는 자는 크게 찬송하였는데 그 감독은 예스라히야라 이날에 무리가 크게 제사를 드리고 심히 즐거워하였으니 이는 하나님이 크게 즐거워하게 하셨음이라 부녀와 어린 아이도 즐거워하였으므로 예루살렘의 즐거워하는 소리가 멀리 들렸느니라."

구약성경을 통해 찬양대의 조직과 규모를 가늠해 볼 수 있다. 특별히 음악 조직의 지도자들, 즉 제사를 집례하며 이끌었던 인물들에 대해 아래와 같이 간략하게 표로 정리해 보았다.

이름	성서 속 묘사	직분
איתן 에단 (Ethan)	레위(Levi)의 아들 / 므라리(Merari)의 12대손(대상 6:44) / 구사야(Kushaiah)의 아들(대상 15:17)	놋제금을 잘 치는 타악기 연주자(대상 15:19)
כנניה 그나냐 (Kenaniah)	레위 사람의 족장(대상 15:22) / 다윗의 장막으로 언약궤를 옮길 때	합창 인도자, 성악가, 노래 지도하는 역할을 담당 (대상 15:27)
אסף 아삽 (Asaph)	레위의 아들 / 게르손(Gershon)의 14대손(대상 6:39) / 다윗 왕의 장막에서 첫 예배할 때 찬양하는 사람들의 책임자(대상 16:5) / 왕의 예언자(대하 29:30) /시편 50, 73~80편의 작곡자	예배 인도자, 지휘자, 작곡자, 음악 감독 등의 역할을 담당
הימן 헤만 (Heman)	레위 사람 요엘의 아들(대상 15:17) / 그핫(Kohath)의 20대손(대상 6:33) 다윗 왕 때에 그는 하나님의 말씀을 받드는 사람이었고 그의 아들들과 딸들은 기악부를 담당하던 사람. 하나님말씀의 대언자이며 왕의 선견자(대상25:5) / 다윗을 왕으로 기름 부은 선지자 사무엘의 손자. *열네 아들과 세 딸 모두가 악기를 연주하며 하나님을 섬김(대상 25:6)	음악 책임자, 오케스트라 지휘자 (대상 16:41, 42)
ידותון 여두둔(Jeduthun)	레위의 아들 므라리의 12대손(역대상 14~16장) 다윗 왕 때에 현악부를 담당하는 사람, 왕의 선지자(대상 25:3), 시편39, 62, 77편의 작곡자 *여섯 명의 아들들 모두 악기와 찬양을 부르는 자로 섬김(대상 25:3)	음악감독, 지휘자

신약시대에 들어서면서 A.D 70년 헤롯 성전 파괴로 성전예배가 불가능, 유대인들의 예배소인 회당을 통하여 성악만 그 명맥을 유지하게 된다. 신약성경은 찬양대에 대한 직접적인 언급 없이 찬양의 종류와 방법 등에 관한 지적이 여러 차례 나타나고 있다. 신약시대에서 보여주는 찬양대의 찬양은 구약시대에 있었던 제사장적 역할이 아니라, 회중 속에서 찬양대의 역할이 강조되었음을 알 수 있다. 그렇다면 구약을 기반으로 하여 엄청난 규모와 조직을 갖춘 찬양대가 교회 역사와 함께 계속해서 어떻게 오늘까지 유지됐는지를 살펴보자. 찬양대 발달에 가장 큰 영향을 끼친 것은 중세시대부터 서서히 자리 잡기 시작한 예전의 영향이 컸다. 서방 교회 예배역사의 두 번째 시기라고 할 수 있는 주후 500~900년은 로마 예배의식 (the Reman Rite)과 갈리칸 예배의식(the Gallican Rite)이 발달한 시기이다. 예전이 발달함에 따라서 자연적으로 교회에서 노래하는 집단 즉, 성가대의 출현과 발달을 가져오게 되었다. 중세시대의 찬양대는 남성으로만 구성되었으며 높은 음역의 노래를 위하여 소년들도 찬양대에 참여하게 되었다. 예배의식을 통일하는 데 크게 공헌을 한 사람은 그레고리 교황 (Gregory the Great, 540-604)이다. 그레고리 교황은 "스콜라 칸토룸" (Schola Cantorum 성가대, 후에는 성경학교의 뜻)의 교육을 강화하여 그곳에서 통일된 의식을 가르쳤다. 그는 라테라노와 성 베드로 교황 성당 옆에 성직자들의 공동생활을 위한 숙소와 찬양대원 양성을 위한 고아원도 지었다. "스콜라 칸토룸"은 그레고리 교황이 설립한 것으로 알려졌지만 그가 교황으로 선출된 590년에는 이미 가수들의 조합이 결성되었던 시기였다. 여러 가지 상황으로 볼 때 중세시대는 특별히 교육받은 찬양대 집단의 발생과 구약시대의 제사 개념에 의한 사제들의 음악목회를 특징으로 한다. 사실상 중세시대의 성가대 제도는 18세기까지 큰 변화 없이 계속되었다.

현대 찬양대의 형태라고 할 수 있는 혼성 성가대는 18세기에 유럽에서 시작되었다. 예를 들어 영국에서는 "West Gallery Tradition"이라는 것이 18세기 초에 시작되었다. 이 전통의 중요한 의미는 첫째, 여성이 찬양대에 참여하기 시작하였다는 것과 둘째, 성가대는 직업적인 것이 아니라 자원하는 사람들로 구성되었다는 점이다. 찬양대는 미국에서 청교도들이 몰고 온 "역사적으로 균형 잡히지 않은 음악 문화에 대한 염증" 때문에 시련을 받았지만, 그 후 현저한 발달을 가져왔다. 뉴욕에 있는 삼위일체 영국교회는 1693년 성가대원과 오르간 반주자를 영국에서 초청하여 미국에서는 처음으로 찬양대를 조직하였다. 1774년 메사추세스 주의 스타우톤에서 빌링스(William Billings 1746-1800)에 의하여 최초로 노래학교(Sacred Singing School)가 설립되었다. 그때 창단된 찬양대는 남성 17명과 여성 31명으로 구성된 혼성 성가대였다. 19세기에는 메이슨(Lowell Mason, 1792-1872)에 의하여 가창(singing)이 공립학교의 교과목으로 소개되었고, 보스톤 음악협회(the Boston Academy of Music)가 창립되어 찬양을 중심으로 한 활발한 음악 활동이 이루어졌다. 메이슨의 제자인 브래드버리(William Bradbury, 1816-1868)는 뉴욕의 침례교도 예배소(the Baptist Tabernacle)에서 오르간 연주자로 봉사하며 찬양음악에 공헌했다. 19세기 후반 교회가 성장함에 따라 자연적으로 전문적인 찬양대의 가창 인도자가 발생하게 되었다. 이것이 혼성 4중창단(the Mixed Quartet)이다. 이 혼성 중창단은 두 가지 기능을 담당하였는데 첫째, 찬양대와 같이 노래함으로써 자원 성가대원들을 노래로써 돕는 것이고 둘째, 찬양대를 대신하여 찬양하는 것이었다. 이로 인하여 찬양대 음악의 질적 수준이 향상되었으며, 찬양대에 독창자를 두게 되는 직접적인 동기가 되었다. 20세기에 들어서면서 합창을 강조한 웨스트민스터 성가학교 등으로부터 본격적인 음악목회 사역의 개념들이 생겨나기 시작하였다. 그렇다면 이러한 긴 역사를 가진 찬양대 조직이 한국교회에 들어와 정착하기까지는 어떤 역사적 배경이 있는지도 잠시 살펴보자. 한국 성가대의 역사는 19세기 선교사의 영향으로 시작되었다.[196] 1885년 4월 5일 장로교의 선교사인 언더우드(H.

---

[196] 한국교회 성가대의 초기역사(홍정수) 교회와 신학 1994.5.10. 제26집, 532-553쪽) http://blog.daum.net/lovelimaria/3269086

G. Underwood: 1859~1916)와 감리교 선교사인 아펜젤러(H. D. Appenzeller)가 인천에 들어오면서 소개되었다. 그리고 1887년 아펜젤러 선교사 일기기록에는 "성가대에서 훌륭하게 '여호와는 나의 목자시니'를 찬양했다(4월 11일)는 내용을 발견할 수 있다. 이후 1897년, 이화학당(지금의 이화여대)에서 미스 피어스(Miss. Pierce)가 2부 합창을 지도했다는 역사 기록이 있고, 1909년에는 평양 장대현교회 성가대(길선주 목사)가 조직되어 예배에 순서를 담당했다. 1912년, 개성북부교회(감리교회) 예배당 봉헌식에 '찬송대'가 노래한 기록(대한 그리스도 회보 1913.12.8)를 찾을 수 있다. 그리고 1914년년에 서울 새문안교회와 정동제일교회에 찬양대 조직이 활동했다는 기록이 있다. 특별히 6.25사변 전후에 이동훈(李東勳)의 지휘아래 "미 8군 군인 교회 성가대로 발족한 '필그림 합창단'이 있었고, 이후에 황임춘(黃任春) 지휘의 '아넬 성가단', 김두환 지휘의 '아가페 합창단', 박재훈 지휘의 '서울 코랄' 등이 발족되면서 현대 교회의 찬양대의 전신으로써 역할을 담당했다. 20세기 말부터 영락교회, 새문안교회, 명성교회, 전주바울교회, 정동교회, 주안장로교회, 내리감리교회 등 국내의 교단을 대표하는 대형 교회들을 중심으로 찬양대 조직은 더욱 그 규모가 커졌고 활동의 내용과 역할도 다양해졌다.

(2) 찬양대의 규정과 운영안(manual)

필자의 경험으로는 교회 안에 중요한 직분을 맡은 이들 가운데 찬양대원(임원)으로 섬기는 경우가 많다. 풍부한 신앙의 연륜과 함께 경험을 바탕으로 섬기는 예배팀이 되다 보니 그 안에 서로의 열정과 헌신을 둘러싼 크고 작은 분쟁이 항상 있는 사역부서이기도 하다. 그러므로 운영 전반에 관한 사역 규정이나 지침을 마련해야 한다는 것을 강조하고 싶다. 다음은 필자가 섬기던 교회의 찬양대를 위한 간략한 사역 지침을 정리한 것이다. 강조하지만 이 모든 지침규정에 포함된 내용과 지침 사항은 사역을 보다 원활하게 하기 위한 내용이며 많은 전문

사역자들과 평신도 사역자들이 각자의 영역에서 더욱 효율적으로 헌신과 섬김에 대해 그 가치를 부여할 수 있도록 하기 위한 것임을 잊어서는 안 될 것이다.

1) 규정

제1부 성가대 인사관리를 위한 규정

제1장 총 칙

제1조(명칭) - 본 성가대는 '할렐루야 성가대(이하 본 성가대'라고 칭한다.

제2조(목적) 본 성가대는 주일 2부 대예배를 담당하며
    ① 찬양을 통하여 하나님의 말씀을 선포한다.
    ② 시편과 찬송과 신령한 노래로 하나님을 찬양한다.
    ③ 회중들이 찬양 할 수 있도록 인도한다.
    ④ 다른 성도들의 삶에 성가대원들의 간증들에 의해서 본보기가 되어야 한다.
    ⑤ 예배를 드릴 수 있는 방향성을 알려주고 도와준다.

제3조(소속) - 성가대는 OO교회 예배음악부에 속한다.

제4조(자격) 본 성가대원은 정회원과 준회원으로 구성된다.
    ① 정회원은 OO교회 등록교인으로 세례를 받은 자 이상이며 예배음악부가 주관하는 소정의 교육과정을 수료 후 임명된다.
    ② 준회원은 본 교회 등록교인으로 찬양의 열정과 소명이 있는 자로 예배음악부가 주관하는 소정의 교육과정을 수료하고 정회원의 동의를 얻어 그 자격을 부여, 유지한다. 단, 준회원은 임원회의의 동의를 거쳐 본 성가대 정회원이 될 수 있다.

제5조(권리) 성가대원의 권리는 다음과 같다.
    ① 성가대에서 수행하는 각종 예배/찬양행사에 실행자의 권리를 갖는다.
    ② 성가대 임원 등의 선거권과 피선거권을 갖는다. 단, 준회원은 선거권과 피선거권은 갖지 못한다.

제6조(의무) 성가대원의 의무는 다음과 같다.
    ① 성가대원은 예배위원의 의무가 있다.
    ② 모든 연습시간에 참석한다.
    ③ 성가대의 운영에 협조한다.

④ 비품을 아끼고 깨끗이 사용한다.
⑤ 경건한 생활에 힘쓰며, 대원들과 화목하여야 한다.

제2장 총회
제7조(구성) 총회는 성가대원(정회원과 준회원)으로 구성된다.

제8조(소집)
1. 정기총회는 매년 12월중 성가대장이 1주일 전 공고하여 소집한다.
2. 임시총회는 성가대장이 필요하다고 인정할 때 임원회의의 의결을 거쳐 소집한다.
3. 성가대장은 총회의 의장이 된다.

제9조(내용) 총회의 의결내용은 다음과 같다.
1. 주요사업계획 및 경과보고
2. 예산 및 결산보고
3. 임원의 선출(성가대장, 지휘자 제외)
4. 성가대운영 내규의 개정 및 기타 안건 의결

제10조(성원 및 의결)
총회는 제적 대원의 과반수 출석으로 성립하며 의결은 참석자 다수결로 한다.

제2부 성가대 운영관리를 위한 규정

제3장 임원
제11조(임원) 본 성가대는 다음의 임원을 둔다.
1. 대장 1인
2. 총무 1인
3. 서기 1인
4. 회계 1인
5. 지휘자 1인
6. 반주자 2인(오르간/피아노)
7. 파트장 5인(관현악, 소프라노, 알토, 테너, 베이스파트장)
8. 각 부장 4인(봉사, 악보, 친교, 홍보부장)

제12조(임원의 임무)
1. 대장은 본 성가대를 대표하고 총괄 지휘한다.
2. 총무는 대장을 보좌하여 제반업무를 실행한다.

3. 지휘자는 성가대의 모든 음악적인 부문(곡의 선정, 연주, 연습)을 총괄한다.
4. 반주자는 지휘자를 음악적으로 보좌한다.
5. 서기는 총무를 보좌하여 대원인명부 관리, 본 성가대의 모든 기록을 유지한다.
6. 회계는 총무를 보좌하여 본 성가대의 재정을 관리한다.
7. 서기는 매 회의와 모임의 논의 사항 및 건의 사항들을 기록하고 그 내용을 보관하고 관리한다.
8. 각 파트장은 매 연습시 각 부서 인원의 출결 상황을 총무에게 보고하고 효율적인 파트 운영이 될 수 있도록 대원을 섬긴다.
9. 각 부장은 총무를 도와 성가대운영에 필요한 제반 업무를 담당한다.

제13조(임원의 선출) 본 성가대의 임원은 다음과 같이 선출한다.
1. 대장, 지휘자, 반주자는 당회에서 임명한다.
2. 총무는 총회에서 선출한다.
3. 서기 및 회계는 총무가 임명한다.
4. 각 파트장 및 각 부장은 대장이 임명한다.

제14조(임원의 임기)
1. 임원의 임기는 1년으로 하되 정회원의 동의를 거쳐 연임할 수 있다.
2. 보선이 필요할 경우, 임원의 임기는 전임자의 잔여임기로 한다.

제4장 임원회
제15조(구성)
1. 임원회의 참석 범위는 대장이 정한다.
2. 대장은 임원회를 총괄하며 임원회의 의장이다.

제16조(소집)
1. 정기임원회는 월 1회 개최를 원칙으로 하며, 임시회의는 필요에 따라 대장이 소집한다.
2. 임원회는 임원의 2/3이상 참석으로 성립한다.

제17조(의결) 임원회의 의결은 출석임원의 다수결원칙에 의하며 가부동수일 경우 대장이 결정권을 갖는다.

제18조(의결사항) 임원회는 다음 사항을 의결한다.
1. 성가대운영에 관한 사항
2. 성가대운영 내규의 개정 및 제정에 관한 사항
3. 임시총회 소집에 관한 사항
4. 대원의 신입 및 제적에 관한 사항

5. 기타 필요한 사항

제5장 총회
  1. 정기 총회
   ① 매년 12월 중에 대장과 총무가 소집한다.
   ② 정기 총회에서는 사업보고, 결산보고, 회계 보고 및 차년도 임원을 선출한다.
  2. 월례회
     매월 1회에 걸쳐 월례회를 갖고 모든 임원과 파트장은 참석의 의무가 있다.

제6장 보칙 및 부칙마련
제19조(세칙)
    성가대의 운영에 관하여 본 내규에 규정된 이외의 사항에 대하여는 따로 세칙으로 정할 수 있다.

제3부 성가대 행정관리를 위한 규정

제7장 성가대 구성 및 역할과 자격
제20조(임원의 역할)
  1. 성가대 대장 - 성가대의 행정 및 인사와 관련한 제반사항들을 총괄하고 대표한다.
  2. 총무 - 총무는 대장을 보필하며 본 찬양대의 행정적 사무를 총괄하고, 임원회를 주관하며 대장 유고 시 그 역할을 대행한다.
   ① 성가대원들의 출석을 관리한다. (매주 파트장들로부터 출석 현황을 보고 받고 대원들의 출석을 할 수 있도록 격려한다.)
   ② 연습시간과 예배시간을 관리한다.
   ③ 각종 절기와 행사를 진행한다.
   ④ 광고 및 기획등 행정 이해에 관한 제반 사항을 대원과 임원사이에서 지휘 통솔한다.

  3. 서기-
   ① 성가대원들의 출석을 기록한다.
   ② 성가대 문서보관 및 사무행정과 관련한 회의내용등을 문서화한다.
   ③ 성가대의 행사와 절기에 따른 찬양을 기록한다.

  4. 회계 - 성가대의 회비관리 및 재정일체의 출입을 책임지고 관리한다.

  5. 악보계 -
   ① 악보를 관리 및 분류하여 성가대원들의 빨리 찾을 수 있도록 정리한다.

②악보의 구입 및 복사
③ 절기별로 분류하여 정리/관리한다.
④ 성가대원 개개인의 악보/폴더를 분리하고 관리한다.

6. 파트장은 각 파트의 출석관리 및 제반 사항을 총괄하며 필요시에는 파트장의 재량으로 파트 연습을 시행할 수 있다.

7. 일정 관리팀 - 1년에 절기에 따른 행사를 관리하고 성가대에서 가질 수 있는 모임이나 캠프, 세미나, 수련회의 일정을 관리한다.

8. 가운 담당 - 새로운 성가대원이 들어왔을 때 가운 관리법을 알려주고 마저 정리하지 못한 가운을 정리하고 가운이 깨끗이 관리 될 수 있도록 관리한다.

9. 성가대 교제팀 - 영적, 도덕적으로 성가대원들이 바르게 생활하도록 인도
   ① 성가대 연습을 시작하기 전에 간단하게 성경 말씀을 읽고 묵상할 수 있도록 간단한 성경구절을 준비한다.
   ② 오후 연습을 시작하기 전 성가대원들에게 교제할 수 있는 시간을 제공한다.
   ③ 일주일 중 하루를 정하여 기도회를 갖도록 준비하고 인도한다.

제21조 성가대 자격
  1. 성가대원의 자격
     ① 교회의 등록인이어야 한다.
     ② 진정으로 하나님께 영광을 돌리고 싶은 목적이 있어야 한다.
     ③ 예배와 연습에 빠지지 않고 참석해야 한다. (시간약속 엄수)
     ④ 성가대의 모든 활동, 행사에 참여한다.
     ⑤ 모든 대원은 소정의 회비를 납부해야 한다.

  2. 성가대 가입을 위한 조건
     ① 목적이 있는 찬양을 하고자 하는 의식이 있어야 한다.
     ② 악보를 볼 수 있는 음악적 지식이 있어야 한다.
     ③ 지휘자와 임원들의 참석 하에 오디션을 본 후 준회원이 된다.
     ④ 오디션 중 간단한 간증을 해야 한다.

  3. 성가대원들이 지켜야 할 사항들
     ① 출석을 성실히 하고 지각하지 말아야 한다.
     ② 성가대 가운을 입고 화장실에 가거나 커피를 마시지 말아야 한다.
     ③ 연습시간에 충실히 임해야 한다.
     ④ 성가대원은 재능을 잘 관리하고 부족함을 보충하기 위해 항상 노력한다.

⑤ 지휘자와 성가대장의 가르침에 순종해야 한다.

제22조 연습 규정
  1. 연습 시간
    ① 매주 주일 오전 10시 연습 시작
      - 간단한 몸 풀기와 발성 15분
      - 10시 40분까지 연습
      - 10시 45분 성가대 입장
    ② 주일 오후 연습은 매 주일 오후 1시 ~ 2시 30분까지
    ③ 매주 토요일 저녁 7: 30분부터 10:00까지 연습

  2. 성가대 입장 시
    ① 가운을 단정하게 입어야 한다.
    ② 입장 시 조용히 해야 한다.
    ③ 지휘자의 지침에 잘 따라야 한다.

  3. 예배 중
    ① 예배 시간에는 다른 성도들에게 본이 되어야 한다.
    ② 성가대 찬양 시작 시 지휘자가 악보를 여닫을 때 그 지침에 잘 따른다.
    ③ 최선을 다하여 찬양한다.

  4. 예배 후
    ① 폐회송을 부른 후 성도들이 퇴장 할 때 주일 찬양을 다시 부른다.
    ② 주변을 정리 후 퇴장한다.
    ③ 가운을 깨끗하게 정리한다.

제8장 사업: 특별 행사 및 교회력에 따른 일정을 기준으로한다.
  1. 음악 세미나
    ① 1년에 2번 작은 음악세미나를 연다. (상반기 1번, 하반기 1번)
      ※ 세미나 내용은 예배, 찬송가학, 발성특강, 신앙훈련, 교회음악의 제반에
        걸친 내용등으로 한다.
    ② 성가대원들은 전원 참석을 의무로 한다.
    ③ 성가대원들의 친목을 도모할 수 있도록 1년에 한 번 수련회를 간다.
      (구체적인 일정과 장소 등은 임원회의에서 결정한다.)

  2. 교회력
    ① 대강절 - 성탄 4주전부터 성탄 전야까지. 예수님의 나심을 준비하고

기다리는 내용의 찬양 선택
② 성탄절 - 예수님께서 탄생하신 축하하는 날. 예수님의 탄생을 축하하는 밝은 찬양 선택
③ 사순절 - 부활절로부터 46일전에 시작하여 40일간 금식과 회개 기도를 하는 기간, 회개하는 조용하고 잔잔한 찬양 선택
④ 고난주간 - 부활주일 전 1주일, 그리스도의 수난과 죽음을 기억. 고난주간과 내용이 같은 찬양 선택
⑤ 부활절 - 예수님의 부활을 기념. 죽음으로부터 생명을 얻는 내용의 즐거운 찬양 선택
⑥ 삼위일체주일 - 교회력의 전반이 끝나고 성부, 성자, 성령 삼위일체 하나님의 이름 아래서 신앙생활을 강조하는 날. 삼위일체가 담기고 신앙생활을 강조하는 찬양 선택

제9장 선곡 및 특별찬양
1. 언어 -
① 하나님을 찬양하는 내용을 벗어나서 선택하지 말아야 한다.
② 교회력에 맞추어 언어를 골라 선택한다.
③ 성가대원들이 어려워하지 않고 쉽게 이해하고 찬양 할 수 있는 언어를 선택한다.

2. 음악 -
① 성가대원들의 수준을 고려하여 선택한다.
② 너무 수준이 높거나 어려운 곡은 피한다.
③ 쉽고 은혜로운 곡을 선택한다.

3. 특송 -
① 각 파트별 솔리스트들이 교회력이나 교회 특별 행사가 있을 때 독창을 준비한다.
② 작은 오케스트라를 따로 세워 특송을 한다.
③ 성가대원 중 특송을 준비 시킨다.

제10장 표창 및 징계
제23조(표창) 본 찬양대의 발전을 위하여 지대한 공을 세웠다고 인정되는 자는 임원회의 결의에 의하여 소정의 표창을 할 수 있다.

제24조(징계) 본 찬양대의 대원으로서 소정의 목적에 위배되거나 명예를 손상시킨 자에 대하여 본 찬양대에서는 임원회 결의와 대원들의 동의하에 자격을 박탈할 수 있다.
1. 결석 - 특별한 이유 없이 3개월간의 출석율이 70%미만인 대원은 자동 제적된다.
2. 지각 3번 이상 지각 시 성가대실 청소 및 간식을 담당한다.

제4부 성가대 재정관리를 위한 규정

제11장 재정
제25조(재정) 본 성가대의 재정은 교회 예산과 회비 및 찬조금으로 충당한다.

제26조(회비) 성가대원은 월1회 회비를 납부해야 하며 이의 지출은 규정된 부칙에 따른다.

제27조(재정의 지출)
1. 본 성가대의 재정의 지출은 대장과 지휘자의 승인하에 지출한다.
2. 회계는 매월 임원회의에 재정보고를 시행한다.

제12장 부 칙
제28조(관례) 본 회칙의 미비 사항은 통상 관례에 따른다.

제29조(시행일) 본 회칙은 공포된 날로부터 발효된다.

2) 운영안(manual)

① 찬양대의 목적과 역할

구분	내용
목적	찬양대는 공연 집단이 아니라 예배인도자 공동체다. 예배의 중심에서 찬양을 통해 성도들이 하나님을 향하도록 돕는 것이 사명이다.
핵심 역할	- 예배 인도: 회중 찬양을 돕고 영적으로 이끔 - 말씀 강조: 설교 주제와 조화된 음악으로 메시지 강화 - 공동체 형성: 찬양대를 영적 훈련의 장으로 세움

② 예배 및 찬양 계획 세우기

항목	내용
예배 계획 기반	예배 설교 주제, 절기, 특별행사(부활절, 성탄절 등)에 따라 8~12주 단위 예배 계획표를 작성한다.
찬양곡 선정	- 설교 내용과 주제에 맞는 곡을 선택 - 기존 곡과 신곡을 균형 있게 배치 - 신곡은 새로운 도전과 음악적 다양성을 제공한다.
목표 기간	각 곡은 최소 6~8주 전부터 준비를 시작한다.

③ 찬양대 연습 운영(주간 연습 계획)

구분	내용
연습 주기	매주 정기 연습 (1회) + 특별행사 전 추가 연습
곡 준비 기간	- 신곡: 최소 6~8주 준비 - 재연곡: 2~3주면 충분
연습 시간 활용	한 곡을 한 번에 완성하려 하지 말고, 매주 10~15분씩 단계적으로 완성합니다.

④ 찬양대 주간 연습 실례

순서	내용	목적
1	예배와 기도로 시작	영적 집중, 공동체 결속
2	회중 찬양곡 연습	예배 인도로서 역할 강화
3	이번 주 예배 찬양곡 점검	최종 확인 및 세부 보완
4	신곡 또는 도전곡 연습	음악적 성장, 신선도 유지
5	가사 묵상 및 나눔	가사 의미 이해, 신앙적 감화

⑤ 연습 지원 도구 준비

구분	내용
연습 주기	매주 정기 연습 (1회) + 특별행사 전 추가 연습
곡 준비 기간	- 신곡: 최소 6~8주 준비 - 재연곡: 2~3주면 충분
연습 시간 활용	한 곡을 한 번에 완성하려 하지 말고, 매주 10~15분씩 단계적으로 완성합니다.

⑥ 주간 연습 계획안 (Weekly Rehearsal Sheet)

항목	포함 내용
연습 순서표	예배곡, 찬양곡, 신곡 순으로 정리 (곡명, 예배일 기재)
회중찬양 가사	저작권 정보를 포함하여 출력 (연습용 한정)
공지사항	특별예배, 추가 연습, 시간 변경 안내 등
온라인 링크 안내	찬양대 웹사이트, 자료실, 유튜브 링크 등

⑦ 제자훈련(Discipleship)으로서의 찬양대

항목	내용
영적 훈련의 장	찬양대는 단순한 음악 훈련이 아닌 신앙 공동체의 제자훈련 공간이다.
가사 묵상	가사 속 성경적 의미를 함께 나누고, 개인 간증과 연결시킨다.
영적 성장 유도	찬양을 통한 성령의 역사로 개인의 신앙과 예배가 함께 깊어지도록 인도한다.

⑧ 소통(연락망) 체계

항목	내용
이메일 소통	- 매주 1~2회 소식 발송 - 주초(감사 및 피드백), 주말(예배 안내 및 기도제목)
결석자 관리	결석자에게 개인 연락(문자, 전화, 이메일) → 근황 파악, 기도 요청, 공동체 돌봄 강화
공동체 돌봄	찬양대원 간의 중보기도, 생일·가정 소식 나눔 등을 통해 유대감 형성

⑨ 온라인 시스템 활용

항목	내용
찬양대 전용 웹사이트 운영	- 연습 음원, 일정표, 공지사항 게시 - 각 파트별 자료 다운로드 가능 - 비밀번호 보호 및 저작권 준수
활용 도구 예시	WorshipPlanning.com, Google Drive, YouTube(비공개 목록), 교회 홈페이지 등
그룹 소통 도구	카카오톡 오픈채팅, 단체 문자, 이메일 뉴스레터 등

⑩ 운영 점검 및 개선

점검 항목	점검 내용
곡 준비 일정	곡들이 충분히 미리 준비되고 있는가?
대원 출석률	결석이 잦은가? 출석 관리 시스템이 있는가?
영적 성장	단순한 음악 연습이 아닌 영적 훈련이 이루어지고 있는가?
커뮤니케이션	주간 안내와 피드백이 꾸준히 이루어지고 있는가?
온라인 시스템	자료 접근성과 활용도가 높은가?

대부분 교회가 이러한 찬양대를 위한 운영안과 규정이 있다고는 생각하지 않는다. 몇몇 대형 교회들이 이러한 지침서를 통해 더 수준이 높은 사역의 영역을 유지하고 계속하고 있다. 이러한 사역 지침서의 작성 과정 가운데 중요한 지침 한가지는 어떠한 지침과 규정을 포함하든 그 내용이 사역하는 현장에 적합한가를 항상 고려해야 한다. 대도시에 있는 대형 교회들에서 사용하는 사역의 지침들이 시골에 있는 작은 지역 교회에 같은 잣대가 적용될 수는 없기 때문이다.

그런 면에서는 이러한 지침서가 개 교회마다 가진 지역, 환경, 여건, 구성원의 연령대 등을 고려한 특수성을 잘 반영해서 작성될 때 비로소 교회 사역 전반에 걸친 다양한 행정자료와 운영을 위한 내용으로 활용될 수 있는 폭넓은 가치를 가지게 된다. 정리하면, 효과적인 찬양대를 운영하기 위해서는 첫째, 미리 계획하고 꾸준히 준비하라. 둘째, 음악보다 예배를 먼저 세워라. 셋째, 찬양대를 공동체이자 제자훈련의 장으로 세워라. 넷째, 지속적인 소통과 돌봄으로 영적 유대감을 강화하라. 마지막으로 기술과 도구를 활용해 효율적인 운영을 실현하라는 핵심을 고려해야 한다.

2. 찬양(예배)팀 운영의 실제

(1) 찬양팀의 역사

새로운 웨스트민스터 예전과 예배사전(The New Westminster Dictionary of Liturgy and Worship)'에 의하면, 현대 찬양과 경배 예배의 기원을 오순절 운동(Pentecostal Movement)에 뿌리를 둔 20세기 중반 은사주의(Charismatic Movement)와 그 영향력 안에 있는 교회들에 있다고 밝히고 있다. 이러한 운동의 큰 영향은 예배에서 '하나님(God)'을 '그(He)'로 또는 '당신(You)'등으로 표기

하기 시작하면서 '포괄적인 언어(Inclusive - Language)' 사용에 대한 많은 논쟁을 불러일으키고 있다. 특히, 1968년 하반기에 뉴질랜드에서 개럿 부부(David and Dale Garratt)는 간략한 성구-종종 시편 성구를 사용-를 대중음악의 쉽고 단순한 곡조 안에 들여와 '노래 안의 성구(Scripture in Song)'라는 음반을 출시하게 된다. 비슷한 시기인 1971년경, '지미 오웬스(Jimmy Owens)'란 대중 가수를 비롯해 '작가 미상(Author Unknown)'의 음반들이 시장에 쏟아져 나와서 인기를 누렸다. 이들은 '알렐루야(Alleluia)'같은 짧은 가사를 반복 사용하였고, 돌림 노래(Round)형식으로 부르다가 조성을 바꾸어(Modulation) 연주하였다. 이때 무대에서 마이크를 들고 주선율(Main Melody Line)을 노래한 사람이 지금의 예배인도자(Worship Leader)의 역할을 맡았고, 곁에서 함께 마이크를 들고 노래를 부르던 사람들(Participating Singers)이 오늘날의 찬양팀/예배팀(Praise/Worship Team)이 되었다. 가사와 음악 형식의 단순성 때문에 노래를 이끄는 이나 따라 부르는 대중들은 특별한 연습 또는 훈련과정 없이도 손쉽게 배우고 익힐 수 있던 것이 오늘날 '찬양과 경배(Praise and Worship)'의 기원이 되었다. 바로 이러한 대중문화는 지난 2, 30년동안 한국의 예배와 찬양문화를 바꾸어 놓는데 주도적인 영향력을 행사하였다.

1) 미국의 찬양팀 및 사역의 배경
① 1960년대: 예수 운동(Jesus Movement)와 척 스미스(Chuck smith)
② 1970년대: 빈야드 운동(Vineyard Movement)와 존 윔버(John Wimber) 목사
③ 1980년대: 찬양과 경배 운동(Praise & Worship Movement)과 호산나 뮤직(Hosanna Music)
④ 20세기 말: 브라운스빌(Brownsville), 레이크우드(Lakewood) 교회
⑤ 21세기 초: 모던워십 운동(Modern Worship Movement)과 패션(Passion), 지저스 컬처(Jesus Culture), 엘리베이션 워십(Elevation Worship), 베델워십(Bethel Worship)

2) 영국의 찬양팀 및 사역의 배경

① 1970년대: 그래함 켄드릭(Graham Kendrick)[197]과 'March for Jesus'(예수 대행진)

② 1960-1980년대: 크리스 보와터(Chris Bowater)/ 데이브 펠링햄(Dave Fellingham)

③ 1980년대: 스톤리히 사경회(Stoneleigh Bible Weeks)[198]

④ 1990년대: 마틴 스미스와 딜리리어스(Delirious), 매트 레드맨과 소울 서바이버(Soul Surviver)[199], 소울 서바이버 집회는 1993년 마이크 필라바치 목사/그래함 켄드릭의 Street Worship(거리 예배) 등

3) 호주의 찬양팀 및 사역의 배경

① 힐송 워십(Hillsong Church)

호주 힐송교회는 1983년 브라이언 휴스턴 목사와 그의 아내 바비 휴스턴이 '힐스 기독교 라이프 센터'라는 이름으로 설립했으며, 현대적인 찬양 사역으로 전 세계 교회에 큰 영향을 미쳤다. 힐송교회는 기존의 '호주기독교교회(ACC)'를 탈퇴하고 자체 독립 교단을 창설했다. 힐송은 찬양 사역을 통해 전 세계적인 명성을 얻었으며, 팝/록과 유사한 현대적이고 감각적인 음악으로 많은 교회와 청년들의 마음을 사로잡았다. 전통적인 예배 형식에서 벗어나 콘서트에 가

---

197 'O, Heaven Is In My Heart(오, 주님나라 임하리)', 'For this purpose(세상권세 멸하시려)', 'Amazing Love(주님 그 큰사랑)', 'We Declare that the kingdom of God is here(주님 나라가 이곳에 임했네)', 'Is Anyone Thirsty(목마른 자들아)', 'Teach Me To Dance(주님의 춤추리)'등의 번역곡으로 이미 많은 크리스찬들의 사랑을 받아 왔다.

198 예배인도자 데이브 펠링햄(Dave Fellingham)의 두 아들들과 며느리인 이들은 90년대에 데이브 펠링햄이나 스튜어트 타운엔드(Stuart Townend)와 함께 영국의 주요 컨퍼런스 중 하나인 스톤리히 사경회(Stoneleigh Biblical week)를 섬기는 '스톤리히 밴드'로 활동해왔다.

199 지금은 널리 알려진 예배인도자 맷 레드먼(Matt Redman)이 'Heart of worship'을 잉태한 곳도 이곳이고, 2002년 도브(Dove)상 '올해의 노래'상을 수상한 'Here I am to worship' 역시 이 땅에서 팀 휴즈(Tim Hughes)를 통해 흘러나온 곡이다.

까운 역동적인 예배를 추구한다. 화려한 조명과 대형 스크린, 밴드 중심의 연주 등 최신 미디어 기술을 적극적으로 활용하여 몰입도를 높였고, 찬양팀은 리드 보컬 외에 다수의 코러스와 다양한 악기로 구성된 대형 밴드로 이루어져 있다. 이들은 단순히 찬양을 부르는 것을 넘어, 예배를 주도하는 핵심적인 역할을 한다. 힐송의 찬양은 라이브 형태로 진행되며, 회중이 적극적으로 참여하고 함께 찬양하도록 유도한다. 이는 예배를 관람하는 것이 아니라, 모두가 함께 만들어 가는 경험으로 만든다는 목표를 가지고 있다. 하나님과 예수님에 대한 사랑, 믿음, 고백 등을 솔직하고 구체적인 언어로 표현하는 가사가 특징이다. 이는 개인적인 신앙 경험을 깊이 있게 담아내며, 많은 사람의 공감을 끌어냈다. 힐송교회 찬양 사역의 주요 리더들은 대부분 교회 내 청년 사역을 통해 성장하고 훈련받은 이들이다. 이러한 배경은 젊은 세대의 정서와 문화에 맞는 음악을 만들어내는 원동력이 되었다.

주요 찬양 사역 그룹으로는 힐송교회 전체 예배를 위한 찬양을 제작하는 팀으로 활동하는 '힐송 워십(Hillsong Worship)'이 있다. '내 구주 예수님(Shout to the Lord)', '어메이징 그레이스(Amazing Grace)' 등 전 세계적으로 알려진 시대를 초월한 명곡들을 발표했다. 그 외에 1998년 청소년 사역을 통해 결성된 밴드로, 역동적이고 현대적인 음악으로 젊은 세대에게 큰 영향력을 끼쳤다. '오션스(Oceans)', '터치 더 스카이(Touch the Sky)' 등의 곡을 발표해 오고 있는 '힐송 유나이티드(Hillsong United)'가 있고, '힐송 키즈(Hillsong Kids)'와 같은 다음 세대를 위한 찬양 사역에도 힘쓰며, 어린이들을 위한 찬양 앨범을 제작하고 청년들이 예배인도자로 성장할 수 있도록 훈련하는 과정을 운영하고 있다.

② 플래닛쉐이커스(Planetshakers)

플래닛쉐이커스는 호주 멜버른에 본부를 둔 오순절 계열의 개신교회이자, 그 교회를 기반으로 하는 현대 기독교 음악(CCM) 밴드입니다. 힐송과 마찬가지로 역동적인 예배와 음악으로 젊은 세대에게 큰 영향력을 끼치고 있다. 1997년 호주 애들레이드의 파라다이스 커뮤니티 교회(현 인플루언서스 교회)에서 청년 사역을 하던 러셀 에반스(Russell Evans) 목사가 하나님을 향한 열정적인 예배를 위해 '플래닛쉐이커스 콘퍼런스'를 개최하며 시작되었다. 교회 설립은 2004년, 러셀 에반스와 그의 아내 샘 에반스(Sam Evans)가 멜버른으로 이동하면서 '멜버른 시티 교회(Melbourne City Church)'를 설립했으며, 이후 플래닛쉐이커스 교회로 이름이 바뀌었다. "한 세대를 일으켜 다른 세대를 얻는다(Empower a generation to win a generation)"라는 사역 목표 아래, 역동적인 찬양과 성령의 은사를 강조하는 예배로 빠르게 성장했으며, 특히 청년층을 중심으로 한 강력한 찬양 집회로 세계적인 명성을 얻었다. 찬양사역팀의 음악적 특징은 팝, 록 음악 스타일의 강렬하고 활력이 넘치는 찬양으로 예배를 인도하며, 젊은이들의 참여를 이끌어낸다는 점이다. 힐송과 더불어 현대 워십 음악계를 이끄는 양대 산맥으로 평가받으며, 전 세계 수많은 워십 밴드와 교회에 영향을 미치고 있다.

주요 사역 현황으로는 '찬양 음악 밴드'라는 플래닛쉐이커스 사역의 핵심은 밴드 활동을 꼽을 수 있다. 1997년 첫 앨범을 시작으로 30여 개 이상의 앨범을 발매했으며, 록과 팝 기반의 현대적인 찬양으로 전 세계 교회에서 널리 불린다. 그리고 1997년부터 매년 대규모 '글로벌 컨퍼런스'를 개최하고 있고, 멜버른을 비롯해 퍼스, 브리즈번, 시드니 등 호주 주요 도시와 남아프리카, 말레이시아, 싱가포르 등 세계 여러 곳에서 컨퍼런스를 열어오고 있다.

특히 '글로벌 교회 네트워크'는 멜버른에 여러 캠퍼스를 두고 있으며, 미국 오스틴, 남아프리카 케이프타운, 스위스 제네바, 싱가포르 등 해외에도 지교회를 설립하며 국제적인 영향력을 확장하고 있다. '다음 세대 사역(next generation ministry)'은 청소년과 젊은이들에게 초점을 맞춘 예배와 집회를 통해 다음 세대를 일으키는 데 중점을 두고 이뤄지고 있으며 한국에서도 여러 차례 내한 찬양 집회를 개최하며 큰 호응을 얻었다. 한 가지 더 중점적으로 투자하고 있는 사역 영역을 추가하자면 '플래닛쉐이커스 성경 대학'을 통해 신앙교육과 리더십 훈련을 제공하고 있으며, 멜버른에 운영 본부를 두고 있다.

4) 한국의 찬양팀 및 사역의 배경

① 1970년대: 예수전도단(YWAM), 마라나타싱어즈, 정신여고 노래선교단
② 1980년대: 온누리교회(올네이션스), 높은 뜻 선교단, 주찬양선교단, 다윗과 요나단, 옹기장이선교단, 컨티넨탈싱어즈(The Continental Singers) 등
③ 1990년대: 캠퍼스 워십, 예수찬양모임(은성교회), 디사이플스, 다리놓는사람들, 좋은씨앗, 찬양하는 사람들, 소리엘 등
④ 2000년~2015년: 어노인팅(Anointing), 레위지파(Levites Ministries), 홀리임팩트(Holy Impact), 마커스(Makers)워십, 아이자야씩스티원(Isaiah 6tyOne) 등
⑤ 2015년이후: , 예람워십(Yeram Worship), 피아워십(F.I.A Worhsip) , WELOVE, , 홀리웨이브(Holywave), 제이어스(J-US), 팀룩(Team Luke Worship) 등

(2) 찬양(예배)팀의 구성과 운영[200]

찬양팀(예배팀)을 구성하고 바람직한 방향으로 운영하는데 고려해야 할 중요한 점을 몇 가지 살펴보고자 한다.

1) 팀 운영을 위한 지침

크게 나누어 찬양인도팀과 연주팀으로 생각할 수 있는데 주최측에서 요구하는 어떤 조건을 내걸고 공모하는 방법과 기존 구성원을 보충하는 모집, 그리고 자원하는 사람들의 경우도 있다. 또 한 가지는 팀과 대상자와의 교제를 거치면서 영입되는 방법이다. 그런데 찬양인도팀이건 연주팀이건간에 어떤 '기능'으

---

200 필자가 찬양학교와 예배인도자학교에 다니던 때에 강의 내용을 일부 발췌하고 정리한 것이다.

로 그 사역을 하려고 한다면 실패하고 말 것이다. 단지 기능인으로서만 다루고 대한다면 분명 실패하고 만다. 우리는 노래(연주)라는 방법을 통해서 하나님을 영화롭게 하는 것이지, 사람들에게 좋은 화음을 들려주고 좋은 테크닉을 보여줘서 그 사람을 감동시키는 것이 아니다. 그래서 찬양인도팀이나 연주 팀이나 모두 '예배자'이어야 한다. 우리는 종종 예배자보다는 다른 것을 희생해서라도 기능인을 우선해서 영입하려고 하는 경향이 있는데 그럴 때는 그만한 대가가 치러진다는 것을 알아야 한다.

　우리는 먼저 그 팀으로서 자질을 갖추기 위한 우선순위가 설정되어 있어야 한다. 물론 성령님께서 인도하심으로 팀에 영입되는 사람들도 있겠지만 사전에 충분한 훈련들도 필요한 것이다. 최근 어떤 팀에서 모집하는 방법들을 보았는데 오디션을 통해 우선 그 사람의 신앙 경력과 음성적인 자질을 확인하고 팀이 하나 됨을 위한 단기간, 장기간으로 훈련받는 과정을 거치면서 자신이 깨뜨려지는 작업과 함께 '거듭남'에 대한 확인이 이루어지고 있었다. 이러한 것들은 꼭 필요한 것이라 본다. 우리가 왜 이 사역을 감당해야 하고 하나님께 드려야 할 제사의 중요성이 무엇인지에 대해 먼저 알아야 한다. 사역 안에서 가장 중요한 것은 악기나 다른 어떤 것이 아닌 '사람'이다. 하나님 안에서 예배하며 다듬어진 훈련된 그러한 것들이 가장 중요한 요소이다. 단순한 기능적인 요소로 악기나 기재를 다루는 사람이 아니라 하나님을 섬기는 마음으로 모든 것에 임하는 사람이 필요한 것이다. 바울은 '왜 내가 자신을 쳐서 주께 복종시키느냐 하면 이 모든 것을 다한 다음에 내가 버림받지 않게 되기 위해서다'하고 언급한 적이 있다. 먼저 찬양인도자들이 예배를 해야 한다. 그래야 그 사람 안에 열매를 맺는다. 어떤 팀은 가는 곳곳마다 안에서 열매가 맺히지 못하고, 예배하지 않으므로 버림받는 결과가 나타날 수 있다. 실제로 그런 결과가 지금에도 일어나고 있다. 인도자의 위치란 참으로 두려운 자리이다. 연주팀의 경우 보통 교회사역이나 초청을 받게 되는데 만일 그곳에 서서 예배하지 않으면 자기가 예배할 기회를 잃어버린다. 또 어떤 때에는 자신의 순서만 끝나면 바로 나가버리는 경우가 많은데 정말 이것도 위험한 것이다. 그러한 사람은 단지 일꾼일 뿐이다. 중요한 것은 나 자신이 찬양인도자로 섰기 때문에 앉아 있는 사람과 다른 차원에서 한다고 생각해선 절대 안될 것이다.

결국, 예배는 '관계' 문제이다. 또한 '관점'과 '가치'문제이다. 우리가 누구를 예배하는가, 왜 우리가 예배하는가, 또 이러한 어려운 상황에서도 왜 예배할 수 있는가에 대해 하나님은 살아 계시고, 다스리시는 분이시고, 예배받기에 합당하신 분이시기 정문에 그 관점을 회복하는 것이고, '가치'라고 한다면 그분에게 드려야 할 예배의 어떤 가치, 그분이 우리와의 사귐이다. 그와 같이 '형제가 연합하여 동거함이 어찌 그리 선하고 아름다운지'라고 하신 주님의 말씀에 따라 그런 모습들이 우리 안에 일어나도록 서로 간에 각별한 노력을 기울여야 한다. 교제를 통해서 사람들을 영입하는 중요성이 바로 여기 있다.

2) 팀 구성을 위한 지침

항상 우리는 현재 갖추어진 외형적인 모습뿐만 아니라 그 모임이 이루기까지의 헌신한 소수의 기도와 그 배경들을 바라보아야 한다. 먼저 무엇이 중요한가를 알아야 하고 우리 모임의 중요성으로 보아 지금 현재 갖출 수 있는 여건은 무엇인가를 보아야 한다. 그러므로 먼저 머릿속으로 그려 놓고 시작하지 말고, 일단 내 주위를 둘러보고 하나님이 허락하신 상황안에서 우리는 무엇으로부터 시작할 수 있는가를 보아야 한다. 하나님의 일은 서둘러서 되어지는 것이 아니다. 주님의 때를 기다리고 '사람'의 중요성을 깨닫는다면, 주님이 훈련시키시고 준비시켜 놓으신 사람이 소수라 할지라도 그 몇 명으로부터 시작할 수 있는 것이다. 그래서 그 모임이 점차 성장하면 역할분담이라는 것이 생기게 된다. 예를 들어 찬양인도자와 예배인도자가 구분될 수 있고, 음악적인 파트 담당자도 따로 세워질 수도 있다. 물론 한 사람이 모든 것을 감당할 수도 있겠지만 나누어 분담할 수 있겠다. 그리고 찬양모임에서 가장 비중을 두고 있는 시간들을 살펴보자.

여러 시간 중에 우리가 빠뜨리기 쉬운 부분은 '말씀 양육'이다. 골3:16엔 "그리스도의 말씀이 너희 안에 풍성히 거하여 모든 지혜로 피차 가르치며 권면하고 시와 찬미와 신령한 노래를 부르며"라고 말씀하신다. 우리가 하나님을 찬양하기 위해서 기본적으로 갖추어야 할 것이 바로 '말씀'이다. 엡 5:18.19의 "술 취하지 말라 이는 방탕한 것이니 오직 성령의 충만을 받으라 시와 찬미와 신령한 노래들로 서로 화답하며..." 말씀에서 우리는 신령과 진리로 예배드려야 하며, 그렇기 위해서 성령의 도우심을 받아야 하고 말씀 위에 서야 한다. 그리고 우리가 참으로 온전한 찬양사역자가 되려면 더욱 그래야 한다. 그렇다면 우리에게 있어 참으로 필요한 것은 바로 함께 모여 기도하고 말씀으로 양육받는 것이다. 결국, 우리는 열매 맺을 일에 대한 조건들을 위해 주 앞에 서는 것이다. 그런데 이 열매 맺을 일에 대한 조건들을 위해 기울여야 할 시간과 드려야 할 노력은 생각지 않고 일로써 사역, 즉 가시적으로 활동하는 것만 관심을 보이며 일로서 사역, 즉 가시적으로 활동하는 것만 관심을 가지다 보면 우리 안에 맺혀야 할 열매가 못 맺히고, 또 그 사역이 오래가지 못한다. 그것은 시간이 말해준다. 결국, 믿음이라는 것과 기다린다고 하는 것은 시간을 요구하고 우리의 믿음의 삶도 시간이 필요하다. 절대로 성급하게 우리의 계획과 생각으로 어떤 사역을 일으키고 진행하려 하지 말라. 그리고 처음부터 모든 것을 갖추어야 한다고 생각하지도 말고 하나님이 허락하시는 조그만 일부터 시작하여 하나님께서 그 위에 기름을 부으셔서 유기적으로 성숙하여서 열매를 맺기까지 기다려야 한다. 천국은 겨자씨와 같은 것이다. 지속적으로 인내함과 믿음의 눈으로 그것을 바라보아야 한다.

3) 사역의 방해가 되는 것들

전문적인 기술이나 음악적인 배경을 가진 사람들은 오히려 스스로가 방해물이 될 수도 있다. 왜냐하면, 관심이 그 테크닉에 있다면 분위기를 예배하고 감정을 예배하고 어떤 화음을 만드는 것을 예배하는데 매이기 쉽기 때문이다. 음악은 하나님께 예배드리기 위한 도구이다. 그렇다면 우리가 그것을 넘어서서 그것을 다스려야 한다. 그것은 우리가 다스리고 정복해야 할 대상이다. 그리고 너무 많은 기기 설치는 절제하고 최소한 필요한 것만 갖추고 가능한 한 시간 이상 먼저 하나님 앞에 팀과 집회의 본질이 무엇인지 먼저 찾으라. 찬양인도자라면 평소에 약속한 코드들을 평소 개인적으로 연습하는 것이 필요하다. 단순히 운영을 위한 연습이 아니라 어떻게 하면 내가 하나님께 예배드리는데 거리낌이 없이 온전히 나아갈 수 있을까에 대한 관심이 설정되는 것이 중요한 것이기 때문이다. 이렇게 팀들이 말씀과 기도로 훈련받아지고 성장할 때 그 팀을 위해 중보기도하는 많은 무릎이 필요하게 된다. 그것은 헌금을 위한 기도요청이 아닌 진정한 의미의 기도 부탁인 것이다.

4) 팀 내부의 갈등과 불화

기기 설치에서의 조그마한 불평들이 그 팀안에서 균열을 일으킨다. 시간을 지키지 않는 자, 자주 빠지는 자들에 대한 문제들이 괴롭히기도 한다. 그래서 끊임없이 사역자 안에 이루어져야 하는 것이 '교제'라는 것이다. 인간적인 이해가 아니라 지체로서 하나되는 법을 익혀야 한다. 고슴도치는 서로 간의 가시의 찔림에도 불구하고 추위를 이기기 위해 계속 하나를 이루려는 노력을 거듭한다고 한다. 우리는 하나님 안에서 걸러지지 않은 가시들을 가지고 있기 때문에 그것이 서로를 찌를 수 있다. 하지만 우리는 찔림을 통한 연합으로 하나됨의 훈련을 쌓아 나가는 것이다. 주님은 우리를 위해 찔림을 당하셨다. 우리가 그리스도의 사랑으로 사랑한다는 것은 내가 상대방에게 다가갈 때 찔릴 수도 있다는 것을 전제로 하는 것이다. 하지만 그것에는 하나님 앞에서 치유가 있다는 믿음으로 나아갈 수 있는 것이다. 또한, 상황에 따른 융통성으로 용납하고 포용하는 기본적인 마음의 자세가 되어 항상 하나님을 섬기는 마음으로 하는 것이다.

5) 스타일

예수님과 사마리아인과의 대화에서 "너희는 알지 못하는 것을 예배하고 우리는 아는 것을 예배한다"는 전제를 말씀하신다. 문제가 예루살렘이냐, 사마리아냐가 아니다. 비본질이 논쟁의 쟁점이 되었다. 사실 논쟁의 쟁점은 '여호와를 예배하였느냐', '우상을 예배하느냐' 하는 것이 되어야 한다. 장소가 문제가 아니다. 지금 우리가 누구를 예배하고 있느냐가 중요한 관점인 것이다. 그래서 예배하는 대상이 '아버지'라면 우리는 어떤 스타일로도 예배할 수 있어야 한다.

6) 모임의 구체적인 Vision

그 사역이 계속되려면 하나님께 구체적으로 이 Vision에 대해 묻고 확인해야 한다. 그래서 하나님께서 우리를 세우신 이유와 우리의 쓰임이 어디에 있다는 것을 먼저 확인하라. 예배 모임은 왜 있어야 하고 무엇을 지향해야 하고 이 예배의 목표는 무엇인가, 목적은 하나님을 기쁘시게 하는 것이지만 목표는 무엇인가에 대해 우리가 기본적으로 생각을 하고 있어야 한다. 우리가 예배를 드릴 때 아무 일도 우리 안에 일어나지 않는다하여도 처음부터 끝까지 노래 한 번도 안하고 침묵하고 그냥 기다리기만 한다 하더라도 주께선 우리와 함께 하셔서 우리를 받으셨다는 사실 한 가지만이라도 믿음으로 확인할 수 있다면 그 예배는 성공한 것이다. 그것을 바라보고 나아가야 한다. 우리가 예배와 찬양학교를 마쳤다고 저절로 완성되어지는 것이 아니다. 삶의 연단을 통해서 우리 안에 이루어지는 것이다. 역시 우리는 하나님 앞에서의 기다림이 필요하다.

3. 리더십의 역할

(1) 리더십의 정의

리더십(Leadership)이란 개인이 집단의 목표를 달성하기 위해 사람들에게 영향력을 행사하고, 방향을 제시하며, 공동의 목적을 이루도록 동기를 부여하는 과정이다.[201] 단순히 명령하거나 지시하는 행위가 아니라, 관계적 신뢰 속에서 구성원들이 자발적으로 헌신하도록 이끄는 역동적 상호작용이라 할 수 있다.[202]

교회의 맥락에서 리더십은 세속 조직의 효율 중심 리더십과 구별된다. 교회 리더십은 '하나님의 뜻을 discern(분별)'하고, 그 뜻을 공동체 안에서 실천하도록 '섬김(servant leadership)'의 자세로 인도하는 영적 책임을 진다.[203] 따라서 교회 리더는 권위를 행사하기보다 섬김과 본을 통해 공동체를 세우며, 하나님의 나라를 지향하는 사명을 공유한다. 특히 예배와 찬양을 인도하는 리더십은 신학적 비전과 예술적 감수성, 영적 통찰을 함께 요구한다. 이 리더십은 단순히 '음악을 지휘하는 능력'이 아니라, 예배자들이 하나님과의 관계 안으로 깊이 들어가도록 이끄는 '영적 안내자(spiritual guide)'의 역할을 수행한다. 예배 리더는 예배의 중심이 아니라, 공동체가 하나님을 중심에 모시도록 돕는 '예배의 조력자(helper)'통로이다. 결국, 교회 리더십은 하나님의 비전을 함께 이루기 위해 사람들을 섬기며 변화시키는 관계적 영향력이라 할 수 있다. 진정한 리더십은 지위나 권력에서 오는 것이 아니라, 하나님께 순종하고 이웃을 사랑하는 데서 비

---

201 Peter G. Northouse, Leadership: *Theory and Practice*, 9th ed. (Thousand Oaks, CA: Sage Publications, 2022), 6.
202 John C. Maxwell, *The 21 Irrefutable Laws of Leadership*, (Nashville: Thomas Nelson, 2007), 3.
203 Robert K. Greenleaf, *Servant Leadership: A Journey into the Nature of Legitimate Power and Greatness*, (New York: Paulist Press, 1977), 27.

롯된다. 예배인도자는 회중을 향한 스포트라이트가 아니라, 회중과 하나님 사이의 교감을 돕는 영적인 조력자다. 그는 먼저 자신이 깊은 예배자가 된 후에, 예배를 통해 회중이 하나님께 더 가까이 나아가도록 안내하는 영적 리더다.

(2) 예배인도자가 갖춰야 할 조건

하나님께서 기뻐하시는 예배를 인도자는 리더에게 가장 필요한 조건은 먼저 예배자가 되는 것이다. 그리고 예수님의 말씀을 바탕으로, 기술적인 면뿐 아니라 영적인 성숙을 통해 교회 지도자로서 성장하는 지속적인 노력과 헌신이 요구된다. 좋은 예배인도자로 성장해 가기 위해서는 반드시 고려해야 할 몇 가지 조건들이 있다.

1) 하나님과의 친밀감

모든 것의 중심은 하나님이시라는 출발점을 잊지 말아야 한다. 요한복음 15장 5절에서 예수님은 말씀하셨다.

"나는 포도나무요 너희는 가지라. 그가 내 안에, 내가 그 안에 거하면, 그가 많은 열매를 맺나니, 나를 떠나서는 너희가 아무것도 할 수 없음이라."

이 구절을 통해 예수님은 모든 영적 성장과 풍성한 열매, 그리고 모든 효과적인 사역이 그분과의 연결에 달려 있음을 분명히 하신다. 지도자로서 우리는 예배를 계획하고, 리허설을 구성하며, 예배의 모든 것을 완벽하게 준비하는 일에 몰두하기 쉽습니다. 하지만 우리가 하나님께 초점을 맞추지 않는다면 우리의 모든 노력이 헛될 것을 기억해야 한다. 사역에서 하나님께 계속 집중하려면 어떻게 해야 할까? 무엇보다 그분과의 개인적인 관계를 최우선으로 삼는 것이다. 단순히 예배 준비를 위해서가 아니라, 하나님과의 관계를 깊게 하려고 매일 기도하고, 성경을 읽고, 예배하는 시간을 가져야 한다. 포도나무에 계속 붙어 있으면 그분의 생명이 우리를 통해 흘러넘치고, 우리는 다른 사람들을 진정으로, 그리고 효과적으로 이끄는 힘을 얻게 된다. 예배 인도자로서 우리가 할 수 있는 가장 중요한 일 중 하나는, 우리 자신이 먼저 하나님께 집중하는 모습을 보임으로써 예배 팀이 하나님께 계속 집중하도록 돕는 것이다. 예배를 인도하는 기술적 능력보다 우선하는 것은 예배인도자 자신의 하나님과의 친밀한 관계다. 그 관계를 통해 영적인 민감성을 유지하고, 성령의 인도하심에 따라 예배를 이끌어갑니다. 정기적인 팀 기도 시간, 묵상 모임, 그리고 예배 시간 외에 의도적으로 함께 예배하는 시간을 갖는 것은 하나님이 중심이 되는 문화를 만드는 데 도움이 된다. 묵상집이나 찬양 선곡목록 같은 자료를 제공하여 팀원들이 개인적인 신앙생활을 발전시킬 수 있도록 격려해야 한다. 예배 인도자로서 우리는 팀원들에게 그들의 주된 역할이 '보여주기'가 아니라 '예배하는 것'이며, 하나님과의 연결이 그들의 가장 소중한 자산임을 상기시켜주어야 한다.

[적용] 리허설 중이나 예배 시작 전, 10~15분 정도 시간을 따로 내 기도나 성경 말씀을 통해 하나님께 다시 초점을 맞춰야 한다. 이를 통해 팀원들이 각자의 임무에서 예배로 마음을 전환하도록 도울 수 있다.

2) 서로 사랑하라

요한복음 15장 12절에서 예수님은 "내가 너희를 사랑한 것같이 너희도 서로 사랑하라"고 말씀하십니다. 이 명령은 단지 성도들에게만 해당하는 것이 아니다. 지도자인 우리가 예배 팀 안에서 이 사랑을 몸소 실천하는 것이 특히 중요하다. 우리가 팀원들과 쌓는 유대는 신뢰와 연합의 토대가 되며, 모든 사람이 소중히 여겨지고 지지받는다고 느끼는 분위기를 조성한다. 이러한 관계를 형성하려면 의도적인 노력이 필요합니다. 우리는 팀원들의 기술뿐만 아니라 그들의 이야기, 어려움, 기쁨까지도 알기 위해 시간을 내어 개인적으로 알아가야 한다.

우리가 다른 사람들의 삶에 투자할 때, 그리스도의 사랑을 반영하는 팀 문화를 조성하게 된다. 돈독한 관계는 또한 더 건강한 예배 경험으로 이어집니다. 사람들이 단순히 음악적인 기여를 넘어 자신들이 소중히 여겨진다는 것을 알 때, 그들은 온전한 자신을 예배에 기꺼이 드릴 것이고, 이는 하나님께 드리는 우리의 공동의 예물을 더욱 풍성하게 할 것이다. 진실한 관계 위에 튼튼한 팀이 세워진다. 지도자로서 우리는 각 팀원을 개인적으로 알아가고, 서로 교제하도록 격려함으로써 관계를 형성하는 분위기를 조성할 수 있다. 이는 교회가 아닌 곳에서 함께 모이거나, 소그룹 모임을 하거나, 단순히 리허설 전에 몇 분 동안 서로의 안부를 묻는 시간을 갖는 것을 통해 가능하다. 팀원들이 서로를 위해 기도하고, 서로의 성공을 축하하며, 어려움을 겪을 때 서로를 지지하도록 격려하는 것은 신뢰와 연합의 토대를 쌓는 일이다.

[적용] 가끔 편안한 팀 식사, 게임 나잇, 또는 수련회 같은 친목 행사를 계획하여 팀원들이 무대 밖에서 편안하게 서로를 알아갈 시간을 마련해 준다. 이러한 사회적 교류의 기회를 만드는 것은 팀의 연합을 크게 강화한다.

3) 결단과 훈련

우리는 하나님께서 우리에게 맡기신 일을 이루기 위해 자기 훈련(성품과 말씀)하는 자세가 필요합니다. 요한복음 15장 8절에서 예수님은 "너희가 열매를 많이 맺으면 내 아버지께서 영광을 받으실 것이요, 너희는 내 제자가 될 것이다"라고 말씀하신다. 하나님께서는 우리 사역에서 열매를 맺도록 부르셨지만, 이 열매를 맺기 위해서는 영적인 삶과 실제적인 책임을 다하는 데 있어 자기 훈련이 필요하다. 예배 인도자로서 훈련은 리더십을 잘 수행하는 데 필요한 시간과 노력을 헌신하는 것을 의미한다. 이는 기도, 예배 준비, 그리고 우리 팀을 위한 목회적 돌봄에 있어서 일관성을 개발하는 것을 말한다. 또한, 예배에 대한 우리의 비전과 성령의 인도하심, 그리고 회중의 필요에 맞춰 유연하게 적응하는 것사이의 균형을 맞추는 것을 뜻한다. 훈련은 매주 시간을 따로 정하여 우리의 마음을 준비하고 예배를 신중하게 계획하는 것을 통해 이뤄진다. 그리고 겸손과 성령에 대한 개방성을 소홀히 하지 않으면서 탁월함을 확보하기 위해 리허설에 성실하게 임하는 것으로도 지속된다. 이러한 훈련은 리더에게만 적용되는 것이 아니라, 팀 전체에 역량을 함께 발전시킬 수 있게 한다. 팀원들이 각자 예배를 위해 개인적으로 준비하도록 격려해야 한다. 미리 각자 맡은 파트를 연습하고, 부를 곡의 의미를 묵상하도록 하자. 시간을 잘 지키고, 철저히 준비하며, 적극적으로 참여하는 모습을 통해 리더가 훈련의 모범을 보여야 한다. 리더에게서 이러한 모습을 보게 되면, 팀원들도 자연스럽게 따르게 될 것이다. 또한, 잘 훈련된 준비는 자신감과 연합을 쌓아 예배에 더 큰 자유함을 가져다준다는 것을 팀원들에게 상기시켜주어야 한다. 이러한 규율은 개인의 영적 성장과 예배 리더십의 효과적인 수행 모두에 중요하다.

[적용] 찬양 자료, 코드 악보, 연습용 음원을 미리 제공하고, 팀원들이 음악적으로뿐만 아니라 영적으로도 준비된 상태로 리허설과 예배에 참여하도록 격려하자.

4) 섬김과 희생 그리고 겸손

목회적 리더십은 본질적으로 희생적이며, 그리스도의 마음을 반영합니다. 목자들은 자신의 필요보다 양 떼의 필요를 우선시하며, 섬기는 리더십을 구현해야 한다.

"인자가 온 것은 섬김을 받으려 함이 아니라 도리어 섬기려 하고 자기 목숨을 많은 사람의 대속물로 주려 함이니라(마가복음 10:45)"

겸손과 섬김의 자기 훈련을 통해 예배인도자는 자신의 재능을 뽐내는 '연주'가 아니라, 회중을 섬기는 '목자'의 마음으로 사역해야 한다. 모든 영광은 하나님께 돌리고, 예배의 초점이 자신에게 맞춰지지 않도록 주의해야 한다. 그리고 지속적인 성경적 지식과 신학적 통찰을 통해 예배의 본질과 목적에 대한 성경적 이해를 바탕으로 예배의 전체적인 그림을 그릴 때 비로소 이를 통해 말씀과 찬양이 조화를 이루는 예배를 설계할 수 있다.

5) 책임과 역할

예배인도자가 갖춰야 할 조건 중에는 지도자의 위치와 자리에서 감당해야 할 책임과 의무가 함께 따른다. 먼저 희생하는 리더십이 필요하다.

"아버지께서 나를 아시고 내가 아버지를 아는 것 같으니
나는 양을 위하여 목숨을 버리노라(요한복음 10:15절)"

양 떼를 위해 기꺼이 죽으신 예수님의 마음은 목회적 리더십에서 이타심의 기준이 됩니다. 그 다음으로 필요한 리더십은 안내하는 리더십이다.

"자기 양을 다 내놓은 후에 앞서가면 양들이 그의 음성을 아는 고로 따라오되(요한복음 10:4절)"

목회 지도자들은 본보기를 보이며 교인들을 위한 영적이고 도덕적인 길을 제시해야 한다. 그리고 또 하나의 갖춰야 할 것은 바로 보호하는 리더십이다.

"삯꾼은 목자가 아니요 양도 제 양이 아니라 이리가 오는 것을 보면 양을 버리고 달아나나니 이리가 양을 물어 가고 또 헤치느니라 달아나는 것은 그가 삯꾼인 까닭에 양을 돌보지 아니함이나(요한복음 10:12-13절)"

예수님은 위험에 처한 양 떼를 버리고 달아나는 삯꾼과 선한 목자를 대조하십니다. 목회자는 거짓 가르침, 영적 무관심, 그리고 외부의 위협으로부터 교회를 지키도록 부름을 받았다.

(3) 예배인도자의 역할과 특징

예배인도자는 예배 전체를 총괄하고 인도하는 더 넓은 의미의 리더입니다. 때에 따라서는 예배인도자가 찬양 인도를 겸하기도 한. 찬양뿐만 아니라 기도, 말씀, 헌금 등 예배의 모든 순서가 매끄럽게 연결되도록 돕는. 회중이 예배에 집중하고 하나님께 나아갈 수 있는 영적인 분위기를 만든. 예배인도자의 가장 중요한 역할은 예배 흐름을 조율하고 영적 예배 분위기를 조성하는 것이다.

1) 목회적 리더십

본질적으로 예배 인도는 성경에 반복해서 등장하는 목자의 비유와 깊이 연결되어 있습니다. 성경 전체를 통해 드러나는 이 주제는 하나님께서 당신의 백성을 어떻게 돌보시는지를 보여주며, 교회 안에서 사람의 리더십에 대한 기초를 세운다.

"여호와는 나의 목자시니 내게 부족함이 없으리로다(시편 23:1)."

하나님은 궁극적인 목자로서 백성을 인도하고, 보호하고, 공급하시며 회복하신다.

2) 전반적인 예배 흐름 조율

찬양뿐만 아니라 기도, 말씀, 헌금 등 예배의 모든 순서가 성령 안에서 하나의 그림처럼 조화롭게 연결되도록 돕는다.

3) 영적인 분위기 조성
음악적 기술뿐만 아니라 영적인 통찰력과 리더십을 바탕으로, 회중이 예배에 집중하고 하나님께 나아갈 수 있는 분위기를 만든다. 즉 영적 '엔지니어' 역할을 담당하는 것으로 회중의 영적 상태를 살피고, 말씀과 찬양을 통해 영적인 교감이 일어나도록 돕는다.

4) 목회자와의 동역의 역할
담임 목회자와 긴밀하게 소통하며 교회의 비전과 메시지에 맞는 예배를 준비하고 진행한다.

5) 관리자의 역할
찬양팀, 연주자, 음향/미디어 기술팀 등 예배팀을 이끌고 훈련시켜 팀원들이 원활하게 사역할 수 있도록 돕는다.

6) 회중과의 소통과 공감
회중의 삶에 공감하며 그들의 필요와 상태를 이해하려 노력한다. 이를 통해 회중과 함께 호흡하며 살아 있는 예배를 만들어간다.

7) 하나님을 확대하는 역할
회중의 주의가 일상의 문제들에서 벗어나 하나님의 위대하심에 집중하도록 돕는다. 찬양과 기도를 통해 하나님의 성품과 사역을 선포함으로써, 회중의 마음속에 하나님을 크고 분명하게 보이게 한다.

(4) 예배인도자의 성서적 모델

1) 레위 지파 성가대 (역대하 5:12-14)

성전 봉헌식에서 노래하고 악기를 연주하며 하나님을 찬양했다. 그들의 연합된 찬양으로 인해 하나님의 영광이 성전에 가득했고, 이는 예배를 통해 임재하시는 하나님의 현현을 보여주는 모델이 된다.

2) 다윗 (사무엘하 6:14-15)

다윗은 왕의 신분을 내려놓고 하나님의 궤 앞에서 온 힘을 다해 춤추며 예배했다. '목자이자 왕'이었던 다윗은 궁극적인 목자이신 그리스도를 미리 보여준다(시편 78:70-72). 이는 예배의 기술적 요소보다 진심으로 하나님을 기뻐하는 예배자의 자세가 중요함을 의미한다. 그의 행동은 백성들도 예배에 동참하도록 독려했다.

3) 예수님 (요한복음 4:23-24)

예수님은 사마리아 여인과의 대화에서 "영과 진리로 예배하는 자들을 찾으신다"고 말씀하셨다. 이는 예배의 본질이 장소나 형식이 아니라, 성령의 인도하심에 따라 진실한 마음으로 드리는 것임을 가르치신다. 모든 예배인도자는 이 말씀의 정신에 따라 회중을 이끌어야 한다. 요한복음 10:11: "나는 선한 목자라 선한 목자는 양들을 위하여 목숨을 버리거니와."란 말씀은 예수님께서 구약의 목자 이상으로 희생적인 사랑 양들에 대한 친밀한 지식, 그리고 그들의 안위를 위한 흔들림 없는 헌신을 완성하신다는 것을 의미한다.

4) 바울 (사도행전 20:28)

"너희는 자기를 위하여 또는 온 양 떼를 위하여 삼가라. 성령이 저들 가운데 너희로 감독자를 삼고 하나님이 자기 피로 사신 교회를 치게 하셨느니라(사도행전 20:28)."

사도 바울은 이 말씀을 통해 에베소 교회 장로들이 교회 지도자들을 향해 양치기 비유의 지속성이 강조돼야 함을 지적한다. 회중의 예배를 돕는다는 것은, 예배인도자가 먼저 진정한 예배자가 되어 하나님과 깊은 관계 속에서 영적인 분별력을 얻고, 겸손한 섬김의 자세로 회중을 하나님 앞으로 인도하는 것이다. 성경의 인물들처럼, 개인의 진심과 공동체의 연합을 통해 하나님 임재의 문을 여는 것이 예배인도자의 가장 중요한 임무이다

5) 세례요한(요한복음 3장 27-30절)

"요한이 대답하여 이르되 만일 하늘에서 주신 바 아니면 사람이 아무 것도 받을 수 없느니라
28 내가 말한 바 나는 그리스도가 아니요 그의 앞에 보내심을 받은 자라고 한 것을 증언할 자는 너희니라 29 신부를 취하는 자는 신랑이나 서서 신랑의 음성을 듣는 친구가 크게 기뻐하나니 나는 이러한 기쁨으로 충만하였노라 30 그는 흥하여야 하겠고 나는 쇠하여야 하리라 하니라"

예배인도자는 주의를 자신에게서 하나님께로 돌리기 위해 부단히 노력해야 한다. 혼인 잔치에서 주인공인 신랑 신부를 돋보이려고 그 주변에 들러리를 세운다. 들러리의 옷과 모양새가 신랑과 신부를 넘어설 수 없는 것처럼 세례 요한은 진정으로 주목받아야 할 분에게 관심을 돌리는 방법에 대해 그 모범을 제시하였던 인물이다. 예배인도자는 회중이 신랑을 예배하도록 이끌어야 하며, 신부를 유혹해서는 안 된다.

6) 종려주일 당나귀 (마태복음 21장 1-5절)

"그들이 예루살렘에 가까이 가서 감람 산 벳바게에 이르렀을 때에 예수께서 두 제자를 보내시며 2 이르시되 너희는 맞은편 마을로 가라 그리하면 곧 매인 나귀와 나귀 새끼가 함께 있는 것을 보리니 풀어 내게로 끌고 오라 3 만일 누가 무슨 말을 하거든 주가 쓰시겠다 하라 그리하면 즉시 보내리라 하시니 4 이는 선지자를 통하여 하신 말씀을 이루려 하심이라 일렀으되 5 시온 딸에게 이르기를 네 왕이 네게 임하나니 그는 겸손하여 나귀, 곧 멍에 메는 짐승의 새끼를 탔도다 하라 하였느니라"

아주사 퍼시픽(Azusa Pacific) 대학교의 목회학 석사 '예배 리더십'과정의 책임자였던 짐 알타이저(Jim Altizer) 박사는 회중 예배를 인도하는 놀라운 은사를 가진 예배인도자들을 향해 종려주일 당나귀의 비유를 들었다.

"예배인도자는 종려주일 당나귀와 같습니다. 종려주일 당나귀요? 맞습니다. 예배인도자는 종려주일 당나귀와 같은 직업을 가지고 있습니다. 그의 임무는 사람들에게 예수님을 전달하는 것이었습니다. 아무도 당나귀의 훈련이나 혈통을 기억하지 못합니다. 그가 다른 귀빈을 태운 적이 있는지, 아니면 크고 튼튼해졌는지도 아무도 모릅니다. 이 당나귀는 그저 메시아를 신자들에게 전달한 후 다시 어둠 속으로 사라졌을 뿐입니다.

맞습니다. 당나귀는 축하 행사에 참석했습니다. 그는 '지극히 높은 곳에서는 호산나'라는 외침을 들었지만, 사람들이 자신을 향해 외치는 소리라고는 생각하지 못했습니다. 그는 그리스도를 위해 펼쳐진 손바닥과 망토를 밟았지만 거기서 개인적인 영광을 얻지 못했습니다. 당나귀는 무대의 중심에 서서 자신의 재능을 살려 예수님을 섬겼을 뿐 특별한 대접을 기대하지 않았습니다. 이사야가 그날 그의 임재를 예언했지만, 당나귀의 이름조차 기록되어 있지 않습니다. 그는 단지 예수님을 위해 쓰임 받을 수 있고, 사용할 수 있고, 특권을 누렸을 뿐입니다!"[204]

성숙한 예배인도자는 공동체의 필요와 교회의 사명 모두에 대해 자신의 표현방식과 안정감을 적절히 조절해야 한다. 즉, 예배인도자가 무엇을 선호하는지와 어떻게 드러나는지가 중요한 것이 아니다. 예배는 회중의 것이라는 사실을 인식하고 회중이 직접적인 참여를 통해 하나님께 응답하도록 격려하는 방식으로 이뤄져야 한다. 따라서 예배인도자는 인도방식을 보다 다양하고 많은 방법을 제공할 수 있도록 노력해야 하고 개인적인 선호에 사로잡히지 않도록 해야 한다. 예배인도자에게는 회중이 예배를 경험하는 것이 가장 중요한 역할과 책임이다.

(5) 팀워크(teamwork)와 팀플레이어(team player)

앞에서 우리는 열 두명의 제자들과 동행하며 공동체 사역을 이끄셨던 그리스도의 행정과 제자들의 사역 그리고 사도들의 행적을 통해 팀워크의 중요성에 대해서 이미 살펴보았다. 성경이 기록하고 있는 동역에 관한 사례는 대부분이 리더의 중요한 자질과 자격 등에 대한 좋은 표본을 제시하고 있다. 즉 지도자의 지도력의 역량에 따라 구성된 조직이 어떠한 결과를 유출해 낼 수 있는가에 대한 다양한 사례였다. 그리고 리더는 이러한 권한과 함께 따르는 책임에 대해 상당한 부분의 부담을 지고 그 역할을 감당해야만 했었다. 유교사상과 군대조직 문화가 사회 전반적으로 뿌리 깊게 자리 잡은 우리나라에서 한국교회 대부분의 조직구성 자체도 다르지 않다. 담임 목회자의 역량에 따라 교회 전체의 성공과

---

[204] 스티븐 브룩스, 『예배탐구』, (워십리더, 2023), 231-245.

실패에 대한 의존도가 그 어느 나라보다 높은 것도 현실이다. 그러나 앞으로 다가올 미래의 목회는 개인의 역량보다는 구성원의 개별역량과 함께 연합과 융합을 통한 종합적인 효율성이 강조되고 있다.

세계적인 예배인도자 앤디 파크(Andy Park)는 미국 로스앤젤레스 출신으로, 현대 예배음악의 흐름을 주도한 '빈야드 운동(Vineyard Movement)'의 핵심 인물이다. 그는 특히 예배인도자의 내면과 본질을 강조하며, 전 세계에 영성과 실용성을 겸비한 팀 사역에 영향을 끼쳤다. 그는 자신의 저서를 통해 하나님께서 기뻐하시는 공동체의 동역에 필요한 몇 가지 조건들을 언급하였다. 그는 먼저 팀으로 이뤄진 스포츠를 예를 들며 단합과 이타심을 강조하였다. 구성원은 모두 서로를 위해 존재한다는 것을 잊지 말아야 한다고 지적하고 있다. 또한, 스스로 돋보이는 스타의식을 버리는 것이 매우 중요하다고 하였다. 함께 경기하는 사람들이 자신의 영역을 공유하고 모든 사람이 가치 있다고 느끼게 하는 것을 강조한다. 즉 '나'가 아닌 '우리'가 강조되는 팀사역이 바로 하나님께서 찾으시고 기뻐하신다는 원리를 제시하였다.[205]

효과적인 팀워크와 팀플레이를 위해서는 조직의 구조적 지원과 함께 구성원 개개인의 자질이 중요하게 작용한다. 성공적인 협업을 위해 필요한 요소들을 간략하게 살펴보자.

---

205 앤디 파크, 『겸손』, (워십리더, 2024), 148-149.
저자인 앤디 파크는 빈야드 뮤직 레이블을 통해 여러 앨범에 참여하고, 직접 솔로 앨범도 발표했다. 그의 대표적인 찬양곡으로는 "The River Is Here"와 "In the Secret" 등이 있다. 예배인도자의 영성과 태도에 관한 책을 저술하며, 많은 예배인도자에게 영적인 영향을 주었으며, 대표작인 《하나님을 갈망하는 예배 인도자(To Know You More)》는 한국어로도 번역되어 널리 읽혔다. 그는 현재까지도 예배인도자, 작곡가, 저술가로서 활발하게 활동하고 있으며, 자신의 웹사이트와 유튜브 채널 등을 통해 계속해서 예배에 관한 가르침과 음악을 나누며, 많은 기독교인에게 영감을 주고 있다.

1) 효과적인 팀워크를 위한 필수 조건

우선 명확한 목표와 비전이 필요하다. 팀의 목적과 목표가 명확하게 정의되고, 모든 팀원이 이를 이해하고 동의해야 한다. 그리고 상호 신뢰와 존중이 필요하다. 팀원들이 서로의 능력과 의도를 믿고, 개개인의 다양성을 존중하는 분위기가 조성되어야 한다. 이러한 분위기는 곧 열린 의사소통이 가능하게 한다. 자유롭게 의견을 나누고 솔직한 피드백을 주고받을 수 있는 소통 채널이 필수적이다. 이는 오해를 줄이고 문제해결을 촉진한다. 이어서 역할과 책임의 명확하게 할 필요가 있다. 각 팀원의 역할과 책임이 명확히 분담되어야 혼란을 방지하고 책임감을 높일 수 있다. 다음으로는 건설적인 갈등 해결능력이 필요하다. 갈등을 회피하기보다 생산적으로 해결하는 방법을 팀 차원에서 습득해야 한다. 서로 다른 관점을 수용하고 합의를 도출하는 과정이 중요하다. 이러한 갈등 구조의 합리적 해결의 결과는 구성원 전체에 심리적 안정감을 제공한다. 팀원들이 비판에 대한 두려움 없이 자기 생각이나 약점을 솔직하게 드러낼 수 있는 안전한 환경이 필요하다. 그리고 협업을 위한 자원과 구조가 원활하게 이뤄져야 한다. 팀 목표 달성에 필요한 도구, 정보, 시간 등 자원이 충분히 제공되어야 한다.

2) 효과적인 팀 플레이어의 자격

① 적극적인 참여: 회의 준비를 철저히 하고 팀의 업무에 이바지하며, 자신의 의견을 적극적으로 개진한다.
② 탁월한 의사소통 능력: 자기 생각을 명확하게 전달하고, 동료의 의견을 경청하며, 건설적인 비판을 수용한다.
③ 책임감: 맡은 바 임무를 완수하고, 실수에 대한 책임을 지며, 팀의 목표 달성에 이바지한다.
④ 유연성과 적응성: 변화를 기꺼이 받아들이고 필요에 따라 새로운 임무를 수행하며, 팀의 결정에 따라 양보할 줄 알아야 한다.
⑤ 긍정적인 태도: 도전에 직면했을 때도 긍정적이고 낙관적인 태도를 유지

하며, 팀원들의 사기를 북돋는다.
⑥ 문제 해결 능력: 단순히 문제점을 지적하는 데 그치지 않고 해결책을 제시하며, 팀 전체의 생산성을 높이는 데 이바지한다.
⑦ 공감 능력: 동료들의 경험, 생각, 감정을 이해하고 공감하는 능력을 가진다.

3) 팀워크를 촉진하는 행정의 특징
① 명확한 기대치 설정: 관리자는 팀의 목표와 각 팀원의 역할에 대한 기대치를 명확하게 전달해야 한다.
② 지속적인 소통과 피드백: 팀의 진행 상황을 투명하게 공유하고, 정기적으로 성과에 대한 피드백을 제공한다.
③ 성공에 대한 보상과 인정: 팀의 성공을 함께 축하하고, 팀원들의 노력과 성과를 인정하는 문화를 조성한다.
④ 협업 도구 도입: 팀원들이 효율적으로 소통하고 협업할 수 있도록 공동 작업 플랫폼, 일정 관리 소프트웨어 등 기술적 지원을 제공한다.
⑤ 솔선수범하는 리더십: 관리자가 팀워크의 모범을 보이고, 팀원들의 성장을 지원하는 섬김과 봉사의 리더십을 발휘한다.
⑥ 역량 강화 지원: 팀원들이 협업에 필요한 기술을 익히고 능력을 개발할 수 있도록 교육과 훈련 기회를 제공한다.
⑦ 갈등 해결 시스템 구축: 갈등이 발생했을 때 공정하고 신속하게 해결할 수 있는 시스템을 마련하여 팀의 안정성을 유지한다.

4. 현대 교회음악 용어

20세기에 들어서면서 토리 존슨(Torrey Hohnson), 빌리 그래함(Billy Graham)과 같은 목회자를 중심으로 일어난 복음주의 부흥운동은 '청소년 선교회(Youth

for Christ)', '영 라이프(Young Life)', '대학생 선교회(Campus Crusade)' 등과 같은 복음주의 부흥 운동은 1960년대 예수 운동(Jesus Movement)으로 발전한다. 찬양과 경배 그리고 현대적 찬양 음반을 제작해 보급하기 시작한 1960년대 '마라나타 뮤직(Maranatha Music)'과 같은 기독교 음악사업의 장도 열리며 개척의 길을 마련하였다. 이후 1970년대와 80년대에 '빈야드 뮤직(Vineyard Music)', 인테그리티 뮤직(Integrity Music)으로 그리고 1990년대에 '힐송 뮤직(Hillsong Music)', '브루클린 타버나클 찬양대(Brooklyn Tabernacle Choir)' 등으로 발전하며 현대 찬양의 창작과 보급의 새로운 장을 열었다. 이 가운데 찬양경배운동(the praise and worship movement): 플랜팅가(Cornellius Plantenga Jr.)는 현대적 교회의 발흥과 찬양경배운동(the praise and worship movement)에 가장 큰 원동력으로 1960년대 은사주의 운동(the charismatic movement), 문화 수용과 구도자 중심의 예배 흐름을 주도한 킹햄스버그와 윌로우크릭교회를 중심으로 일어난 교회성장운동(the church growth movement), 그리고 예배의 상황화를 실현하고 문화를 초월하는 전 세계적인 예배운동에 공헌한 로마교회의 가장 큰 변화를 일으킨 1960년대 바티칸에서 열린 공의회의 결의를 초래하게 된다. 특히 로마 바티칸 공의회 이후의 현대예배에 흐름에 대한 영향력은 구교의 열린 문화 수용을 통한 예배와 찬양의 변화뿐만이 아니라 개신교에도 성만찬 예식의 기도와 찬양을 도입하고 대강절에 촛불을 켜는 등 예전적인 예배 형식과 내용에 관심을 가지도록 서로 영향을 주고받으며 발전해 왔다. 이러한 변화와 발전 그리고 새로운 문화 수용과 접목의 흐름은 새로운 음악적 조직구성과 활동을 위한 다양하고 새로운 변화를 동반하였다.

21세기에 들어서면서 이머징 예배운동(emerging worship movement)이 일어난다. 창세기 아브라함의 예배부터 신약시대를 넘어 중세교회사 전반에 걸쳐 반복되는 구속되거나 정해진 것이 아닌 끝없이 반복되지만 늘 변화하고 있는 경험들을 보다 적극적으로 재현될 수 있도록 고안된 예배가 바로 이머징 예배이며, 역사적인 다양한 흐름과 변화를 수용한 예배이고, 무엇보다 일상의 삶과 직접적인 관계를 맺고 있는 생활 자체가 예배가 될 수 있음을 강조하였다. 수백 명이 모여도 거실처럼 느낄 수 있는 예배와 환경을 조성하고 고대음악과 대중음악, 민속 음악, 명상음악(taize), 찬트(chant) 같은 역사적 음악들과 대중음악을 혼합하여 부르는 찬양대를 조직하는 등 다양한 음악적 형태를 절충하여 예배음악으로 활용하는 등 형식이나 절차에 매여 있지 않고 예배 안에서 더 자유로울 수 있는 경험들을 강조하며 교회력에 따라 예전적 내용이 적용 가능한 것이 이머징 교회들이 가진 예배와 찬양의 특징이다. 이런 예배 전반에 걸친 새로운 변화는 교단별로 일어난 예배갱신운동(liturgical renewal movement)과 교회별로 일어난 통합예배운동(Blended Worship movement)으로 더욱 큰 변화의 파고를 불러오게 된다.

찬양대와 고전음악을 중심으로 발전해 온 기존의 교회음악은 찬양팀 또는 예배팀으로 대체되었고 예배 변화에 따른 음향, 조명, 영상 등 예배의 전반에 걸친 복합매개체라 불리우는 멀티미디어(multi-media)와 음악적 변화를 수용하고 운용하기 위해서는 기존의 음악적 이론이나 지침만으로는 더는 불가능하였다. 따라서 대중음악과 예술의 기반을 둔 새로운 음악적 조직에 필요한 다양한 용어사용이 불가피하다. 이번 장에서는 현대교회에 보편적으로 통용되고 있는 다양한 예배 관련 용어와 음악적인 영역에 사용되고 있는 새로운 음악용어를 다루고자 한다.

(1) 음악용어

용어 구분	용어 해석
선율과 리듬 관계	- 각 (Angles), 선 (Lines), 굴곡 (Curves) - 텐서(tensor): 도입꾸밈음(intensors), 후속꾸밈음(extensors):전체적으로 보면 중복꾸밈음(flexors)과 돌림꾸밈음(circumflexors)는 곡선을 포함한다면 도입꾸밈음(intensors)과 후속꾸밈음(extensors)은 직선과 굴곡을 강조한다고 할 수 있다. - 선행(anticipations), 후속(delay), 수축(contractions)과 확장(expansions): 선행(Anticipating)이나 후속(Delaying)을 통해 꾸며 주는 것은 박자(beat)의 관점을 보다 중요시한 경향이 있다. 수축(Contractions)과 확장(Expansions)을 통해 악절(Phrase)의 변화와 영향을 주는 경향을 좀 더 강조하고 있다. - Replacing, Subtracting, Inverting Melody Notes : 선율의 대체, 제외, 전위 - 굴절장식음(Inflective Ornaments)들: 스쿱(scoops), 밴드(bends), 스필(spils): Spills. 스필은 짧거나 긴, 내려오는 활주법이다/Scoops: 스쿱(재즈에서 'doit' 또는 'lift' 라고도 한다.)은 짧고, 올라가는 글리산도 또는 원음과 연결되는 꺽은(bent note) 음이다.
화성과 관계	- Tension Note: 더욱 다양한 비화성음의 활용과 코드 (9, 11, 13) - add2와 add4 사용하기(Using Added Seconds and Quartals) : G2Q/C , Dadd2와 D2(비교)
곡의 형식과 관계	- 연결구(Chains/ Bridge), 전후렴(preChorus), 후렴구(Chrous), - 전주(Intros), 후주(Outros), 반복(Turnarounds), 순환(Loops): 곡의 형식과 관련

(2) 기술용어

오늘날 예배와 관련된 사역가운데 가장 많이 사용되는 것이 바로 멀티미디어다. 사전적 의미를 빌어 멀티미디어(multi-media)를 간략하게 정의하자면 문자, 그래픽, 음향정보, 영상정보 등과 같은 다양한 정보 미디어를 하나의 객체로 통합시켜 사용자가 컴퓨터를 이용하여 탐색하고, 상호작용하고 창조하는 것, 즉, 대화를 가능케 하는 새로운 통합시스템 (Integrated System)을 의미합니다. 다양한 정보의 통합을 기계장비를 이용해 통합하는 기술은 이미 오래전부터 교회의 건축과 관련해 많은 상관관계를 형성해 왔다.

여기서 미디어 (Media)란, 쌍방으로 정보를 전달하는 경로이며 인간의 능력을 확장하는 도구로서 인간의 능력을 확장하고, 인간의 사고와 감성의 형태에 영향을 주며, 통신의 수단으로 사람과 사람 사이에서 통신이 이루어질 때, 메시지를 운반해 주는 하나의 수송기관의 역할을 한다. 미디어는 정보통신 기술과 컴퓨터 제어 기능이 발전함에 따라 텍스트(문자, 숫자)뿐만 아니라 애니메이션, 그래픽, 음향, 영상 등과 같은 다양한 형태의 정보로 분화되었다. 즉, 정보 전달 수단으로서의 미디어(언어, 신문, 서적, 잡지, 라디오, TV 및 방송 매체 등), 정보 표현 종류로서의 미디어(정적 미디어: 텍스트, 정지영상, 그래픽/동적 미디어: 음향, 애니메이션, 동영상 등)로 다시 나눌 수 있다.

말 그대로 멀티미디어(multi-media)는 두게 이상의 미디어가 함께 복합적으로 사용되는 것을 말한다. 특히 개신교의 예배 현장과 복음 전도 현장에서의 미디어의 역할은 정말로 중요하다고 할 수 있다. 한 사람의 목소리를 수천 아니 필요하다면 수만 명이 함께 경청할 수 있는 놀라운 일들이 이제는 삶과 예배 현장의 일부가 되었습니다. 개인적으로 이 영역에 전문인이 아니기에 더 많은 정보와 내용을 담을 수 없지만 짧은 지면을 통해 이러한 멀티미디어의 사용 영역 중 예배와 가장 밀접하게 관계된 음향(Sounds)과 영상이라는 두 영역을 간략하게 소개한다.

1) 음향(Sounds)

'조명, 음향, 영상' 이 세 가지는 항상 있을 것인데 그중에 제일은 음향이라'. 필자가 음향학교에 다닐 때 수업시간에 현대예배에 가장 중요한 것이 무엇인지 설명하며 들었던 이야기다. '음향(Sounds)'의 정의를 묻는 말에도 음악의 3요소가 무엇인가를 묻는 질문과 다르지 않다. 음향을 한마디로 정의하면 '어울리는 소리'를 말한다. 그리고 그 소리는 공기 중에 진동을 통해 귀로 들어오게 되고 사람의 뇌는 이것을 분석하여 어떤 특정한 소리라고 판단을 하게 된다. 음향에서 이 진동이 1초에 몇 번을 하느냐를 다른 표현으로 '주파수(Hz)'라 한다. 사

람이 들을 수 있는 진동수는 1초에 16 에서 2만 회 즉, 16 - 20,000Hz라고 한다. 그리고 이 주파수가 바로 '가청(可聽)주파수(audio frequency)'다. 전파 법규 상에는 20 - 20,000Hz라고 나와 있다. 어쨌거나 사람이 들을 수 있는 가청주파수는 전파의 범위에서 가장 낮은 단계에 있다. 그렇다면 그 이상 사람의 귀로 들을 수 없는 전파의 범위는 바로 '초 가청주파수(ultra-sonic frequency)'다. 필자 역시도 음향학교에서 음향에 대한 기본적인 교육을 받을 때, 이 음향에 대한 부분만큼은 강의자의 견해가 일치하지 않았다. 그러면서 음향이 얼마나 주관적인 것을 포함하는지도 알게 되었다. 음향을 다룰 때 듣기에 좋은 소리를 좋은 음향이라 하겠지만 그렇지 않으면 잡음(noise)으로 단정을 지어 버리곤 하기 때문이다. 좋은 음향이란 이러한 잡음이 없는 좋은 소리를 듣고자 하는 청취자에게 잘 전달하는 것이라 할 수 있겠다. 더 나아가 이러한 소리에 예술적 의미를 부여한 것이 음향(Sounds)이며, 학문적으로 승화시킨 것이 바로 음향학(acustics)이다.

소리에 색깔(tone color)이 있다고 말하거나 소리가 둥글다 또는 뻣뻣하다 굵다 등 다양한 감각을 부여하는 경우를 우리는 흔히 경험할 수 있다. 그만큼 소리가 주관적이란 말이다. 이른 아침에 듣는 새소리도 어제와 오늘이 다르게 느껴지는 것이 바로 소리의 이러한 특성때문이다. 그리고 이러한 주관성이 예배 사역의 현장에 늘 적용되고 응용되고 있다고 할 수 있습니다. 먼저 음향의 세 가지 구성요소부터 간단히 살펴보자.

① 음향의 세 가지 구성요소

음향의 세 가지의 구성요소는 볼륨(volume 또는 amplitude), 주파수, 시간입니다. 그리고 이를 다루는 기계적 장비들은 대략적으로 다음과 나누어 볼 수도 있다.

- sound creators: 어쿠스틱에서 전자 악기까지와 목소리에서 신디사이저까지의 모든 악기
- sound routers: 믹싱 콘솔, 패치베이, 스플리터
- sound storers: 레코더, 재생기, 시퀀서, 샘플러
- sound transducers: 마이크, 픽업, 헤드폰, 스피커
- sound manipulators: 이펙터

sound manipulator를 세부적으로 다시 나누면, 볼륨조절에 관한 것: 페이더&팬, 파워앰프, 컴프레서/리미터, 노이즈게이트. 그리고 주파수에 관한 것: 하모나이저, 오럴 익사이터과 시간에 관련된 것: 딜레이, 리버브. 다음으로 볼륨과 주파수에 관한 것: 그래픽 이큐, 파라메트릭 이큐, 필터, 인핸서, 소닉 맥시마이저. 주파수와 시간에 관련된 것: 플랜저, 코러스, 페이즈 시프터. 마지막으로 볼륨과 시간에 관련된 것: 트레몰로 이펙트 등으로 분류하여 설명할 수 있다.[206]

② 음향확성(Sound Emplification): P.A. 와 S.R.

PA는 Public Address 또는 Professional Audio의 약자로 이는 일반 대중에게 음향장치를 통해 소리를 확성하여 드려주는 것을 말한다. 예배나 집회 때 설

---

[206] 이러한 세부적인 기계적 명칭과 사용방법은 시중에 나와있는 음향관련 책자를 참고하시면 더욱더 구체적인 정보를 제공받을 수 있다.

교자의 말씀이나 연주자의 연주 소리 등을 동시에 많은 청중에게 드려주는 일반적인 음향 화성영역을 포함한다.

S.R.는 Sound Reinforcement의 약자입니다. 이는 진보적인 형태의 소리 확성을 의미한다. 다시 말하면 콘서트나 연극 등의 공연장에서 음향장치를 상용하여 필요한 음량을 보강하거나 음질을 교정하여 소리를 재창출해내는 고도의 음향기술을 포함한 음향확성을 지칭한다. 이외에도 더욱 구체적인 음향과 관련된 운영체계, 즉 각각의 음원 전기 신호(sound source)를 음향적, 음악적, 청감적으로 섞어 재조합하는 역할의 믹싱 콘솔(Mixing consol)과 스피커, 엠프, 아웃보드 등 시스템 연결 같은 엔지니어 영역에 대해 논의해야 하지만 음향 전문서적이 더 효과적인 정보를 제공하고 있기에 기본적인 내용을 나누는 것으로 대신한다. 마지막으로 필자가 섬기던 교회에서 음향과 관련하여 실제로 예배를 섬기는 찬양팀의 음향을 고정(setting)하려할 때 어떠한 순서로 하는지를 잠시 언급하면, 먼저 리듬악기의 음향을 조절하는 것을 가장 기본으로 시작한다. 즉 드럼(drum)의 베이스 킥(kick)소리를 기준으로 이어서 스네어(snare) 드럼 및 하이햇(Hi-hat) 소리를, 다음으로 베이스 기타(BG), 신디사이져(Syth), 어쿠스틱 기타(AG), 일렉트릭 기타(EG) 순으로 정리를 합니다. 필요하다면 이후에 다른 악기인 현악기(Strings: 바이올린, 첼로등)와 인도자(leader)의 음향은 따로 정리해서 전체적인 음향의 균형을 맞춘다.

③ 마이크의 종류와 특성

마이크는 크게 지향특성과 구조로 분류된다. 지향특성은 소리를 받아들이는

영역에 따라 달라지는 데 우선 가장 많이 쓰는 것이 단일 지향성(unidirectional or Cardioid) 마이크다. 이 마이크는 머리 부분이 높은 감도를 갖고 배후방향의 감도는 낮은 마이크다. 다시 말해 마이크의 소리를 받아들이는 머리 부분 정면에서의 감도는 좋지만, 이 영역을 벗어나면 소리의 확성이 잘되지 않는 것이 특성이다.

다음으로는 초단일지향성(super cardioid)마이크다. 단일지향성의 패턴을 강화하고 좌우 배후방향의 감도는 더욱더 낮게 제작된 마이크이다. 이 외에 무지향성(Omnidirectional) 마이크가 있다. 이 마이크는 모든 방향에서 같은 크기의 소리를 받아들 수 있도록 제작된 마이크다. 마지막으로 양지향성(Bi-directional) 마이크다. 말 그대로 양방향에서 그 감도가 가장 좋은 마이크다. 이러한 마이크들은 다시 크게 두 가지 구조로 분류된다. 그것은 다이나믹형(Dynamic)과 콘덴서형(Condecner)이다. 다이나믹형은 음압에 의해 진동판과 연결된 코일을 움직여서 자석과의 작용에 전기 신호로 변화시키는 방식으로 된 마이크다. 콘덴서형은 음압에 의해 얇은 금속판의 전위차를 이용해 전기 신호로 변화시키는 방식을 이용한 마이크다. 일반적으로 예배에서 예배팀의 싱어들이 이용하는 마이크가 대부분 다이나믹형이다. 그리고 피아노나 드럼 등에 사용되는 마이크가 바로 콘덴서형이다.

2) 영상(Screen)

영상의 사전적 의미로는 넓은 뜻으로는 이미지(image)의 역어(譯語)로, 인간 의식으로서의 내적 이미지에 대하여 렌즈를 통하여 형성되는 물적 이미지를 지칭한다. 영상은 렌즈라고 하는 '물질의 문'을 이용하여 대상을 자동으로 기록, 재생한다. 물론 촬영을 조작하는 주체의 내적 의식이 개입되며 대로는 작자의 의도나 대상의식을 초월한 우연한 현실이 기록됨으로써 내적 이미지에 따른 묘사와는 다른 새로운 표현의 가능성을 보여준다. 영상은 또한 이처럼 대상과 유사하므로 언어와는 달리 기호로서는 추상적, 개념적인 상징성에서 뒤지지만,

개별적, 특수적, 직접적이라는 특성이 있다. 영상물이란 필름, 테이프, 디스크 등에 기록된 연속적인 영상을 기계 또는 전자장치에 따라 재생하여 보고 들을 수 있거나 송, 수신할 수 있는 물체를 말한다. 이러한 과정을 통해 저장된 영상물은 우리가 텔레비전이나 컴퓨터 등을 통해 눈으로 확인할 수 있다. 현대는 이러한 영상의 사용 영역이 문화로 자리를 잡을 만큼 넓어져 사회 전반적으로뿐만 아니라 기독교와 관련하여 영상이 사용되는 경우도 자주 찾아볼 수 있다. 종류를 간단히 분류해 보면 다음과 같다.

① 예배영상
예배 영상이란 전체 예배 중의 한 요소로써 설교자가 예화를 들어 설교하듯 영상을 통하여 예배를 듣기도 하며, 전하고자 하는 말씀의 주제를 제기하여 설교에 도움을 줄 수 있는 영상을 말한다.

② 홍보영상
교회 혹은 부서, 선교단체의 홍보영상과 교회 및 각종 단체행사의 홍보영상을 통하여 각 교회와 기관 및 단체의 행사를 알릴 수 있다.

③ 절기영상
기독교 일반 절기 및 특별절기에 사용할 수 있는 영상을 말한다. (예: 신년영상,

연말 영상, 부활절, 추수감사절, 전도 축제, 수련회, 기타 부흥회 등)

④ 특별영상
기독교와 관련하여 특정한 목적을 가지고 제작된 영상물을 말한다. (예, 선교, 의료, 구제 및 특수 사역 영상 등)

위와 같은 영상을 제작하여 교회와 관련된 일에 효율적으로 사용하는 것이 교회 영상의 목적이라 하겠다. 그리고 이러한 목적을 이루기 위해 조직적으로 짜인 것을 '교회 영상시스템'이라고 한다. 이 시스템 안에는 예배의 모든 순서(찬양 기도 설교)가 다양한 영상매체(컴퓨터, 액정프로젝터, 비디오, 스크린 등)를 통하여 구현되는 예배를 멀티미디어 예배와 멀티미디어 예배를 포함 교회의 교육, 예식, 행사 등에 멀티미디어를 적용하는 목회를 영상목회의 영역을 포함한다. 영상장비를 교회 안에 들이는 것은 상당한 제정적인 투자가 함께 이루어져야 하는 부분이기에 늘 신중한 선택과 결정이 요구된다. 교회의 구조와 규모에 적합한 영상장비를 들이는 것도 불필요한 예산 낭비를 막거나 바람직한 선택을 하는 데 꼭 필요한 고려사항이 된다. 이러한 시스템에 꼭 필요한 몇 가지 장비를 나열하면 카메라 또는 프로젝터, 스크린, 컴퓨터 그리고 기타 믹싱 장비와 운영 장비가 필요하다.

오늘날 예배 현장에서 조명, 영상, 음향 등의 미디어 영역에 가장 중요한 것은 적합한 장비와 적절한 전문인력이다. 교회 대부분은 장비를 고가를 들이지만 그것을 운용할 수 있는 적절한 전문인력을 구하지 못한 채 임기응변식의 운영시스템을 가동하고 있는 것이 현실이다. 필자가 음악감독으로 섬겼던 한 교회에서도 음향과 영상 및 조명 장비는 상당히 고가의 시스템을 갖추었지만, 그것을 다루는 전문인력의 부재로 인해 매 행사나 예배때 마다 크고 작은 실수들이 발생했다. 전문인력을 고용할 수 있는 재정의 여유가 없는 사역지라면 저렴한 비용으로 전문적인 훈련을 받을 수 있는 곳으로 필요한 인력을 파송해 교육

받도록 하는 것도 바람직하다. 필자 개인적으로도 전공과는 상관이 없지만 다양한 영역에 관심과 이해를 하기 위해 부단히 노력하고 있는 이유도 바로 이것 때문이다.

IX

교회음악행정 실습

Practicum in
Church Music
Administration

IX. 교회음악행정 실습

한국교회의 구인 구직 내용은 매우 단순하고 교회와 사역의 구체적인 내용을 제시하지 않는 경우가 대부분이다. 물론 사례비나 보험, 교육, 휴가 등과 같은 다양한 혜택에 대한 언급은 없는 경우가 많다. 이에 비해 미국에 원어민 교회의 구인 구직의 내용은 매우 구체적이고 교회와 교단의 소개뿐만 아니라 교회 내에 음악적 여러 현황을 자세히 설명하면서 찾고자 하는 음악(찬양/예배) 관련 전문인력에 대한 구체적인 역할과 기대, 지원 자격 등을 기재해 놓은 경우가 많다. 그리고 지원 과정에 필요한 절차 및 사례와 혜택 등을 포함하여 매우 구체적이고 명확하게 기재해 놓고 있다. 특히 사례에 대한 부분은 교단마다 기본적인 사례비 기준표를 바탕으로 교회재정 상황과 지원자의 지원 자격 등을 고려하여 책정하게 된다. 이와 관련한 자세한 사례비 기준표 등은 본 저서의 앞 장에서 이미 다루었으니 참고하기 바란다. 먼저 한국교회와 미국교회의 구인 구직의 현황을 실례를 바탕으로 살펴보자.

1. 한국교회와 미국교회 구인 공고 사례

A. 한국교회 구인 공고 사례
(1) 사례 1: 중소형 교회 반주자 구인
1) 직종: 성가대 반주자
2) 교회명: ○○교회
3) 자격: 피아노 전공자, 반주 유경험자 우대
4) 사역: 주일 오전 예배 성가대 반주
5) 사례비: 면접 후 협의
6) 연락처: (교회 전화번호)

7) 문제점: 단순하고 정보 부족
   ① 교회 정보: 교회의 규모, 교단, 음악 사역 현황 등 구체적인 정보가 전혀 없음.
   ② 사역 내용: '주일 오전 예배 성가대 반주'라는 간단한 설명 외에, 연습 시간, 예배 횟수, 성가대 규모 등에 대한 정보 부족.
   ③ 사례비 및 혜택: '면접 후 협의'라는 표현으로 사례비, 보험, 휴가 등 근로 조건에 대한 정보를 일절 제공하지 않음.

(2) 사례 2: 대형 교회 지휘자 구인

1) 직종: 지휘자
2) 교회명: OO교회
3) 자격: 지휘 전공자, 경력자 우대
4) 사역: 찬양대 지휘
5) 사례비: 면접 후 결정
6) 연락처: (교회 전화번호)
7) 문제점:
   ① 교회 정보: 역시 교회의 규모, 비전, 음악 사역 방향 등에 대한 정보가 부족함.
   ② 사역 내용: 찬양대 규모, 오케스트라 유무, 연습 시간, 예배 횟수 등 구체적인 정보가 없어 지원자가 자신의 역량과 기대를 맞춰보기 어려움.
   ③ 사례비 및 혜택: 사례비, 보험, 교육 지원, 휴가 등에 대한 언급이 전혀 없어 직업적 안정성에 대한 기대가 어려움.

B. 미국 원어민 교회의 구인 공고 사례

(1) 사례 1: 대형 교회 음악 디렉터 및 오르가니스트(Director of Music and Organist)

1) **교회명**: First Presbyterian Church (미국장로교 소속)

2) **교회 소개 및 비전**: "우리 교회는 100년이 넘는 역사를 가진 공동체로, 전통적인 예배와 음악 사역을 소중히 여깁니다. '하나님을 영화롭게 하고 이웃을 사랑하라'는 비전 아래, 수준 높은 음악을 통해 성도들의 영적 성장을 돕고 있습니다. 특히, 1950년대에 설치된 파이프 오르간은 우리 교회의 중요한 영적 유산입니다."

3) **음악 사역 현황**:
① 예배: 매주 주일 오전 9시와 11시에 두 번의 전통 예배를 드립니다.
② 성가대: 60명 규모의 성인 성가대(Chancel Choir)와 어린이 성가대(Children's Choir)를 운영합니다.
③ 오케스트라: 특별 절기(성탄절, 부활절)에 외부 전문 연주자들과 함께 오케스트라 협연을 진행합니다.
③ 콘서트: 연 1회 오르간 콘서트 및 초청 연주자 리사이틀을 개최합니다.

4) **직책 및 책임**:
① 음악감독: 교회음악 사역 전반을 총괄하고, 담임목사와 예배 위원회와 협력하여 예배를 기획합니다.
② 지휘자: 성인 및 어린이 성가대 지휘 및 리허설을 진행합니다.
　오르가니스트: 모든 예배의 오르간 연주, 성가대 반주, 특별절기 오케스트라 협연 오르간 연주를 담당합니다.
③ 사역 행정: 음악 사역 예산 관리, 악보 라이브러리 정리, 악기 관리(오르간

포함), 음악 라이선스 관리 등을 맡습니다.
④ 봉사자 관리: 음악 봉사자(성가대원 등) 모집, 훈련, 영적 성장을 돕습니다.

5) 지원 자격:
① 오르간 또는 교회음악 관련 석사 학위 이상 소지자
② 대규모 성가대 지휘 및 파이프 오르간 연주 경력 5년 이상
③ 성악 및 오르간 레퍼토리에 대한 깊은 이해
④ 경건한 신앙심과 섬기는 자세
⑤ 제공 혜택 및 조건:
⑥ 연봉: $60,000 ~ $80,000 (경력에 따라 협상 가능)
⑦ 복지: 의료, 치과, 시력 보험 100% 지원, 은퇴 연금(401k) 가입 지원
⑧ 휴가: 3주 유급 휴가 및 전문성 개발을 위한 컨퍼런스 참가 지원

6) 지원 절차: 이력서, 학위 증명서, 추천서 3부, 지휘 및 오르간 연주 영상, 음악 사역 철학 에세이 제출.

(2) 사례 2: 중형 교회 워십 리더 및 음악 책임자 (Worship Pastor / Music Director)

1) 교회명: Crossroads Community Church (무교단, 복음주의)

2) 교회 소개 및 비전: "우리 교회는 현대적인 찬양과 워십을 통해 지역사회를 섬기는 젊고 역동적인 공동체입니다. '모두가 함께 참여하는 예배'를 지향하며, 다음 세대에게 영감을 주는 창의적인 음악 사역을 추구합니다."

3) 음악 사역 현황:
① 예배: 매주 주일 오전 10시 30분에 한 번의 워십 예배를 드립니다.

② 찬양팀: 10명 규모의 밴드(키보드, 기타, 베이스, 드럼)와 보컬 팀으로 구성된 찬양팀을 운영합니다.
③ 미디어: 영상 및 음향 팀이 예배를 지원합니다.
④ 새로운 시도: 매월 첫째 주에는 밴드 워십과 함께 전통적인 찬송가를 현대적으로 편곡하여 부르는 '하이브리드 예배'를 시도하고 있습니다.
⑤ 직책 및 책임:
⑥ 워십 인도: 주일예배의 찬양 인도 및 밴드 리더 역할 수행.
⑦ 음악 기획: 담임 목사와 협력하여 예배 테마에 맞는 찬양을 선정하고 기획.
⑧ 훈련: 찬양팀원 모집, 훈련 및 영성 개발 지도.
⑨ 기술 관리: 예배 음향 및 미디어 장비 관리, 새로운 기술 도입 검토.
⑩ 소통: 찬양팀원 및 미디어팀원들과의 정기적인 소통.

4) 지원 자격:
① 음악, 워십 리더십 또는 신학 관련 학사 학위 이상 소지자
② 찬양 인도 및 밴드 음악 경력 3년 이상
③ 키보드 또는 기타 연주 능숙자, 작곡/편곡 능력 우대
④ 강한 리더십과 팀워크 역량, 긍정적이고 개방적인 태도

5) 제공 혜택 및 조건:
① 연봉: $50,000 ~ $65,000 (경력 및 역량에 따라 협상 가능)
② 복지: 유급 휴가, 건강 보험 지원
③ 교육: 연 1회 워십 컨퍼런스 참가 지원

6) 지원 절차: 이력서, 자기소개서, 찬양 인도 또는 밴드 연주 영상, 음악 사역 철학 에세이, 2인의 추천서 제출.

(3) 사례 3: 워십 디렉터 (Worship Director) 구인

1) 교회명: Faith Community Church

2) 교회 소개 및 비전: "Faith Community Church는 그리스도 중심의 예배와 지역사회 봉사를 통해 하나님의 영광을 드러내는 것을 비전으로 삼고 있습니다. 우리 교회는 전통과 현대를 아우르는 예배를 지향하며, 다양한 연령대의 성도들이 함께 예배하는 것을 소중하게 여깁니다."

3) 음악 사역 현황: "현재 우리 교회는 60명 규모의 성가대, 10명의 밴드, 그리고 미디어팀으로 구성된 예배 사역 팀을 운영하고 있습니다. 주일예배는 전통적인 찬송가와 현대적인 찬양을 혼합하여 드리고 있으며, 매주 수요일 저녁에는 청년들을 위한 워십 나이트를 진행하고 있습니다."

4) 직책 및 책임:
① 주일예배 음악 계획 및 실행
② 성가대 및 밴드 리허설 지도
③ 예배 봉사자 양육 및 훈련
④ 예배를 위한 미디어 콘텐츠 제작팀과의 협력
⑤ 예배 예산 관리

5) 지원 자격:
① 음악, 특히 교회음악 또는 워십 리더십 관련 학사 학위 이상 소지자
② 3년 이상의 교회음악 사역 경력
③ 피아노, 기타 등 악기 연주 및 보컬 능력
④ 강한 신앙심과 리더십, 팀워크 역량

6) 제공 혜택 및 조건:

① 연봉: $50,000 ~ $65,000 (경력에 따라 협상 가능)

② 휴가: 2주 유급 휴가 제공

③ 복지: 의료, 치과, 시력 보험 제공

④ 교육: 추가 교육 및 컨퍼런스 참가 지원

⑤ 기타: 이사 비용 일부 지원

7) 지원 절차:

① 이력서 및 자기소개서 제출

② 음악 사역 철학에 대한 에세이(간증문)

③ 예배 영상 또는 연주 영상 제출

④ 3인의 추천서

2. 한국과 미국교회 구인 공고의 비교 분석

항목	한국교회	미국교회(원어민)
교회 및 사역 소개	- 교단, 비전, 음악 사역 방향 등에 대한 자세한 설명이 부족함. - 구인 공고만 보고 교회의 특성과 사역 내용을 파악하기 어려움.	- 교회 역사, 비전, 예배 스타일, 음악 사역 철학 등을 상세히 제시. - 지원자가 교회의 정체성을 충분히 이해하고 지원할 수 있도록 함.
직책 및 책임	- '지휘자', '반주자'와 같이 직책만 제시하고, 구체적인 역할과 책임에 대한 언급이 없음.	- 'Worship Director', 'Director of Music Ministries'와 같이 직책을 명시하고, 담당할 역할(예배 기획, 훈련, 예산 등)을 구체적으로 설명.
지원 자격	- '전공자', '경력자 우대'와 같이 모호한 표현을 사용. - 지원자가 갖춰야 할 역량에 대한 상세한 가이드 라인이 부족함.	- 학력, 경력, 음악적 역량(악기, 보컬), 리더십, 영성 등 구체적인 자격요건을 명시.

항목	한국교회	미국교회(원어민)
사례비 및 혜택	- '면접 후 협의'라는 표현으로 사례비, 보험, 휴가 등 근로 조건에 대한 정보를 회피. - 사역자의 안정적인 생활과 처우에 대한 배려 부족.	- 연봉 범위, 복지(보험, 휴가), 교육 지원 등을 명확히 제시. - 사역자의 직업적 안정성을 보장하고, 전문성 개발을 지원하겠다는 의지를 보임.
지원 절차	- 이력서 및 간단한 서류 제출이 전부인 경우가 많음.	- 이력서, 추천서 외에 사역 철학 에세이, 예배 영상 제출 등 심도 깊은 평가 과정을 요구.

3. 구인 구직을 위한 준비

(1) 전문성 강화

한국교회의 구인 공고는 단순해 보이지만, 오히려 그만큼 지원자가 자신의 전문성과 가치를 적극적으로 어필해야 함을 의미한다. 지원자는 실력뿐만 아니라 자신의 사역 철학과 비전을 명확히 준비해야 한다. 특히 기독교 대학에서 교회음악을 전공한 경우에 교육과정 중에 참여한 많은 합창단, 각종 연주의 경험 그리고 학회와 세미나와 같은 수강 내용 모두가 지원자의 전문성에 근거와 자료가 될 수 있다는 점을 잊지 말아야 한다.

(2) 시장 변화 이해

미국교회의 구체적인 공고는 교회음악 사역이 단순한 '봉사'를 넘어선 전문적인 직업이라는 인식을 보여준다. 지원자는 이러한 시장의 변화를 이해하고, 예배 기획, 리더십, 미디어 활용 등 다양한 역량을 개발을 위해 개인적인 교육 과정과 실습을 겸한 수련을 해야 한다.

(3) 협상력 배양

'면접 후 협의'에 대한 불안감을 느끼기보다, 자신의 가치를 스스로 증명하고 정당한 대우를 요구하는 협상 능력을 길러야 한다. 특히 사례비와 사역여건과 환경에 대한 질문이 이에 해당한다. 한국교회의 지원 사례 경우 교회 측의 사례비가 명확하지 않아 이를 사전에 언급하는 것이 기독교인으로 결례가 된다고 생각하는 경우가 많다. 그러나 이는 교회음악 전문성에 대한 교육환경과 고용시장 환경을 매우 위축시키는 근본적인 원인이기도 하다. 미국교회의 구체적인 혜택은 협상 시 참고할 좋은 자료가 될 수 있다.

(4) 독창성과 전문성이 돋보이는 포트폴리오 준비

미국교회처럼 자신의 예배 영상을 준비하거나 사역 철학을 정리해두는 것은 지원 과정에서 큰 경쟁력이 된다. 지원자는 졸업 후 다양한 사역에 대비해 자신만의 독창성과 전문성이 돋보이는 포트폴리오를 미리 만들어두어야 한다.

4. 교회음악 사역 지원을 위한 이력서 및 자기소개서 작성

(1) 이력서(Resume) 작성 요령 및 주의점

1) 작성 요령
① 교회 특성과 직무 맞춤: 지원하는 교회의 예배/찬양 스타일에 맞춰 이력서의 강조점을 달리해야 합니다. 전통적인 예배를 중시하는 교회라면 클래식 음악교육 및 성가대 지휘/반주 경험을, 현대적인 워십을 추구하는 교회라면 찬양팀 리더십 및 밴드 악기 연주 능력을 부각한다.

② 객관적인 사실 명기: 학력, 경력, 수상 등은 객관적인 사실을 근거로 명확하게 기술한다.
③ 활동 내역 상세 기술: 대학 시절 활동, 수상 경력, 사회 활동 등은 단순히 나열하는 것을 넘어, 자신의 역할과 성과를 구체적으로 기술하여 전문성을 드러낸다. (예: "OO교회 성가대 봉사" → "OO교회 성가대 피아노 반주(2022~2024), 주일 2부 예배 섬김, 반주를 통한 예배 집중도 향상 기여")
④ 포트폴리오 포함: 동영상(연주, 지휘, 찬양 인도), 프로그램북, 녹음 자료 등 자신의 역량을 보여줄 수 있는 포트폴리오를 첨부하거나 링크를 기재하는 것이 좋다. 깔끔하고 가독성 좋은 디자인: 복잡하고 화려한 양식보다는 깔끔하고 정돈된 디자인을 사용한다.

2) 작성 시 주의점
① 불필요한 정보 생략: 가족 관계, 종교적 배경(교단 외의 상세 정보), 정치적 성향 등 직무와 관련 없는 개인정보는 생략한다.
② 단순 나열 지양: 활동 내용이나 수상 경력을 단순 나열하는 것을 넘어, 그 경험을 통해 무엇을 배우고 성장했는지 구체적인 내용을 덧붙여야 한다.
③ 오탈자 확인: 이력서 제출 전 여러 차례 오탈자를 확인하여 신뢰도를 높여야 한다.

3) 이력서 잘된 사례와 잘못된 사례 비교

구분	잘된 사례	잘못된 사례
활동 내역	'OO교회 찬양팀 키보디스트 (2020~2024)' - 세부 내용: 매주 주일 2부 예배 찬양 인도 및 키보드 연주. CCM 300여 곡 이상 반주, 밴드 팀원 훈련 및 팀워크 강화 기여.	'OO교회 찬양팀 키보디스트' - 세부 내용: 찬양팀에서 키보드 연주.

구분	잘된 사례	잘못된 사례
수상 경력	'제XX회 전국 교회음악 콩쿠르 오르간 부문 1위' - 세부 내용: 콩쿠르 참가 과정을 통해 실내악 연주 경험과 경쟁적인 환경에서의 집중력 향상 경험.	'음악 콩쿠르 수상' - 세부 내용: 음악 콩쿠르에서 상을 받음.
경력 기술	'OO대학 합창단 지휘자 (2022~2024)' - 세부 내용: 졸업 연주회 및 교내 행사 합창 공연 지휘, 단원 50명 지도.	'합창단 지휘 경험' - 세부 내용: 대학합창단에서 지휘함.

(2) 자기소개서(Cover Letter) 작성 요령 및 주의점

1) 작성 요령

① 교회와 사역에 대한 이해: 지원하는 교회의 예배 철학, 비전, 사역 방향을 충분히 이해하고, 자신의 역량이 어떻게 기여할 수 있는지 구체적으로 설명한다.

② 직무 관련 경험 강조: 이력서에 기재된 내용 중 가장 중요한 경험을 선별하여 자기소개서에 상세히 풀어낸다. 단순히 이력서를 재탕하는 것이 아니라, 경험을 통해 얻은 교훈과 성장 과정을 스토리텔링한다.

③ 자신만의 음악적/사역적 비전 제시: 지원하는 직무에서 어떤 음악을 통해 어떻게 예배를 풍성하게 만들고 싶은지, 자신만의 비전을 제시한다. (예: "찬양을 통해 성도들의 영적 성장을 돕는 음악사역자가 되고 싶습니다.")

④ 존경과 헌신적인 태도: 목회자와 성도들에 대한 존경심과 헌신적인 자세를 표현하여 신뢰감을 준다.

2) 작성 시 주의점

① 추상적인 내용 지양: "하나님께 영광을 돌리는 찬양을 하고 싶습니다"와 같은 추상적인 표현은 피하고, 구체적인 사례를 들어 자신의 진심을 전달한다.

② 경력 과장 금지: 자신의 경험이나 역량을 과장하여 기술하지 않고, 솔직하

고 겸손한 태도로 작성한다.
③ 분량 준수: A4용지 1~2장 분량으로 내용을 압축하여 핵심 내용을 효과적으로 전달한다.

3) 자기소개서 잘된 사례와 잘못된 사례 비교

구분	잘된 사례	잘못된 사례
지원동기	'귀 교회의 찬양팀 리더십에 감명을 받았습니다. 다양한 세대가 함께 예배하는 모습에 저의 밴드 경험과 찬양 인도 역량을 통해 더욱 역동적인 예배를 만들어가고 싶습니다.'	'어릴 때부터 음악을 좋아했고, 하나님께 찬양을 드리는 것이 저의 꿈입니다. 이 교회의 사역에 헌신하고 싶습니다.'
음악적 비전	'클래식 전공자로서의 깊이 있는 음악적 이해를 바탕으로 전통 찬송가의 아름다움을 살리고, 현대적인 편곡을 통해 모든 세대가 공감할 수 있는 예배 음악을 만들고 싶습니다.'	'좋은 찬양을 통해 성도들에게 은혜를 끼치는 사역자가 되고 싶습니다.'
경험 활동	'대학 시절 OO교회에서 찬양팀 키보디스트로 섬기면서, 리더의 부재 시 팀을 이끌어 찬양 연습을 진행한 경험이 있습니다. 이를 통해 팀을 이끄는 리더십과 팀원 간 소통의 중요성을 배웠습니다.'	'대학 시절 찬양팀에서 키보드를 쳤습니다. 좋은 경험이었습니다.'

(3) 실제 사례를 통해 배우는 이력서/자기소개서 작성법 (A4 1~2장)

A. 실제 사례: 워십 리더 지원

- 교회명: OO교회
- 직책: 워십 리더 (찬양팀 인도자)
- 구인 공고 특성: 현대적인 워십, 밴드 중심 예배, 젊은 세대 예배 강조

1) 이력서 작성 예시 (요약)
① 학력: OO대학교 교회음악과 (워십 리더십 전공) 졸업
② 경력:

OO교회 찬양팀 키보디스트 및 보컬 (2020~2024)

주일 2부 예배 찬양 인도 및 키보드 연주

찬양팀 팀원 훈련 및 워십 컨퍼런스 참가

찬양팀 유튜브 채널 운영 및 콘텐츠 제작 기여

OO워십 미니스트리 발성 지도사(vocal coach) (2022~2024)

워십 팀원 대상 발성 훈련 및 음향 교육

③ 수상/활동:

OO워십 컨퍼런스 참가 (2023)

CCM 작곡 대회 우수상 (2022)

대학 재학 중 교내 밴드 활동 (보컬 및 키보드)

④ 포트폴리오: (링크) 유튜브 채널 'OO워십'

2) 자기소개서 작성 예시 (요약)

① 지원 동기: 온누리교회의 젊은 세대를 향한 열정과 역동적인 예배에 감명을 받아 지원하게 되었습니다. 저의 밴드 경험과 워십 리더십 전공 지식을 통해 온누리교회의 워십을 더욱 풍성하게 만들고 싶습니다.

② 음악적 비전: 예배는 단순히 찬양을 부르는 행위를 넘어, 하나님과 깊은 교제를 경험하는 시간이라고 생각합니다. 다양한 악기와 미디어를 활용한 창의적인 워십을 통해 성도들의 영적 성장을 돕고, 다음 세대가 함께 참여하는 예배를 만들어가고 싶습니다.

③ 경험 활용: 지난 4년간 OO교회 찬양팀에서 키보디스트와 보컬로 섬기면서, 팀을 이끌고 훈련하는 경험을 쌓았습니다. 특히 유튜브 채널을 운영하며 미디어 콘텐츠 제작에 참여한 경험은 현대적인 예배에 큰 도움이 될 것입니다.

B. 실제 사례: 오르간 반주자 지원

- 교회명: OO제일교회
- 직책: 오르간 반주자
- 구인 공고 특성: 전통적인 예배, 오르간 연주 강조, 대규모 성가대

1) 이력서 작성 예시 (요약)

① 학력: OO대학교 음악대학 오르간 전공 졸업

② 경력:

　　OO교회 성가대 오르간 반주 (2020~2024)

　　주일 11시 예배 오르간 연주

　　성탄절, 부활절 등 특별 절기 예배 오르간 연주

　　오르간 연주를 통한 경건한 예배 분위기 조성 기여

　　OO합창단 오르간 반주 (2022~2024)

　　정기 연주회 및 행사 오르간 반주

③ 수상/활동:

　　제XX회 전국 오르간 콩쿠르 2위

　　대학 재학 중 오르간 연주회 다수 참여

④ 포트폴리오: (링크) 연주 영상, 프로그램북 스캔본

2) 자기소개서 작성 예시 (요약)

① 지원 동기: 강북제일교회의 깊이 있는 전통 예배와 훌륭한 오르간 사역에 감명을 받아 지원하게 되었습니다. 오르간 전공자로서의 전문성과 다양한 연주 경험을 통해 강북제일교회의 경건한 예배에 기여하고 싶습니다.

② 음악적 비전: 오르간은 단순한 반주 악기를 넘어, 예배의 영적인 깊이를 더하는 신성한 도구라고 생각합니다. 풍부한 오르간 연주를 통해 성도들의 영적 감동을 불러일으키고, 전통적인 찬송가의 아름다움을 다음 세대에게 전하는 데 힘쓰겠습니다.

③ 경험 활용: 지난 4년간 ○○교회에서 오르간 반주자로 섬기면서, 다양한 예배와 특별절기 연주 경험을 쌓았습니다. 특히 정기연주회와 특별예배를 통해 오르간 연주의 중요성과 예배음악의 깊이를 깨달았습니다.

5. 기획과 실행의 실제

(1) 특별찬양(절기)예배

1) 행사 개요

문서번호: WOR-2025-01   작성일: 2025년 10월 10일   작성부서: 예배(교회)음악부

항목	내용
행사명	2025 성탄절 특별찬양예배
일시	2025년 12월 24일(수) 오후 7시 30분
장소	본당 대예배실
주최	서울신앙교회 예배(교회)음악부
주관	성가대 및 찬양팀
대상	전 교인 및 지역주민 (약 300명 예상)
주제	"하늘의 평화, 땅의 노래" (Peace on Earth)
목적	성탄의 의미를 음악과 말씀으로 전하며 복음의 기쁨을 나누는 예배를 드림

2) 기획 및 추진 방향 (Planning)

① 절기(성탄)의 신학적 의미 중심 구성

② 성가대, 찬양팀, 어린이·청소년 합창단의 공동 참여

③ 말씀, 영상, 조명 등 예배 미디어의 통합적 활용

④ 지역 주민 초청 및 복음 전도의 기회로 확장

3) 준비 및 홍보 계획

구분	내용	담당	일정
음악 준비	성가대·오케스트라·솔리스트 편성, 곡 선정(3개월 전)	지휘자	8~9월
예배 구성	설교자, 대표기도자, 순서자 배정	예배위원회	10월
홍보 계획	포스터, 현수막, 주보 광고, SNS 예고 영상	홍보팀	11월
리허설	본 리허설 2회, 예행 리허설 1회	지휘자	12월 초
영상/음향	녹화 및 생중계 시스템 점검	방송실	12월 초

4) 조직 및 역할 분담 (Organizing)

구분	담당자	주요 역할
총괄 기획	예배음악부장	전체 일정 조율, 예배 구성
음악 감독	지휘자 / 반주자	찬양곡 선정, 리허설 지도
기술 지원	음향·영상팀장	장비 세팅, 영상 촬영
진행 및 사회	교육목사	순서 진행 및 예배 흐름 관리
홍보 / 안내	행정팀	포스터 제작, 주보 광고
접대 / 환영	여성선교회	성도 및 방문객 안내, 다과 제공

5) 실행 계획 (Executing)

단계	일정	내용
1단계	11월 1주차	곡 선정 및 프로그램 확정
2단계	11월 3주차	홍보물 제작 및 리허설 일정 공지
3단계	12월 1~3주차	파트별 및 전체 리허설 진행
4단계	12월 24일	예배 본행사
5단계	12월 25일	영상 및 사진 정리, 사역 평가 회의

6) 예산 내역 (단위: 원)

항목	세부내용	금액	비고
악보 및 편곡비	합창·오케스트라 편곡, 인쇄	500,000	외주
연주자 사례비	객원 연주자 및 솔리스트	1,000,000	5인
무대장식	꽃꽂이, 조명, 영상 연출	400,000	
홍보비	포스터, 영상제작, 인쇄	300,000	
예비비	기타 소모품, 간식비 등	200,000	
총계		2,400,000	

7) 평가 및 사후 관리 (Evaluation)

① 예배 평가 회의: 12월 27일(토) 오후 3시

② 평가 항목: 음악 완성도 / 예배 흐름 / 참여율 / 영적 영향력
③ 결과 보고서 제출: 예배음악부 → 당회

(2) 블랜디드워십(세대통합예배)

1) 행사 개요

문서번호: WOR-2025-02   작성일: 2025년 10월 10일   작성부서: 예배위원회

항목	내용
행 사 명	세대통합 블렌디드 워십 "하나된 예배"
일 시	2025년 11월 16일(주일) 오전 11시
장 소	본당 대예배실
주 최	예배위원회
주 관	찬양팀·성가대 공동 운영
대 상	전 세대(어린이~장년)
주 제	"세대가 함께 하나님을 노래하다"
목 적	세대 간 예배의 단절을 넘어, 전 세대가 함께 하나님을 예배하는 공감의 장 마련

2) 기획 방향 (Planning)

① 전통 찬송과 현대 찬양의 음악적 융합(Blending Worship)
② 세대별 대표자 참여(기도, 성경봉독, 특송 등)
③ 예배음악 교육과 예배 신학을 반영한 구성
④ 영상 및 미디어를 통한 세대 공감 연출

3) 준비 및 홍보 계획

구분	내용	담당	일정
음악 구성	전통 찬양대 + 예배팀 협업 구성	지휘자, 워십리더	9월
교육 및 워크숍	세대별 음악 스타일 통합 세미나	교회음악부	10월 초
구분	내용	담당	일정
홍보 전략	가족 단위 포스터, 예배 홍보영상 제작	홍보팀	10월
예배 디자인	조명·영상·자막 통합 운영	방송팀	10월 말

| 리허설 | 전체 리허설 2회, 세대별 리허설 | 음악부 | 행사 전주 |

4) 조직 및 역할 분담 (Organizing)

구분	담당자	주요 역할
총괄 기획	담임목사	전체 예배 방향 제시
음악총괄	음악감독	곡 선정 및 악보 편곡
찬양팀 리더	찬양인도자	현대 찬양 세트 구성
성가대 지휘자		전통 찬송, 앙상블 준비
기술팀	영상·조명 담당	예배 연출, 배경 영상 제작
교육부서	교회학교 교역자	어린이 참여 순서 지도
행정팀	서무 / 안내	일정, 홍보, 인원 관리

5) 실행 단계 (Executing)

단계	일정	내용
기획 회의	9월 3주차	주제 및 구성 논의
곡 선정 및 편곡	9월 4주차	전통/현대 예배곡 조합
연합 리허설	10월~11월	찬양팀+성가대 합동연습
본 행사	11월 16일(주일)	블렌디드 워십 진행
평가 및 보고	11월 20일	회의록 및 영상 정리

6) 예산 내역 (단위: 원)

항목	세부내용	금액	비고
음악 및 장비	악기 대여, 음향 장비 보강	800,000	
홍보비	영상 및 인쇄물 제작	300,000	
교육비	통합 워크숍 강사비, 교재	400,000	
식비 및 간식	참가자 다과 및 리허설 식사	200,000	
예비비	비상 예산	100,000	
총계		1,800,000	

7) 평가 항목 (Evaluation)

① 예배 참여도 및 집중도

② 음악적 융합의 자연스러움

③ 세대 간 교류 만족도

④ 사역자 및 팀원 피드백 반영

(3) 찬양학교(지역문화/예술학교)

1) 행사 개요

문서번호: WOR-2025-03 　　　작성일: 2025년 10월 10일　　　작성부서: 문화사역부/교회음악부

항목	내용
프로그램명	2025 여름 찬양학교 (Praise Music Academy)
일시	2025년 7월 22일(화) ~ 8월 10일(토)
장소	본 교회 교육관 및 예배실
주최	서울신앙교회
주관	문화사역부 / 음악교육팀
대상	초등학생~청소년 / 교회 인근 지역주민
참가 인원	80명 내외
주제	"노래로 하나님을 배우다"
목적	지역사회와 다음세대를 위한 음악 교육·복음 통합 프로그램 운영

2) 기획 방향 (Planning)

① 신앙과 음악을 결합한 기초 음악교육 프로그램

② 지역사회 개방형 문화사역 모델 구축

③ 교회음악 전공자와 청년봉사자들의 교육 참여 유도

④ 수료발표회를 통한 복음적 나눔 실천

3) 준비 및 홍보 계획

구분	내용	담당	일정
강사진 구성	성악, 기악, 워십, 성경강의 강사 초빙	교회음악부	5월
참가자 모집	교회 홈페이지, 포스터, SNS, 지역학교	홍보팀	6월
교육 커리큘럼	5일간 집중 워크숍 + 발표회	교육팀	7월
홍보 전략	체험형 홍보영상, 유튜브 단편광고	홍보팀	6~7월
후속 프로그램	청소년 찬양단 창단 연결	문화사역국	8월

4) 조직 구성 (Organizing)

구분	담당자	주요 역할
총괄 책임	담임목사	사역 비전 및 승인
프로그램 디렉터	음악감독	커리큘럼 기획 및 강사 배정
행정담당	문화사역부 간사	등록, 회계, 장소 관리
교육강사진	교수 및 음악전공자	보컬, 리듬, 합창 지도
홍보 / 미디어	영상팀	홍보영상 제작 및 SNS 게시
안전 / 봉사	청년부	안내 및 학습 지원

5) 실행 계획 (Executing)

단계	일정	내용
준비	5월~6월	예산 확보, 홍보, 강사 섭외
접수	6월 말~7월 초	신청서 접수 및 등록비 납부
운영	7월 22일~8월 10일	수업 진행, 중간 리허설
발표회	8월 11일	수료식 및 공연
보고	8월 15일	결산 및 결과보고서 제출

6) 예산 내역 (단위: 원)

항목	세부내용	금액	비고
강사비	외부 및 내부 강사 6인	1,500,000	
교재 및 자료	악보, 워크북, 기념품	400,000	
식비 및 간식	참가자 및 스태프 식사	300,000	
홍보비	포스터, 영상제작	300,000	
발표회비	무대장치, 음향, 조명	500,000	
예비비	소모품, 안전보험 등	200,000	
총계		3,200,000	

7) 평가 (Evaluation)
① 프로그램 참여도 및 만족도 설문
② 교육목표 달성도 (신앙·음악·공동체성)
③ 차년도 프로그램 개선안 도출

6. 디지털 콘텐츠 제작 실습

(1) 온라인 예배 편집 실무

온라인 예배 편집은 단순히 예배 영상의 잘라 붙이기가 아니라, 예배 흐름과 메시지를 보존하면서도 시청자의 몰입을 높이는 편집 예술이다. 편집자는 카메라 컷 전환, B-롤 삽입, 페이드 인·아웃, 자막 삽입, 오디오 믹싱, 색보정(color grading) 등을 적절히 활용해야 한다. 특히 강사 설교나 찬양 부분의 음성 클린업, 잡음 제거, 볼륨 노멀라이징(normalizing) 작업은 필수다. 또한, 화면 전환 타이밍은 음악 템포, 설교 박자, 영상 흐름과 호흡을 맞춰야 한다. 예배 편집 실무에서 유용한 팁으로는 다음이 있다.

1) 불필요한 침묵이나 어색한 부분은 과감히 삭제한다.
2) 동일 장면 내 여러 카메라 앵글이 있을 경우 split edit (L-cut / J-cut) 기술을 사용해 음성과 영상을 자연스럽게 연결한다.
3) B-롤(예: 교회 전경, 찬양 리허설 장면 등) 클립은 시청자의 시선을 환기시키고 메시지를 보조하는 역할을 하므로 적절히 배치한다. 예: 3개 정도의 B-롤

클립이 자연스럽다.[207]

4) 출력 영상은 보편적인 코덱 MP4 (H.264) 형식으로 저장하고, 가능한 한 해상도는 1080p 이상으로 유지하되 스트리밍 환경을 고려해 적절히 압축한다.[208]

예를 들어 OurChurch.com에서는 교회 설교 영상 제작 시 "MP4 형식 저장", "외부 카메라 사용 권장", "자체 웹 서버보다 YouTube/Facebook 업로드 후 임베드 방식 권장" 등의 실무 지침을 제공한다. 이와 같은 권고는 안정적 스트리밍과 다양한 기기 호환성을 확보하기 위함이다.

편집 작업은 기술 능력뿐 아니라 예배인도자, 설교자, 음악담당자와의 협업이 중요하다. 미리 편집 방향을 공유하고, 예배 흐름에 대한 이해를 가지고 작업해야 한다. 또한, 반복 영상 리뷰와 회중 반응 분석을 통해 영상 스타일과 편집 흐름을 개선해 나가는 것이 좋다.

(2) SNS 홍보용 영상 제작 기획서 작성

SNS 홍보영상은 짧은 시간 내에 메시지를 전달하고 관심을 끌어야 하므로, 제작 기획단계가 매우 중요하다. 기획서는 영상의 목적, 핵심 메시지, 타깃 청중, 스토리보드, 촬영 계획, 편집 스타일, 사용 플랫폼, 일정 및 예산 등을 포함해야 한다.

먼저 목적과 메시지 정의가 필수다. 홍보영상이 예배 초청, 행사 안내, 찬양팀 소개, 간증 홍보 어떤 목적이든 핵심 문구 하나를 중심으로 메시지를 설정해

---

207 "Video Editing Tips for House of Worship Beginners," WorshipFacility, Oct 24, 2023.
208 Paul Steinbrueck, "10 Best Practices for Recording, Editing, and Uploading Sermon Videos," OurChurch.com, Oct 28, 2021.

야 한다. 이어 타깃 청중 분석(연령대, 매체 이용 습관, 관심사 등)을 통해 영상 스타일과 전달 방식을 정한다. 세 번째로, '스토리보드 또는 샷리스트(shot list)'를 만들어 촬영할 장면을 미리 설계하고, 컷 전환과 흐름을 시각적으로 예측한다. 촬영 계획에는 촬영 장소, 카메라 앵글, 조명, 음향, 필요 소품, 담당자 등을 명시해야 한다.

편집 스타일과 그래픽 요소도 기획서에 포함해야 한다. 예를 들어 영상의 톤(감성적, 역동적, 진지함 등), 자막 스타일, 인트로/아웃트로 클립, B-롤 활용 방식, 브랜드 로고 삽입 타이밍 등을 정해야 한다. 플랫폼별 제약(예: Instagram Reels, YouTube Shorts, Facebook 동영상 등)도 고려해 영상 길이, 자막 표시 여부, 해상도 비율(세로/가로) 등을 명시한다.

마지막으로 일정표 및 예산 계획을 포함한다. 촬영 일정, 편집 일정, 검토 및 승인 일자, 예산 항목(장비, 인력, 소품, 배경음악 사용 라이선스 등)을 명확히 적어야 한다. 이 기획서가 모든 팀원이 동일한 비전 위에 움직이게 하는 기준 문서가 된다. SNS 팀 구조에 대한 가이드도 참고할 만하다. VistaSocial은 교회 소셜 미디어 팀 구성 시 "콘텐츠 제작자, 참여 관리 담당자, 데이터 분석 담당자" 등의 역할을 설정하고, 역할별 책임을 문서화할 것을 권장한다.[209]

(3) 음악사역 미디어팀 협업 프로세스

음악사역과 미디어팀이 함께 일할 때, 협업이 단순 조율을 넘어서 공동 창작적 과정이 돼야 한다. 협업 프로세스를 설계할 때는 아래 주요 흐름과 원칙을 고려해야 한다.

---

[209] "Top Tips for Creating a Church Social Media Team Structure," VistaSocial, Aug 19, 2024.

1) 사전 협의 및 예배디자인 공유

음악팀과 미디어팀은 예배 흐름, 곡목, 슬라이드 전환 타이밍, 영상 클립 삽입 구간, 조명/영상 시각 효과 등을 사전에 함께 디자인해야 한다. 이 단계에서 공동 큐시트(Q-sheet) 또는 통합 예배 기획 시트를 사용하여 모든 팀이 동일한 타이밍과 흐름을 공유하도록 한다.

2) 기술 리허설 및 동기화

음악 리허설과 미디어 리허설은 별개가 아닌 동시 진행되어야 한다. 예배 약 한 시간 전 미디어 리허설(카메라, 영상 클립, 자막 흐름, 조명 변화 등)을 통해 실제 예배 흐름을 점검한다. 이때 음악담당자, 리더, 영상팀, 조명팀 등이 현장에서 실제 예배 구성을 테스트해야 한다.

3) 실시간 커뮤니케이션 및 조정

예배 중에는 예상치 못한 변수(마이크 피드백, 영상 오류, 조명 문제 등)가 발생할 수 있으므로, 감독자 또는 운영 리더는 실시간으로 팀 간 소통할 수 있는 '무선 통신 체계(무전기, 헤드셋, 슬랙/디스코드 등 채팅 툴 등)'를 갖추어야 한다. 미디어팀은 음악 리더와 실시간 타이밍 동기화를 유지하고, 변화가 있으면 즉각 대응해야 한다.

4) 사후 리뷰 및 피드백

예배가 끝난 뒤 음악팀과 미디어팀은 반드시 사후 회의를 하고 영상 로그, 자막 오류, 전환 타이밍, 기술 사고 사례 등을 검토한다. 이 회의에서 개선점을 공유하고, 다음 예배를 위한 수정 사항을 기록해 누적 개선해 나가야 한다.

미디어팀 구성 및 역할 분할에 대한 실제 가이드는 Altarlive의 "A Quick Guide to Church Media Ministry Teams"에서 찾을 수 있다. 이 가이드는 각

구성원의 역할 정의, 팀 구조, 협업 절차 등을 다룬다.[210] 또한, 협업 방식과 문화에 대한 연구는 "협력(collaboration)"과 "협조(cooperation)"의 차이를 강조하며, 초기부터 목표와 자원 공유를 통한 협력이 더 깊은 시너지 효과를 준다고 지적한다.[211]

---

210 "A Quick Guide to Church Media Ministry Teams," Altarlive, Oct 19, 2023.
211 "Cooperation vs. Collaboration," Influence Magazine, Nov 18, 2016.

X

저작권

Copyright

X. 저작권(copyright)

교회행정에서 공적인 예배나 찬양 집회 등을 위한 저작권 관련 법률은 크게 음악 저작물, 영상 및 이미지, 그리고 온라인 송출 등의 분야에서 지켜야 할 사항들로 구별된다. 한국의 저작권법과 관련 판례를 바탕으로 구체적인 항목을 정리하고 위반 시 벌칙 등을 이번 장에서 다루고자 한다.

1. 교회 저작권 관련 법률 조항 및 지침[212]

(1) 저작권의 개념과 목적

1) 정의

저작권의 정의는 저작권법 제1장 총칙 제2조에 언급되어 있다. 저작권은 창작물(저작물)을 만든 사람(저작자)이 자신의 창작물에 대해 가지는 배타적인 법적 권리다. 여기서 저작물이란 인간의 사상이나 감정을 표현한 창작물을 의미하며, 문학, 음악, 미술, 영상 등 다양한 형태를 포함한다. 저작권은 창작물이 완성

---

212 대한민국 저작권법, 위키피디아, 문화체육관광부 저작권 안내페이지를 참고하여 정리했다. 문화체육저작권 관련한 다양한 문의 사항은 관광부(저작권정책과) 044-203-2476를 통해 질의가 가능하다.

되는 순간 자동적으로 발생하며, 별도의 등록 절차 없이도 보호된다. 즉, 저작권(著作權, copyright)은 시, 소설, 음악, 영화, 연극, 컴퓨터프로그램 등과 같은 저작물에 대하여 만든이(저작자/창작자)가 가지는 법적인 권리다.

2) 목적

저작권법 제1장 총칙 제1조에 명시된 주된 목적은 저작자의 권리 보호를 통해 창작 의욕을 고취하고, 저작물의 공정한 이용을 도모하여 문화 및 관련 산업의 향상 발전에 이바지하는 것이다. 이는 저작자의 노력에 대한 경제적 보상과 인격적 이익을 존중하여 창작 활동을 활성화하고, 궁극적으로는 국민 전체의 문화 향유를 증진하는 데 그 의미가 있다. 정리하면 저작권의 목적은 먼저 창작자의 권리 보호를 통한 창작 활동 촉진하고 저작권을 통해 저작물의 공정한 이용을 통한 문화 및 관련 산업의 향상 발전시킨다는 데 있다. 이것은 헌법 제 22조 2항, "저작자ㆍ발명가 과학 기술자와 예술가의 권리는 법률로써 보호한다." 한다는 조항과 헌법 제 23조 2항 "재산권의 행사는 공공복리에 적합하게 해야 한다."라는 내용과 저작권법 제1조, "이 법은 저작자의 권리와 이에 인접하는 권리를 보호하고 저작의 공정한 이용을 도모함으로써 문화 및 관련 산업의 향상 발전에 이바지함을 목적으로 한다"라는 조항에서 발견할 수 있다. 결국, 저작권법의 목적에 따라 저작자의 권리를 보장함과 동시에 저작재산권의 제한 규정을 두어 공정한 이용을 도모하고 있다. 그리고 이 법률안에는 저작권의 권리 즉, 저작 인격권 (일 신전 속성), 저작재산권, 저작 인접권 (실연권, 음반 제작자의 권리 등)과 저작재산권의 제한 규정인 비영리적 이용, 공정한 이용, 번역 및 편곡 등 (저작권법 제 23조 ~ 제 36조)이 함께 명시되어 있다. 특히 대한민국의 저작권법은 FTA 및 국제 조약과 국제 협약에도 영향을 받고 있다. (WIPO-세계 지식 재산기구, UCC- 세계 저작권 협약, 제네바 협약, Trips 협정, 베른 협약 WCT- 세계 지적재산권기구, 로마 협약 등)

3) 저작권의 역사

인쇄술의 발명은 지식의 대중화와 함께 저작물 보호에 대한 새로운 문제를 불러왔다. 15세기 구텐베르크의 활판 인쇄술은 복제와 유통의 규모를 비약적으로 확대하여 글과 이미지가 상품으로서의 가치를 갖게 했고, 이로써 '복제 가능한 저작물'에 대한 소유권·통제권의 문제가 본격화되었다.[213] 초기 유럽에서는 인쇄·출판을 통제하던 길드나 국가 권한이 존재했으나, 근대적 의미의 저작권은 인쇄업자·출판사의 독점적 이익과 공공의 지적·문화적 이익을 조화시키려는 시도에서 출발했다.

근대 저작권법의 전환점은 1710년 영국의 앤(Anne) 국왕 시대에 제정된 법률—통상 'Statute of Anne'로 불리는 법—이다. 이 법은 저작권을 사적 특권이 아닌 공적 권리로 규정하고, 저작자에게 일정 기간 배타적 권리를 인정함과 동시에 권리 기간 만료 후에는 공공영역(public domain)에 귀속시킨다는 점에서 오늘날 저작권의 기본 원리를 제시했다.[214] 이후 유럽 각국은 자국법을 통해 저작권 보호를 확장·구체화하였고, 국제적 상호보호를 위해 19세기 말에 결성된 국제조약이 등장하였다.

1886년 스위스 베른에서 채택된 베른협약은 문학·예술 저작물의 국제적 보호를 규범화한 최초의 다자조약으로, '무형적 권리의 자동적 보호', '처우의 원칙(national treatment)', 및 저작권의 최소 보호 기준을 제시하여 각국 법제 정합성의 기준이 되었다.[215] 20세기 후반에는 정보통신 기술의 발전과 무역의 세계화 속에서 지적재산권의 경제적 중요성이 확대되었고, 1994년 채택된 WTO의

---

213 "Printing Press," History.com, May 7, 2018, https://www.history.com/articles/printing-press

214 "Statute of Anne," Encyclopaedia Britannica, https://www.britannica.com/topic/Statute-of-Anne

215 World Intellectual Property Organization (WIPO), "Berne Convention for the Protection of Literary and Artistic Works," WIPO, https://www.wipo.int/en/web/treaties/ip/berne/index

TRIPS 협정은 지식재산권을 다자무역체제의 한 축으로 편입시켜 저작권 보호의 국제적 표준을 강화했다.[216]

우리나라에서의 저작권 보호 이력은 동아시아의 근대화 과정과 궤를 같이한다. 근대적 의미의 저작권 규정은 1908년 대한제국 시기 '한국저작권령(칙령 제200호)'에서 처음 도입되었으나, 그 내용은 당시 일본의 법제를 의용하거나 영향을 받은 수준에 머물렀다.[217] 일제 강점기와 해방·분단의 혼란기를 거쳐 대한민국이 수립된 후, 근대적·독자적 저작권법 체계는 1957년에 법률(저작권법)로 제정되면서 본격적으로 정비되었다. 초창기에는 인쇄·문학작품 중심의 보호에 머물렀으나, 전파·음악·영화·사진 등 창작물의 다양화와 정보통신기술의 발달에 맞춰 수차례(특히 1986·2006·2009년 등) 개정이 이루어져 권리범위·보호기간·온라인 침해 대응 등 측면에서 국제 기준에 점차 부합하도록 변화하였다.[218]

요컨대 저작권의 역사는 기술과 제도 상호작용의 역사다. 인쇄술이 제기한 문제는 법·국제협약·국가정책을 통해 점차 규범화되었고, 오늘날 저작권은 창작자의 인격적·경제적 이익을 보호하는 동시에 사회적 정보·문화 자원의 공적 이용을 조화롭게 설계하는 규범으로 진화해왔다. 특히 우리나라의 경우 1908년 조문의 도입에서 출발해, 20세기 중·후반의 법제 정비와 21세기 디지털 환경 적응을 통해 현대적 저작권체계를 구축해 왔다는 사실을 기억할 필요가 있다. 이번 장에서는 교회행정에 필요한 음악 저작물과 관련한 다양한 법률 내용과 관련 지침에 대해 살펴보자.

216　World Trade Organization, "Agreement on Trade-Related Aspects of Intellectual Property Rights (TRIPS)," WTO, https://www.wto.org/english/docs_e/legal_e/27-trips_01_e.htm
217　한국저작권위원회, "저작권 기초지식," 한국저작권위원회 웹사이트, https://www.copyright.or.kr
218　"Copyright law of South Korea," Wikipedia (summary of legislative history and major amendments), https://en.wikipedia.org/wiki/Copyright_law_of_South_Korea

(2) 음악 저작물

1) 공연권
① 관련 법률: 저작권법 제 29조 (영리를 목적으로 하지 아니하는 공연) 및 제 125조 (손해배상 청구 등).
② 지침
일반적으로 예배 중 비영리적 목적의 찬송가 등 저작물 공연은 저작권 침해로 보지 않는 경우가 많지만, 모든 상황에 적용되는 것은 아니다. 특히 찬양 집회나 문화 행사 등은 상업적 목적이 아니더라도 저작권자의 허락이나 사용료가 필요할 수 있다.

2) 복제권
① 관련 법률: 저작권법 제 136조 (권리침해죄).
② 지침
예배 순서지, 찬양 악보집 등을 제작하거나, 찬양 가사를 화면에 띄우기 위해 복제하는 행위에는 저작권자의 허락이 필요하다. 이를 위해 CCLI(Christian Copyright Licensing International) 등의 단체를 통해 라이선스를 취득하는 것이 일반적이다.

3) 음반 복제 및 배포
① 관련 법률: 저작권법 제 124조 (부정경쟁행위의 금지).
② 지침
예배 반주용 MR(반주 음악)을 CD로 복제하거나, 성가대 연습용 음원을 별도로 복제하여 배포하는 행위는 저작권 침해에 해당한다. 각 사용 목적에 맞는 별도 라이선스가 필요하다.

(3) 영상 및 이미지 저작물

1) 영상 복제 및 공연권
① 관련 법률: 저작권법 제 136조 (권리침해죄).
② 지침

　예배나 교육 시간에 영화 클립을 상영하거나, 설교 시 배경 이미지를 무단으로 사용하는 것은 저작권 침해이다. 반드시 라이센스를 구매하여 사용해야 한다.

2) 스톡 이미지 및 폰트
① 관련 법률: 저작권법 제 137조 (무단 사용에 대한 벌칙).
② 지침

　설교 PPT 제작에 사용되는 이미지나 폰트는 저작권이 있는 경우가 많다. 특히 상업적 이용이 제한된 무료 폰트를 예배 목적으로 사용하면 문제가 될 수 있다. 저작권 라이선스가 있는 이미지와 폰트를 사용하는 것이 안전하다.

3) 온라인 송출 및 녹화 (스트리밍, 유튜브 등)
① 공중송신권 관련 법률: 저작권법 제 2조 (용어의 정의) 및 제 137조 (벌칙).
② 지침

　예배실황을 온라인으로 생중계하거나 녹화하여 공유하는 경우, 사용된 찬양, 음악, 이미지 등 모든 저작물에 대한 공중송신권 허락을 받아야 한다. 이는 일반 예배와 달리 비영리 목적이라도 예외 조항에 해당하지 않는다.

2. 저작권 위반 시 벌금 및 불이익

한국 저작권법에 따라 저작권 침해 행위가 적발되면 다음과 같은 민사적, 형사적 처벌을 받게 된다.

(1) 형사 처벌
1) 벌칙 조항: 저작권법 제 136조 (권리침해죄)
2) 내용
   저작권자 동의 없이 저작물을 복제, 공연, 배포하는 등의 행위를 한 자는 5년 이하의 징역 또는 5천만 원 이하의 벌금에 처할 수 있다.
3) 공소시효
   저작권 침해죄는 저작권자가 고소해야 공소를 제기할 수 있는 친고죄에 해당하지만, 영리 목적 또는 상습적인 침해 행위일 경우 친고죄 규정이 적용되지 않는다.

(2) 민사 책임
1) 손해배상 청구
   저작권자는 침해 행위로 인해 입은 손해에 대해 민사상 손해배상을 청구할 수 있다.

2) 법정 손해배상
① 저작권법 제 125조의 2에 따라, 고의 또는 과실로 권리를 침해한 자에 대해 저작권자가 손해액을 입증하기 어려운 경우, 침해된 저작물마다 1천만 원 이하의 법정 손해배상액을 청구할 수 있다. (영리 목적일 때 5천만 원 이하).
② 침해정지 청구: 저작권법 제123조에 따라, 저작권자는 침해 행위의 중지 또는 예방을 청구할 수 있으며, 침해 행위로 만들어진 물건의 폐기 등 필요

한 조치를 요구할 수 있다.

3) 교회의 불이익
① 법인 처벌: 저작권법 제 141조 (양벌규정)에 따라, 교회 대표자나 종사자가 업무 관련 침해 행위를 한 경우, 교회(법인)에도 벌금형이 부과될 수 있다.
② 사회적 이미지 실추: 저작권 침해는 교회의 윤리적 책임에 대한 비판으로 이어질 수 있으며, 사회적 신뢰도 하락의 원인이 될 수 있다.
③ 재정적 부담: 소송 과정에서 발생하는 변호사 비용, 합의금, 벌금 등 막대한 재정적 부담을 지게 될 수 있다.

따라서 교회는 저작권 침해를 예방하기 위해 CCLI 등 저작권 대행사의 라이선스를 구매하고, 모든 저작물 사용 시 저작권자의 허락을 구하는 절차를 준수해야 한다. 그렇지 않으면 저작권 침해에 해당된다. 침해자가 저작권이 있는 저작물을 이용(주관적 요건), 침해한 저작물과 침해당한 저작물 사이에 실질적 유사성이 있을 경우(객관적 요건)에 인정될 경우 저작권자는 침해정지, 손해배상 청구, 명예회복에 필요한 조치 청구, 형사고소를 통해 침해당한 자신의 권리를 법적으로 구제받을 수 있다. 그리고 저작자의 동의 없이, 저작권료의 지불 없이 만들어지는 교회의 맞춤 성가집이나 복사 사용 등은 위와 같은 저작권법과 저작권 침해 내용에 해당 된다. 복사 악보가 아닌 정식 악보를 구매하여 사용하고, 맞춤 성가집 제작이 필요한 경우 각 저작권 관리단체를 통해 정식 사용 승인을 받은 후에 제작하는 것이 바람직하다. 이처럼 저작자의 권리를 존중할 때 저작자의 창작 활동과 생활을 보장해 주어 보다 창조적인, 영감 있는 음악 결과물을 기대할 수 있다. 이러한 올바른 창작, 사용 문화가 한국 교회음악의 기반을 견고하게 할 것이며 이는 교회음악 지도자들의 역할이 무엇보다 중요하다. 현재 한국교회음악과 관련하여 찬양대의 성가저작권 실무를 담당하고 있는 단체는 아래의 도표와 같다.

단체명	관리 출판사
선민음악	Lorenz, Beckenhorst, Hope
카피케어 코리아	홈페이지를 통해 확인 가능
상지원	Alfred
후시 퍼시픽	Shawnee
그 외 국내 창작 성가에 대한 사용 허락은 예솔, 선민, 중앙성가, 비앤비, 아가페, 미완성, 빛나라, 이우 등 국내 성가 출판사에 문의	

위 단체를 통해 교회가 희망하는 악보를 구입 또는 이용하기 위해서는 사용 승인과 사용 절차를 반드시 거쳐야 한다.

① (출판 또는 음반물에) 사용하고자 하는 곡의 관리단체가 어느 곳인지 확인 후에 각 출판사의 연락처로 문의한다.
② 안내에 따라 사용신청서 작성한다. (사용신청자의 정보, 제작물명, 제작수량, 판매가, 전체곡수, 저작권단체에서 관리하는 해당곡수, 사용 곡 정보의 내용을 기록하여야 한다)
③ 승인 후 사용료(저작권 산출식에 의거한) 지불과 분기별 판매량 보고한다.

마지막으로 저작자의 권리 찾기 위해서는 위탁 관리단체에 저작자 회원으로 가입하고 자신의 창작곡을 위탁 관리단체에 등록하면 위와 같은 저작권 보호를 받을 수 있다. 창작물에 대한 재산권을 갖게 되어 계약상의 협의된 조항에 따라 저작물 사용료를 지급 받게 된다. 대표적인 위탁 관리단체로는 한국음악저작권협회, 카피케어코리아 등이 있다.

3. 공중송신에 의한 교회음악 저작권 문제 및 해결방안

오늘날 디지털 시대에 교회의 예배·찬양 영상과 녹음의 온라인 전송은 단순한 봉사 행위를 넘어 저작권법상 '공중송신(communication to the public)'에 해

당할 수 있다.²¹⁹ 따라서 교회가 예배를 실황 중계하거나 유튜브·SNS에 게시할 때에는 연주·가사·편곡·녹음물에 관한 복제권·공연권·공중송신권 등 복수의 권리가 문제되며, 예외 규정(현장 비공개·비상업적 사용 등)은 전송(스트리밍)까지 자동으로 적용되지 않으므로 별도의 스트리밍·전송 라이선스 취득 또는 저작권자 허락이 필요하다.²²⁰ 한국의 저작권법은 공중송신권을 저작권자의 배타적 권리로 규정하고 있고, 국내외 권리단체(예: KOMCA, CCLI 등)와의 계약을 통해 교회 실무는 비교적 현실적인 해결책을 마련할 수 있다.²²¹

A. 저작권 문제의 중요성

(1) 미디어 산업 발전으로 만들어진 생태계

웹 3.0시대 누구나 창작자가 되는 세상이다. 동시에 누구나 저작물을 이용하

---

219 Republic of Korea, Copyright Act, Art. 18 (Right of Public Transmission), translated text available via Korea Legislation Research Institute, https://elaw.klri.re.kr/kor_service/lawView.do?hseq=49128&lang=ENG

220 Korean Copyright Commission, "공중전달 개념에 대한 연구," 연구보고서, Nov. 2, 2020, https://www.copyright.or.kr

221 CCLI Korea, Streaming License Terms & Manual (guidance PDF), accessed Oct. 18, 2025, https://kr.ccli.com 또는 KOMCA (Korea Music Copyright Association), official site, membership and licensing information, 2025, https://www.komca.or.kr 참고!

는 시대에 사는 이는 곧 창작자 누구나 저작권자이자 저작권 침해자(양방향성, 집단 지성, 오픈 플랫폼, AI, 빅 데이터)가 될 수 있다는 이야기다. 저작권법의 개정은 산업 발전과 밀접하다.

(2) 선택이 아닌 필수가 된 온라인 예배

코로나-19 상황과 미디어 소비 시대를 거쳐 포스트 펜데믹 시대이다. (나스 미디어 "2020 NRP 인터넷 이용자 조사 요약 보고서" 유튜브 이용자 93.7 % -10대부터 60대 전 연령층)

(3) 저작권 강화 정책

미디어 플랫폼들의 저작권 강화 정책-(ex) 유튜브 Content ID- FTA 및 국제 조약에 따른 국제법을 따르는 미디어 저작권 그리고 국내 저작권법 및 저작권 관리에 대한 법적 강화 정책(저작권 보호원의 저작권 디지털 포렌식 센터 구축, 사법 경찰단)이 있다.

(4) 교회의 저작권 문제

저작권 문제로 온라인으로 예배드리는 권리를 박탈당할 수 있다. 저작물의 불법적 이음으로 인한 교회의 법적, 도덕적 책임은 가장 큰 어려움이다. 새로운 선교지 미디어 세상에 선교를 중단해야 할 수 있다. 종교적 저작권 인식이 상향되어 저작권 분쟁이 발생하는 경우가 점점 늘어나고 있다.

B. 공중 송신

21세기에 들어서면서 현대 교회와 행정에 가장 중요한 저작권과 관계된 영역이 되었다. 그동안 한국교회가 저작권의 사각지대에 있었던 시대는 옛말이다. 특별히 각종 인터넷 매체와 사회 전산망 구축에 따른 온라인 송출이 그 어느 때보다 쉬운 시대에 살고 있다. 저작권 가운데서도 가장 사회적인 화두가 되어있는 공중송신에 관한 내용을 알아보자.

(1) 공중 송신의 의미

공중 송신 (Public Transmission Right)은 저작물 실연, 음반, 방송 또는 데이터 베이스를 대중이 수신하거나 접근하게 할 목적으로 무선 또는 유선 통신의 방법에 따라 송신하거나 이용에 제공하는 것을 말한다. (저작권법 제 2조 7항)

(2) 공중 송신의 종류

1) 방송 : 공중이 동시에 수신하게 할 목적으로 음악, 영상, 음과 영상 등을 송신하는 것
   예) TV, 라디오 등의 방송 (컴퓨터 네트워크를 통하지 않는 것)

2) 전송 : 공중의 구성원이 개별적으로 선택한 시간과 장소에서 접근할 수 있도록 저작물 등을 이용에 제공하는 것 (저작권법 제 2조 10항)
   예) IPTV. 스트리밍, 유튜브 및 SNS의 다시 보기, 교회 홈페이지 성가대 영상 등 (컴퓨터 네트워크를 통하는 것

3) 디지털 음성 송신 공중에게 동시에 수신하게 할 목적으로 공중 구성원의 요청 때문에 개시되는 디지털 방식의 음의 송신 (저작권법 제 2조 11항)
   예) 실시간 스트리밍, 유튜브 라이브 방송 (컴퓨터 네트워크를 통하는 것)

(3) 공중 송신에 의한 교회음악 저작권 문제의 국내외 상황

미국의 저작권법에서 종교 면책 사항은 단순히 예배 행위 가운데 일어날 수 있는 실연 및 공연, 전시에 한해서만 허용하고 있다. 미국 연방 저작권법 제 110조 3항. 공중 송신권, 2차 저작물 작성권, 성명 표시권, 동일성 유지권 등의 권리에 대한 면책은 없다.

독일의 경우 저작권자의 허락 없이 저작물을 이용할 수 있으며 대중에게 공개 재현하는 것이 허용된다. 단, 지 작자에게 상당한 보상금을 지급해야만 자유롭게 이용할 수 있다. 독일 저작권법 제 46조, 제 52조 2항. 독일 역시 공중 송신권에 대한 권리의 면책은 없다. 기타 종교적 면책 규정이 있는 국가도 공중 송신에 대한 종교적 면책은 찾아볼 수 없다. 캐나다 장로교회 (The Presbyterian Church in Canada) 뉴질랜드 장로교회 (Presbyterian Church in Aotraroa New Zealand) 미국 연합 감리교회 (The People Of The United Methodist Church), 영국의 복음주의 연합 (The Evangelical Alliance) 등의 해외 기독교 교단 역시 공중 송신에 있어 교회음악의 저작권 문제를 해결할 수 없으므로 원저작자에게 허락받거나 저작권을 관리하는 단체를 통해 문제해결을 권고하고 있다. 국내의 경우 저작권법상의 종교적 면책 규정은 없으나 저작재산권 제한 규정을 통해 교회에서 저작물을 어느 정도 자유롭게 이용할 수 있도록 하고 있다. 단, 이 경우에도 공중 송신 중 전송 및 디지털 음성 송신에 대한 제한 규정은 없다.

C. 교회음악 관련 저작권의 제한 규정과 공중 송신 문제

(1) 비영리적 이용 (저작권법 제 29조)

예배를 드리는 행위 자체에 반대급부를 받는다고 할 수 없으므로 공연 및 방송이 허락된다. 예배 행위를 미디어 플랫폼 등의 방법으로 공중 송신하거나, 2차 저작물로 작성된 콘텐츠를 공중 송신하는 경우 비영리 사용에 해당하지 않는 것으로 본다. (비영리적 이용은 공연과 방송에 한정한다) 실연자에게 통상의 보수를 지급하는 교회에 대해서는 비영리 공연으로 볼 수 없으므로 저작권 침해로 볼 수 있다.

(2) 사적 이용을 위한 복제 (저작권법 제30조)

비영리 목적인 개인이나 가정에 준하는 한정된 범위에서의 이용을 위해 복제를 허용 (소 그룹 모임 시 복제 가능) 단, 복제 시 교회의 복사기 등을 이용하여 복제하는 것은 사적 이용으로 보지 않는다. (공중의 사용에 제공하기 위하여 설치된 복사기, 스캐너, 사진기 등 복제기기에 의한 복제는 불가)

(3) 저작물의 공정한 이용 (저작권법 제35조의 5)

이용의 목적 및 성격, 저작물의 종류 및 용도, 이용된 부분이 저작물 전체에서 차지하는 비중과 중요성, 저작물의 이용이 그 저작물의 현재 시장 또는 가치나 잠재적인 시장 또는 가치에 미치는 영향을 종합하여 통상적인 이용 방법과 충돌하지 않고 저작자의 정당한 이익을 부당하게 해치지 아니할 때는 저작물을 이용할 수 있다.

(4) 위의 3가지 항목에 해당할 경우 편곡 및 개작을 할 수 있음 (저작권법 제36조)

D. 공중 송신에 따른 저작권 문제의 예시와 해결방안

(1) 동일성유지권, 2차적 저작물 작성권

1) 예시

① 찬양대 및 찬양 팀이 원곡을 편곡, 개사 및 번역하여 부르거나 연주
② 새벽 기도 시 끊기지 않는 찬양 배경음악을 틀기 위해 음악을 짜깁기하여 튼 경우
③ ①과 ②를 유튜브 온라인 예배 및 홈페이지에 올린 경우

2) 저작권

원칙적으로 뭔 저작자의 허락을 받아야 하고 그렇지 않을 때 저작 인격권의 동일성 유지권 침해 행위로 본다. (저작권법 제 13조) 번역 및 편곡, 영상 제작은 2차적 저작물로 분류됨으로 2차적 저작물 작성권 침해 행위로 본다. (저작권법 제 22조) 음원의 경우 저작인격권으로서의 동일성 유지권 침해가 되는 내용 형식과 제의 변경은 음원 그 자체의 내용이라고 볼 수 있는 음계, 박자, 화음과 그 외부적 표현 형식인 악기 연주 또는 노래를 통하여 표현 소리, 음원 자체의 제목에 대한 변경을 의미한다.(서울 증 양지 법 2017. 8. 9 자 2017 카합 80409. 결정, 서울고법 2017.12 20 자 2017 라 20915 항고 기각)

3) 문제의 해석

지적 재산권 제한 규정에 따라 번역, 편곡 등에 의한 이용(저작권법 제 36조)은 비영리 및 사적 이용. 공정한 이용 시 원저작자의 허락을 받지 않아도 되지만 비영리적 사용에서 허용되는 범위는 공연 및 방송에 한정되어 허용된다. 또한, 교회의 공중 예배는 사적 이용으로 볼 수 없으며, 공정한 이용 역시 유튜브 등을 통해 저작자의 정당한 이익을 부당하게 해치는 것으로 볼 수 있다. 즉 오프라인, 예배 때 편곡은 허용되지만, 유튜브 실시간 예배 (디지털 음성 송신권), 유튜

브 및 홈페이지의 찬양 영상 (전송권) 등으로 공중 송신할 경우 편곡된 곡을 사용하면 동일성 유지권 침해가 된다.

4) 문제의 해결

원저작자에게 편곡에 대한 사전 허락을 받고 동시에 2차적 저작물 작성권, 공중 승 신권 공연권에 대한 이용허락을 받는다. 단, 원저작자가 저작재산권을 양도하여 저작 재산권자가 다른 경우 저작자와 저작재산권 자에게 반드시 허락을 받아야 한다. 그리고 찬송가, CCLL, 저작자 사후 70년이 지난 곡을 중심으로 직접 편곡하여 이용한다. 단, 상업용으로 출시 된 음원의 짜깁기는 사용하지 않아야 한다.

(2) 성명 표시권

1) 예시

① 찬양대의 찬양 및 찬양 팀의 찬양을 공증 송신할 때 출처를 표기하지 않음
② 특송, 특주, 워십 댄스 등 음악 저작물을 활용한 특별 순서를 공중 송신할 때 출처를 표기하지 않음
③ 예배 전후 및 기도회 배경음악을 틀거나 연주하는 것을 공증 송신할 때 출처를 표기하지 않음

2) 저작권

성명표시권(저작자의 특별한 의사표시가 없는 때를 제외하고 성명을 표시해야 한다. / 저작권법 제 12조)을 위반한 경우가 발생한다.

3) 문제의 해석

먼저 저작재산권의 제한 규정과 관계없이 온라인 예배뿐만 아니라 오프라인 예매에서도 반드시 지켜야 한다. 그리고 음원을 사용할 경우 저작자뿐만 아니

라 실연자의 인격권도 일신(一身)에 전속(專屬)하여 성명을 표시해야 한다. 저작 인격권의 성명 표시권은 인격적 이익을 보호하는 일신에 전속하는 권리로 영리, 비영리와 관계없이 권리 창해가 성립되며 저작재산권이 양도되었어도 저작 인격권은 원저작자에게 있고 상속이 불가하여 저작자 사후 저작재산권이 시리 져도 저작 인격권은 지속한다. 저작 인격권 침해는 저작자의 사후에도 유족 및 유언 집행인 등에 게 참해 정지 나 명예회복 등을 청구할 수 있다. 성명 표시를 잘못한 것도 성명 표시권 침해가 된다. (대법원 2012. 1.12 선고 2010 다 57497 판결) 교육 묵적 상이나 비영리의 경우에도 성명 표시권 위반될 수 있다. (대법원 1989. 10.24. 선고 88 다카 29269 판결)

4) 문제의 해결

① 출처 및 성명 표시는 찬양 영상 및 게시글에 동시에 직접 표기하는 것이 원칙 (표기시 저작자, 인접권자 모두 표시)
② 비영리 및 비대면 예배도 출처 및 성명 반드시 표기 (복사물 순서지, PPT 화면 등)
③ 무료 음원, 무료 폰트, 무료 악보도 출처 및 성명 표시
④ 출처 및 저작권자를 확인할 수 없는 콘텐츠는 사용하지 않기
⑤ SNS, 블로그, 미디어 플랫폼에 활용할 때 영상 외에 실제 글에도 출처 표기할 것
⑥ 찬송가 악보 편집물 사용 금지

(3) 복제권

1) 예시
① 찬양 악보를 교회 복사기로 복사하여 대원들에게 나눠주고 연주한 경우
② 특정 음원 및 악보를 찬양대 연습을 위해 홈페이지에 업로드하여 저장하고 전송한 경우

③ 예배 때 틀거나 상영하기 위해 이용허락을 받지 않은 저작물을 방송실 컴퓨터에 복제한 경우

2) 저작권 문제

저작자는 그의 저작물을 복제할 권리를 가진다. 저작권법 제 16조) 실연자는 그의 실연을 복제할 권리를 가진다. (저작권법 제 69조) 음반 제작자는 그의 음반을 복제할 권리를 가진다. (저작권법 제 78조)

3) 문제의 해석

복제란 일시적 또는 영구적으로 유형물에 고정하거나 다시 제작하는 것을 말함 (저작권법 제 2조 22항). D의 경우 저작 제산권의 사적 복제에 해당하지 않아 복제권 침해가 성립한다. ⑵, ⑶의 경우 웹 서버에 유형물을 고정하는 것에 해당하기 때문에 복제권 침해가 성립된다. 복제권 침해 후 공증 송신할 경우 복제권에 대한 이용허락을 받지 아니한 것을 누구나 알 수 있게 되므로 문제가 된다. 유튜브 등으로 다시 보기를 하기 위해 음악 및 음악 영상물을 저장한 경우에도 복제권 침해가 될 수 있다.

4) 문제의 해결

① 복제권에 대한 이용허락을 받지 아니한 저작물은 원칙적으로 복제하지 않아야 한다.
② 성가대와 찬양 팀은 복제된 악보를 사용하지 않고 정식으로 구매된 악보만을 사용한다.
③ 연습을 위해 악보를 복사해야 할 때 교회 내 복사기가 아닌 사적 복제가 될 수 있도록 개인이 내려받고 출력을 하도록 권한다.
④ 저작재산권 제한 규정의 일시적 복제에 해당하도록 음원이나 영상물은 상영 전 이용 허락받은 저작물만 방송실 컴퓨터에 일시적으로 복제하여 사

용하고 이후 삭제한다. (저작권법 제 35조의 2)
⑤ 타인의 음악이나 음악 영상물을 교회에서 상영하거나 성도들에게 단체로 전송하기 위해 저장하지 않아야 한다.

(4) 공중송신권, 2차적 저작물 작성권

1) 예시
① 예배를 유튜브 라이브 방송으로 상영하여 교회음악 저작물이 공중 송신된 경우
② 교회에서 실연한 특정 연주를 유튜브 나 홈페이지에 올린 경우
③ 교회 홍보영상 등을 제작할 때 CCM 곡을 배경음악으로 사용하여 유튜브 및 홈페이지에 올린 경우

2) 저작권 문제
①은 공중송신권의 디지털 음성 송신에 대한 저작권 침해
②는 공중송신권의 전송에 대한 저작권 침해
③은 공증송신권의 전송 및 2차적 저작물 작성권 (저작권법 제 22조) 침해

3) 문제의 해석
공중 송신에서 방송을 제외한 디지털 음성 송신 (인터넷 라이브 방송 등) 및 전송 (유튜브 다시 보기, 홈페이지 영상)은 저작재산권 제한 규정에 해당하지 않기 때문에 저작권 침해로 본다. 영상물은 여러 가지 원저작물이 모여 하나의 2차적 저작물이 되는 것으로 원저작자에게 2차적 저작물 작성에 대한 이용허락을 사전에 받지 못한 경우 저작물성을 인정받지 못할 뿐 아니라 2차적 저작물 작성권 침해가 된다.

4) 문제의 해결

① 상업용으로 출시된 음원을 제외한 CCLI 수록곡, 찬송가 등을 직접 연주하여 배경음악으로 쓰거나, 공중 송신한다.
② 이용허락을 받지 않은 상업용으로 출시된 음원을 교회 내에서 어떤 상황에서도 사용하지 않는다..
③ 영상 편집 시 유/무료 배경음악 제공 서비스 회사에 비용을 내고 사용한다.
④ 반드시 써야 하는 음원이 있다면 사전에 이용허락을 받아야 한다. 유튜브는 글로벌 플랫폼이므로 해외 음원의 경우 더욱 잘 지켜야 한다.
⑤ 저작물 사용에 자유로운 대면 예배, 저작물이 한정된 비대면 예배로 구분하여 예배 순서를 구성한다.
⑥ 저작권이 소멸한 오래된 찬양을 직접 사보 번역 연주하여 사용한다.

(5) 공중 송신에 따른 저작권 문제의 그 외의 예시와 해결방안

공중송신과 관련한 기술적 해결 지침 몇 가지를 더 제시한다.

1) 인용되는 저작물 및 배경음악으로 사용되는 음원이 저작권 해결되지 않은 것이면 방송 송출 시 별도의 화면(대기 화면 등)을 송출 지침
2) 모든 예배에 들어가는 콘텐츠(영상, 음원, 폰트)를 유튜브에 테스트 계정을 만들어서 송출 테스트를 하여 활용 저작권 문제해결은 안 되지만 예배 중단 사태는 방지 가능 지침
3) 채널의 이원화-유튜브의 계정 정지 및 라이브 방송 중단에 대비한 방송 및 콘텐츠 채널 다각화(비메오, 카카오 tv) 등

E. 향후 해결해야 할 저작권 문제

(1) 실연자의 정기적 보수에 의한 공연권 침해 문제

저작재산권 제한 규정상 비영리에 해당하는 교회 예배가 실연자에게 통상의 보수를 지급할 경우 영리적 공연으로 볼 수 있다.

(2) 친고죄의 확대 문제

과거에 저작권 침해는 친고죄로서 저작권자의 고소가 있을 때 법적인 책임을 물었지만, 현재는 온 오프라인을 통해 저작권자가 아니어도 누구나 저작권 침해 행위를 신고할 수 있도록 문체부 및 저작권 보호원이 제도를 갖추었다. 2020년 11월 20일 '공익 신고자 보호법' 개정으로 '저작권법'이 공익 침해 행위 대상 법률에 추가되면서 복제·공연·전시·배포·대여 등의 방법으로 저작재산권을 침해하는 행위는 공익 침해 행위로 공익 신고 대상이 된다.

(3) 음악사역자의 저작권 계약 문제

음악사역자의 실연, 2차적 저작물 작 편곡 등 역시 정당 한 이용허락을 받아 작성되었을 경우 독립적인 저작물로 인정되기 때문에 교회는 근로 계약과 동시에 저작권 이용에 대하여 음악사역자와 별도의 계약을 체결해야 한다. 교회는 음악사역자 또는 영상 편집자와 사역자의 실연 인접권 및 편곡에 대한 2차 저작물, 예배 후 공중 송신되는 교회 내 저작자의 저작물에 대한 포괄적 이용허락에 대해 계약하고 관리하여야 한다.

F. 저작권 FAQ

(1) 찬송가 제목은 저작권이 있나?

찬송가의 제목은 저작물성이 없으므로 저작권이 없다. (서울 민사 지방 법원 제 11부 1990.920 판결, 89가합62247) 손해배상 사람이 아닌 기계가 작곡한 음악, 작곡할 때 떠 올렸던 아이디어, 원저작자에게 허락받지 아니하고 작성된 2차적 저작을 등은 저작물성이 없음. 대표적인 관례는 제호에 관련된 것으로 제호의 득점 현상이 창작의 자유를 저해한다고 본 판례이다.

(ex) 하나님의 사랑이라는 음악 저작물의 제목 자체가 저작물로 인정된다면 보편적으로 사용되는 하나님의 사랑이라는 표현을 다른 어문 저작물인 설교 제목으로 사용할 수 없는 엄청난 혼란이 발생할 수 있다. 단 찬송가의 번호와 제목을 함께 사용하여 다수의 찬송가 목차를 그대로 사용할 때에는 찬송가를 기획하고 구성하여 순서를 정한 것에 대한 저작물성이 인정될 수 있으므로 찬송가 제목을 사용할 때는 찬송가의 목차 번호를 사용하지 않는 것이 좋다.

(2) 작곡과 작사가 공동의 작품인 경우 저작권 소멸 기한은 언제인가?

공동의 저작물의 저작재산권은 전원 합의에 따라 재산권을 행사할 수 있다. 또한, 특약이 없는 경우 공동의 저작자는 동일한 저작권의 권리를 가질 수 있다. 공동의 저작물의 저작권 소멸 기간은 맨 마지막으로 사망한 저작자의 사후 70년 후다.

(3) 저작권자를 찾을 수가 없을 때

한국 저작권위원회의 법정 허락 규정에 따라 누구든지 『저작권법 시행령, 제

18조』에서 정하는 기준에 해당하는 상당한 노력을 기울였어도 공표된 저작물의 저작재산권 자나 그의 거소를 알 수 없어 그 저작물의 이용허락을 받을 수 없는 경우에는 「저작권법」 제 112조에 따른 한국 저작권위원회 (이하 "한국 저작권위원회"라 함)의 승인을 받은 후 한국 저작권위원회에서 정하는 기준에 따른 보상금을 한국 저작권위원회에 지급하고 이를 이용할 수 있다. 『저작권법, 제 50조 제 1항, 제 130조 및 저작권법 시행령, 제 68조 제 1항』

4. 미래를 위한 준비

(1) 교단 차원의 저작권위원회 필요

디지털 시대의 예배와 사역은 음악, 영상, 이미지 등 다양한 저작물이 활용된다. 이에 교단 차원에서 저작권위원회를 설립하여 각 교회의 저작권 사용 지침을 마련하고, 법적 분쟁 발생 시 공동 대응할 수 있는 체계를 구축해야 한다. 이 위원회는 저작권 사용 허락 절차, 라이선스 관리, 교육 자료 제공 등을 담당함으로써 교회가 합법적이고 신앙적인 방식으로 콘텐츠를 활용하도록 돕는 역할을 수행한다.

(2) 저작권자의 양성 및 저작권 침해 방지를 위한 학교의 교육

교회음악, 영상, 디자인 등 콘텐츠를 창작하는 인재가 늘어날수록 저작권 인식 또한 전문적으로 길러야 한다. 신학대학이나 교회음악 관련 학과에서는 저작권법의 기본 원리와 실제 사례를 교육하여 창작자가 스스로 권리를 보호하고 타인의 권리를 존중할 수 있도록 해야 한다. 이는 저작권 침해를 예방할 뿐 아니라, 장차 교회 내 콘텐츠 사역의 윤리적 표준을 세우는 밑거름이 된다.

(3) 교회 내의 정기적인 저작권 교육 및 조직구성

교회는 예배, 행사, 미디어 제작 등에서 저작물이 빈번히 사용되는 공간이다. 따라서 정기적인 저작권 교육과 내부 조직구성이 필수적이다. 교회 내에 '저작권 관리 담당자'를 지정하고, 연 1회 이상 실무 교육을 시행함으로써 법적 위험을 사전에 차단할 수 있다. 더불어 예배팀, 방송팀, 행정팀이 함께 협력하는 체계를 마련하면 교회의 모든 미디어 사역이 합법적이고 투명하게 운영될 수 있다.

(4) 교단 차원의 종교적 면책 입법 노력

예배나 선교와 같은 비상업적 활동에서의 저작물 사용은 공익적 목적을 가진 경우가 많다. 그러나 현행 저작권법은 종교단체의 이러한 특수성을 충분히 반영하지 못하고 있다. 교단은 정부 및 관련 기관과 협력하여 예배 목적의 비영리적 사용에 대해 일정 범위의 면책이나 완화 규정을 마련하도록 법적 개선을 추진해야 한다. 이는 종교의 자유와 창작자의 권리 보호를 균형 있게 조정하려는 제도적 노력이다.

(5) 안전한 교회 저작권 배포 플랫폼의 필요성

교회가 자체 제작한 음악, 영상, 설교 콘텐츠를 합법적으로 공유하기 위해서는 공신력 있는 저작권 플랫폼이 필요하다. 교단이나 기독교 단체가 운영하는 안전한 배포 시스템을 구축하면, 각 교회는 저작권 상태를 명확히 확인하고 합법적으로 콘텐츠를 활용할 수 있다. 이를 통해 불필요한 침해 위험을 줄이고, 동시에 교회 간 창작물 교류를 활성화하여 선한 영향력을 확산시키는 길을 열수 있다.

5. 저작권 관련 행정양식

　교회가 예배나 행사를 운영할 때 저작권(음악, 영상, 공중송신, 복제 등) 관련 문제를 예방하는 데 필요한 행정 양식은 실제로 매우 중요하다.
　특히 한국저작권위원회, 한국음악저작권협회(KOMCA), 한국음악실연자연합회(KOSCAP), 한국음반산업협회(KRMA) 등의 허락이 필요한 경우가 많으므로, 교회가 미리 내부적으로 '저작권 관리용 행정서류'를 갖추어 운영하면 훨씬 안전하고 체계적인 관리가 가능하다. 이와 관련하여 필요한 행정 양식은 부록을 참조하자!

부록

Appendix

XI. 부록

1. 찬양대 운영 매뉴얼 — 부록 서식 모음

(1) 찬양대 주간 리허설 큐시트 예시

항목	내용 기입란
주일 날짜	(예: 2025.10.12)
예배 구분	☐ 1부 ☐ 2부 ☐ 3부 ☐ 특별예배
지휘자	
반주자	
찬양 제목	① ② ③
악보/편곡	(악보 번호, 편곡자 등)
리허설 시작 시간	(예: 오후 1:00)
리허설 장소	(예: 본당, 찬양실 등)
주요 연습 내용	- 음정 및 하모니 점검 - 발성 연습 - 가사 명확도 및 발음 정리 - 예배 동선 및 입장 리허설
특이사항	(지휘자 전달 사항, 기도 제목 등)
담당자 서명	지휘자: _____ / 반주자: _____ / 총무: _____

(2) 연간 예배음악 계획표 샘플

월	주차	예배 찬양 제목	주제(절기)	찬양대 구성	비고
1월	1주	새해 찬양 "새 노래로 주께"	신년감사	혼성찬양대	
	2주	주의 말씀 따라	평시	청년찬양대	
2월	3주	하나님의 은혜	사랑	혼성찬양대	
3월	4주	십자가의 길	사순절	어머니찬양대	
4월	부활절	주 살아계시네	부활절	전합창단	
…	…	…	…	…	…
12월	성탄절	영광의 왕 오셨네	성탄절	전합창단	예배 후 칸타타 공연

※ 매월 말, 다음 달 예배 음악 계획을 업데이트하고 회의 시 공유합니다.

(3) 찬양대원 출석 및 소통 관리 양식

구분	이름	파트	연락처	출석(O/X)	사유	비고
1		S				
2		A				
3		T				
4		B				
…						

※ 소통 메모란
- 다음 주 리허설 공지: _____
- 기도 제목 / 요청 사항: _____
- 대원 생일 및 감사 나눔: _____

(4) 온라인 연습자료 게시 안내문

〈찬양대 온라인 연습자료 이용 안내〉

사랑하는 찬양대 여러분,
주 안에서 평안하시길 바랍니다. 🙏
예배 찬양의 준비를 돕기 위해 온라인 연습자료실을 운영하고 있습니다.
아래 안내에 따라 자료를 확인하시기 바랍니다.

- 📁 자료실 위치:교회 홈페이지 → [찬양대 게시판] → [연습자료]
- 📋 업데이트 일정:매주 주일 오후 리허설 후 업데이트 (악보 PDF / 연습용 음원 / 지휘자 메시지 포함)
- 📞 문의:지휘자: _____ (연락처: _____)
      총 무: _____ (연락처: _____)
- 📄 유의사항:
  - 자료는 교회 내에서만 사용 가능합니다.
  - 무단 배포 및 외부 공유는 금지됩니다.
  - 연습 중 어려운 부분은 카톡방 또는 밴드 댓글로 문의해주세요.

2. 찬양팀(예배팀) 운영 매뉴얼 — 부록 서식 모음

(1) 찬양팀 주간 리허설 플랜 큐시트(예배 찬양팀 주간 리허설 계획표)

항목	내용 기입란
예배 일시	(예: 2025.10.12 주일 2부 예배 오전 11시)
리허설 일정	☐ 금요일 오후 8시 ☐ 주일 오전 9시 ☐ 기타( )
인 도 자	
악기 구성	☐ 보컬 ☐ 건반 ☐ 기타 ☐ 베이스 ☐ 드럼 ☐ 영상/조명 ☐ 음향
찬양곡 리스트	① ② ③ ④ (엔딩송 포함)
곡 순서 및 전환	(예: 곡 간 전환 타이밍, 인도 멘트, 코드 연결)
주요 점검 포인트	- 템포 및 클릭 싱크 확인 - 보컬 하모니 밸런스 - 악기별 모니터링 조정 - 예배 흐름 리허설
기술 담당 확인	음향: _____ / 영상: _____ / 조명: _____
특이사항 및 기도제목	

(2) 예배 음향 설정 및 모니터링 체크리스트

구분	항목	점검 내용	확인 (✔)	비고
🎛 믹서	- 메인 볼륨 정상 작동 - 각 채널 EQ 기본값 점검 - AUX Send 설정 확인			
🎤 마이크	- 보컬/악기용 채널 구분 - 배경음 제거 필터 확인 - 무선 배터리 교체			
🎧 모니터	- 각 팀원별 인이어 밸런스 확인 - 드럼 쉴드 내 피드백 최소화			
📢 PA 스피커	- 좌/우 메인 스피커 균형 - 서브우퍼 레벨 조정- 피크레벨 방지			
■ 레코딩/송출	- OBS/ProPresenter 연결 확인 - 오디오 인풋 정상 여부- 송출 지연(Delay) 보정			

※ 참고:
- 모든 점검은 예배 30분 전까지 완료합니다.
- 음향팀 리더는 체크리스트 서명 후 저장합니다.

(3) 예배 영상 및 조명 운영 계획표(영상/조명 운영 큐시트)

항목	내용 기입란
예배 일자	
예배 테마	(예: 감사, 고백, 성령의 임재 등)
영상 담당자	
조명 담당자	
사용 영상 자료	– 배경 영상 파일명: _____ – 자막 색상/폰트 규격: _____ – 시작 인트로 영상 여부: ☐ 있음 ☐ 없음
화면 전환 타이밍	(예: 곡1 → 곡2 간 2초 페이드, 인도 멘트 시 정지화면 유지 등)
조명 세팅	– 메인: 화이트 80% / 백라이트 블루 30% – 곡 전환 시 컬러 변경 타이밍 명시
비고	(특별 예배, 세례, 성찬 시 추가 준비 등)

(4) 찬양팀원 역할 및 커뮤니케이션 관리표(찬양팀 역할분담 및 소통 관리)

이름	파트	담당 역할	주요 책임	연락처	출석(O/X)	비고
	보컬	팀장(예배 인도)	세트리스트 기획 / 워십 리딩			
	건반	음악디렉터	코드 편곡 / 템포 조정			
	기타		사운드 밸런스 조율			
	드럼		클릭·루프 동기화			
	음향	음향 엔지니어	시스템 세팅 / 리허설 녹음			
	영상	송출 담당	가사·배경 영상 관리			

※ 소통 기록란
- 공지사항: _____
- 피드백/건의사항: _____
- 다음주 리허설 공지: _____

(5) 온라인 연습자료 및 예배 피드백 양식(예배팀 온라인 자료 및 피드백 관리)

🗂 공유 플랫폼:

- Google Drive / KakaoTalk / Band / Dropbox 등
- 폴더명: [YYYYMMDD]_예배팀_리허설자료

📋 업로드 항목:
- 악보 (PDF / CCLI 표시 필수)
- 연습용 음원 (원곡 및 MR)
- 인도자 노트 (세트리스트 및 전환 멘트)
- 예배 후 피드백 기록 (팀별, 개인별)

📋 피드백 항목

구분	내용	기록
예배 흐름	자연스러운 진행 여부	
음악적 완성도	템포, 밸런스, 하모니	
영적 집중	예배 인도 중 몰입도	
개선 필요	(다음 주 적용할 부분)	

(6) 예배인도실습 평가서

구분	평가내용
인도자	
대상	
주제선정	
선곡의 적절성	
스토리라인	
곡의 자연스러운 연결	
노래 소화의 정도	
멘트의 적절성	
연주의 퀄리티(질)	
연주팀과의 호흡	
기타	

3. 교회음악 행정양식 모음 (10대 필수 양식)

(1) 조직·인사 관리 부문

1) 음악사역자(지휘자·반주자·찬양팀장) 사역계획서
※ 목적: 사역자가 연간 목표와 담당 영역을 명확히 설정하여 교회와 공유

구분	내용
성명 / 직책	
담당 사역 영역	(예: 찬양대, 예배팀, 아동합창단 등)
연간 목표 (영적·음악적)	
월별 주요 계획	
협업 부서 / 필요 지원사항	
비전 및 코멘트	

2) 음악사역 인력 현황 및 조직도
※ 목적: 전체 음악사역 인력 구성과 역할 배치를 한눈에 파악

이름	역할	담당 예배	연락처	비고
	예배음악 디렉터	주일 2부		
	성가대 지휘자	주일 1부		
	반주자	전 예배		
	음향 / 영상	청년예배		

3) 찬양대원(또는 팀원) 등록 및 서약서
※ 목적: 헌신된 태도로 찬양사역에 참여하기 위한 신앙적·조직적 약속

항목	내용
이름 / 생년월일	
주소 / 연락처	
파트 / 포지션	
신앙고백	"나는 찬양을 통해 하나님의 영광을 드러내는 예배자임을 고백합니다."
서약 내용	정기 연습 참여 / 예배 참석 / 공동체 협력 등
서명	

(2) 예배·음악 계획 부문

1) 예배 음악 연간 계획표
※ 목적: 설교 주제, 절기, 행사와 연계한 체계적 음악 선정

월	주차	설교 주제	찬양대 곡 / 예배팀 세트리스트	특별순서	담당자
1월	1주	신년감사			
1월	2주	헌신			

2) 예배 후 피드백 및 평가표
※ 목적: 매주 예배를 객관적으로 돌아보고 개선점 도출

평가 항목	세부 내용	평가 (1~5)	비고
예배 흐름	진행 자연스러움		
음악 완성도	조화, 밸런스, 하모니		
영적 몰입도	회중의 참여, 인도자 집중		
기술 지원	음향·영상 품질		
개선 및 제안	다음 주 반영사항		

3) 절기·특별음악행사 기획서
※ 목적: 부활절, 성탄절, 추수감사절 등 대형행사의 음악기획 관리

항목	내용
행사명 / 일시	
주제 / 성구	
참여 팀 및 인원	
프로그램 구성	(곡명, 순서, 연주자)
리허설 계획	
필요 예산 / 물품	
책임자 / 협조 부서	

(3) 재정·행정 운영 부문

1) 교회음악 예산 신청 및 집행서
※ 목적: 연간 음악사역 예산 편성 및 사용 내역 관리

구분	세부 항목	예산(₩)	실제 지출	증빙여부	비고
인건비	지휘자 사례비 / 반주자비				
악보·음원	저작권비 / 구입비				
장비	마이크, 케이블 등				
행사비	성탄절 / 부활절				

2) 교회음악 자산·악기 관리대장
※ 목적: 악기, 음향, 장비 등의 관리 및 유지보수 기록

품목명	구입일	구입가	보관 위치	담당자	상태	비고
디지털피아노	2022.03	1,500,000	본당	홍길동	양호	
무선마이크	2023.06	400,000	방송실		점검필요	

(4) 교육·훈련·소통 부문

1) 음악사역 교육 및 워크숍 보고서
※ 목적: 교회음악 교육(세미나, 리트릿, 워크숍) 결과 보고

교육명	일시	장소	강사	참석자수	주요 내용	향후 계획
예배음악 리더십 워크숍	2025.02.15	소예배실	양정식 교수	35명	예배인도와 영성	상반기 2차 개최

2) 음악사역 커뮤니케이션 로그 (소통 기록지)

※ 목적: 각 팀 간의 공지, 요청, 건의사항을 체계적으로 기록

날짜	발신자	수신자	내용 요약	상태(진행/완료)	비고
10.1	찬양팀장	음향팀	금요예배 리허설 시간 조정 요청	완료	
10.11	지휘자	목회지원실	악보 복사 요청	진행	

4. 교회음악 저작권 관리 및 사용 허가 관련 행정 양식

(1) 예배 중 찬양곡 저작권 사용 확인서

※ 목적: 주일예배, 수요예배 등에서 사용되는 찬양곡이 합법적으로 사용되고 있음을 확인

문서번호: _____   작성일: ___년 __월 __일   부서명: _____

항목	내용 입력란
예배명	(예: 주일예배 / 수요예배 / 특별집회 등)
예배일시	___년 __월 __일 __시 __분
사용곡명	① ② ③ ④
작사자 / 작곡자	
저작권 관리단체	(예: KOMCA / KOSCAP / CCLI 등)
사용형태	☐ 연주 ☐ 영상 ☐ 악보 ☐ 녹음
사용허가 여부	☐ 허가 ☐ 무료사용 ☐ 미확인
담당자 성명 / 서명	
검토자(담임목사 또는 부서장) 승인	

(2) 음악 사용 허가 신청서(한국음악저작권협회, 한국음악실연자연합회 등 외부기관 제출용)

※ 신청일: _____년 _____월 _____일   신청인(교회명): _____

항목	내용 입력란
대표자명	
연락처 / 이메일	
사용목적	(예: 찬양콘서트, 부활절예배, 선교음악회 등)
행사명	
일시 / 장소	
예상 참석 인원	
사용 음악 목록	(곡명 / 작사·작곡자 / 길이 / 사용형태)
사용형태	☐ 공연 ☐ 녹음 ☐ 방송 ☐ 영상 삽입 ☐ 기타()
사용료 납부 여부	☐ 납부 예정 ☐ 면제 요청
신청인 서명	
승인(기관용)	

(3) 찬양집(악보집) 복제 및 편집 허가 요청서

※ 문서번호: _____   작성일: _____년 _____월 _____일

항목	내용 입력란
부서명	(예: 찬양대, 청년부, 어린이부 등)
담당자	
복제 목적	(예: 예배용, 교육용, 내부 연습용 등)
복제 곡명	① ② ③ ④
작사 / 작곡자	
원출처 / 출판사	
복제 수량	
복제본 배포 범위	☐ 내부용 ☐ 외부 배포
저작권자 동의 여부	☐ 예 ☐ 아니오(동의서 첨부)
검토자(행정담당자)	
승인자(담임목사)	

(4) 예배실황 영상 촬영 및 온라인 송출 저작권 점검표

※ 작성일: _____ 년 _____ 월 _____ 일   작성자: _____

점검항목	세부 내용	점검결과
영상 촬영 목적	☐ 주일예배 ☐ 행사 ☐ 홍보영상 등	
사용 플랫폼	☐ 유튜브 ☐ 네이버TV ☐ 교회 웹사이트 ☐ 기타	
영상 내 삽입 음악 목록	곡명 / 작사자 / 사용 구간 / 라이선스 정보	
사용허가 방식	☐ CCLI ☐ 직접허락 ☐ 무료(CCL) ☐ 미확인	
자막 / 배경음악 삽입 여부	☐ 있음 ☐ 없음	
사용료 납부 여부	☐ 납부 ☐ 불필요 ☐ 예정	
점검자 서명		
담당 교역자 확인		

(5) 예배 및 행사 영상 제작·배포 허가 요청서

※ 작성일: _____ 년 _____ 월 _____ 일   부서: _____

항목	내용 입력란
영상 제목	
제작 목적	(예: 예배 홍보, 행사기록, 유튜브 게시 등)
제작팀명 / 담당자	
촬영일자 / 장소	
포함 음악 / 음원	(곡명, 저작권 정보, 출처 명시)
공개 매체	☐ 유튜브 ☐ SNS ☐ 교회 홈페이지 ☐ 기타
공개 기간	
저작권 검토 결과	☐ 문제 없음 ☐ 허가 필요 ☐ 사용 제한
제작자 서명	
교역자 승인	

(6) 교회 행사 음반(USB/CD) 제작 계획서

※ 작성일: _____년 _____월 _____일   담당 부서: _____

항목	내용 입력란
앨범명	
제작 목적	(예: 창립기념, 찬양앨범, 홍보 등)
수록곡	(곡명 / 작사자 / 작곡자 / 저작권자)
제작 수량	
배포 형태	☐ 무료 ☐ 판매용 ☐ 내부 사용
저작권 사용료 납부 계획	
저작권 확인서 첨부	☐ 예 ☐ 아니오
제작 담당자	
교역자 승인	

(7) 음원 복제 및 사용기록 보고서

※ 작성일: _____년 _____월 _____일   부서명: _____

일자	사용곡명	사용형태	매체	수량	목적	저작권자	비고

※ 매월 또는 분기별로 취합하여 행정실 보관

(8) 저작권 사용 내역 종합 관리대장

일자	프로그램명	사용매체	곡명 / 작곡자	저작권 상태	허가서 번호	사용료 납부여부	담당자

※ 연 1회 단위로 정리하여 교회 문서 보관함에 보존

(9) 저작권 침해 예방 교육 시행 보고서

항목	내용 입력란
교육일시	___년 __월 __일 __시 __분
교육장소	
강사명 / 소속	
교육대상 / 참석자 수	
주요 교육 내용	
참석자 서명란	① ② ③ ④ ⑤
교육담당자	
승인(교역자)	

(10) 저작권 준수 서약서

소속 부서: _____   성명: _____

본인은 교회에서 진행되는 모든 예배, 행사, 영상 제작, 음악활동 시 저작권법을 준수하고, 무단 복제·전송·배포를 하지 않을 것을 서약합니다.

항목	서약 내용
1	음악·영상 자료는 반드시 합법적 사용허가를 받습니다.
2	불법복제 자료를 공유하거나 배포하지 않습니다.
3	저작권 침해 발생 시 즉시 보고하고 시정하겠습니다.
4	본 서약을 위반할 경우 교회 규정에 따른 조치를 따릅니다.

※ 서명: _____   날짜: _____년 _____월 _____일

※ 실제 저작권 사용 시에는 CCLI, KOMCA, KOSCAP, KRMA 등 관련 기관에 별도 허가 절차가 필요!

5. 현대 예배(찬양)인도자 명칭 모음

English Title	Korean Title
Worship Leader	워십 리더 / 예배 인도자
Worship Pastor	워십 패스터 / 예배 담당 목사
Pastor of Worship	예배 목사
Worship Director	예배 디렉터(감독) / 예배 책임자
Worship Arts Director	예배예술 디렉터(감독)
Worship Arts Pastor	예배예술 목사
Worship & Creative Arts Director	예배 및 창의예술 디렉터
Gathering Music Director	예배음악 디렉터
Director of Music Ministries	음악사역 디렉터
Director of Worship and Music	예배 및 음악 디렉터
Director of Worship Ministries	예배사역 디렉터
Worship Coordinator	예배 코디네이터
Worship Team Director	예배팀 디렉터
Contemporary Worship Director	현대예배 디렉터
Contemporary Worship Leader	현대예배 인도자
Director of Contemporary Worship	현대예배 책임자
Contemporary Service Worship & Music Leader	현대예배 음악 및 찬양 인도자
Lead Musician	수석 연주자 / 음악리더
Minister of Worship Arts	예배예술 사역자
Minister of Worship and Creative Arts	예배 및 창의예술 사역자
Music Pastor	음악 목사
Creative Arts Pastor	창의예술 목사
Worship Producer	예배 프로듀서
Music Ministry Coordinator	음악사역 코디네이터
Praise Team Leader	찬양팀 리더
Praise & Worship Director	찬양 및 예배 디렉터
Worship Planning Director	예배기획 디렉터

6. 교회음악의 중요성과 전문인력 필요성 인식조사 설문지
(Church Music Awareness & Professional Necessity Survey)

항목	내용
문서번호	CM-SURV-2025-01
작성일자	2025년 10월 10일
작성부서	교회음악연구위원회
조사대상	한국교회 담임목회자
조사목적	교회음악 사역의 현황과 발전 방향, 전문인력 필요성에 대한 인식 조사
작성방법	선택형 및 서술형 병행
회신기한	2025년 11월 30일
회신처	○○교회음악연구소 / music-admin@church.or.kr

(1) 조사 목적 및 안내문

본 설문은 한국교회의 예배음악 사역 현황과 발전 방향을 파악하고,
교회음악 전공자의 필요성과 전문성 확보 방안을 모색하기 위해 마련되었습니다.
담임목사님의 귀한 의견은 향후 한국교회 예배 사역의 건강한 성장과
음악사역자 양성정책에 중요한 자료로 활용될 것입니다.
응답은 익명으로 처리되며, 결과는 연구목적으로만 사용됩니다.
모든 항목에 성실히 응답해 주시면 감사하겠습니다.

(2) 응답자 기본정보

항목	응답
1. 교회명	
2. 소속 교단	
3. 교회 규모	☐ 100명 이하 ☐ 101~300명 ☐ 301~700명 ☐ 701명 이상
4. 예배 형태	☐ 전통예배 ☐ 현대예배 ☐ 블렌디드(통합)예배 ☐ 기타( )
5. 목회 경력	☐ 1~5년 ☐ 6~10년 ☐ 11~20년 ☐ 21년 이상

(3) 교회음악 관련 인식조사 문항

※ 모든 문항은 복수선택 가능하며, 필요한 경우 구체적인 의견을 적어주세요.

---

1. 교회예배에서 음악(찬양)의 역할은 얼마나 중요하다고 생각하십니까?
   ☐ 매우 중요하다 ☐ 중요하다 ☐ 보통이다 ☐ 중요하지 않다

---

2. 현재 귀 교회의 예배음악 사역의 전반적인 수준을 어떻게 평가하십니까?
   ☐ 매우 우수하다 ☐ 보통 수준이다 ☐ 개선이 필요하다 ☐ 미흡하다

---

3. 귀 교회에는 음악 관련 전공자(성가대 지휘자, 반주자, 예배인도자 등)가 사역하고 있습니까?
   ☐ 예 (전공자 수: ___ 명) ☐ 아니오

---

4. 교회음악 전공자 또는 전문 인력의 사역이 예배의 질 향상에 기여한다고 생각하십니까?
   ☐ 매우 그렇다 ☐ 그렇다 ☐ 보통이다 ☐ 그렇지 않다

---

5. 교회음악 전공자의 사역 영역 중 가장 필요하다고 생각하는 분야는 무엇입니까? (복수 선택 가능)
   ☐ 성가대(찬양대) 지휘 ☐ 예배팀 운영 ☐ 반주 및 편곡
   ☐ 어린이/청소년 음악교육 ☐ 찬양학교/문화사역 ☐ 기타(   )

---

6. 귀 교회는 음악사역자를 어떤 형태로 운영하고 있습니까?
   ☐ 전임 사역자 ☐ 준전임 ☐ 파트타임 ☐ 자원봉사 ☐ 외부 출강 형태

7. 교회음악 사역의 전문성을 높이기 위해 가장 시급하다고 생각하는 과제는 무엇입니까?
   - ☐ 교회음악 인력의 전문 교육 강화   ☐ 예산 및 인건비 현실화
   - ☐ 교역자-음악사역자 간 협력체계 강화
   - ☐ 교단 차원의 표준 운영지침 마련   ☐ 기타(   )

8. 예배음악의 영적 영향력(회중의 참여, 은혜, 집중도 등)에 대해 어떻게 평가하십니까?
   - ☐ 매우 높다   ☐ 다소 높다   ☐ 보통이다   ☐ 낮다   ☐ 잘 모르겠다

9. 교회에 음악 전공자(전문가)가 부재할 경우 발생하는 문제로 가장 큰 것은 무엇이라 생각하십니까?
   - ☐ 예배 음악의 일관성 부족   ☐ 음악적 완성도 저하
   - ☐ 회중의 예배 집중도 하락   ☐ 찬양대/예배팀의 리더십 부재   ☐ 기타(   )

10. 귀 목회자께서는 교회음악 전공자를 향후 어떤 방식으로 고용 또는 협력하고 싶으십니까?
    - ☐ 정규 사역자로 채용   ☐ 예배별 프로젝트성 협력
    - ☐ 외부 교육/지도 의뢰   ☐ 교회 내 양성 프로그램 도입   ☐ 기타(   )

11. 교회음악의 발전을 위해 교단 또는 연합기관 차원에서 필요한 지원정책은 무엇이라 생각하십니까? (서술형)

12. 귀하께서 생각하시는 '교회음악이 교회성장에 기여하는 구체적 요인'은 무엇입니까? (서술형)

13. 교회음악사역자에 대한 평가기준(영성, 전문성, 협업능력 등) 중 가장 중요하다고 생각하는 요소는 무엇입니까?
    □ 영성   □ 전문성   □ 협업능력   □ 지도력   □ 지속성   □ 기타( )

14. 귀 교회가 향후 교회음악사역을 강화하기 위해 계획하고 있는 구체적인 방향이 있다면 적어주세요. (서술형)

(4) 종합의견

교회음악의 영적 사역이 교회의 성장과 예배의 품격을 높이는 일에 얼마나 중요한지에 대한 귀하의 목회적 의견을 자유롭게 기술해 주십시오.(자유서술)

(5) 마감 및 회신 안내

- 제출기한: 2025년 11월 30일(주일)까지
- 제출방법: 이메일 회신 또는 구글폼 온라인 응답
- 문의처: ○○교회음악연구위원회

      (☎ 02-000-0000 / music-admin@church.or.kr)

7. 교회음악 리더십 및 팀 세우기 자료집

(1) 리더십 역량 진단표 (Worship Leadership Self-Assessment)

항목	평가 내용	자기평가(1~5)	비고
1	나는 예배 중 영적 중심을 유지한다		
2	팀원들의 의견을 경청하고 존중한다		
3	찬양 인도 전 충분한 준비와 묵상을 한다		
4	갈등 발생 시 중재자로서 역할을 수행한다		
5	음악적 실력뿐 아니라 영성으로 팀을 세운다		
총점 / 코멘트			

(2) 팀 세우기 워크숍 프로그램 계획표

구분	내용	세부 계획	담당자
주제	"하나됨과 예배의 조화"	팀별 협력 활동 및 영성 나눔	교육부
일시	2025.05.10 (토) 10:00-17:00	오전(강의), 오후(팀별 실습)	리더십 코치
장소	교회 비전홀	조별 배치 5개 구역	행정실
준비물	성경, 필기도구, 워크북	예배곡 준비	각 팀
평가	팀별 피드백서 제출	리더 평가 포함	인도자

(3) 갈등관리 및 커뮤니케이션 가이드

상황유형	문제 원인	해결 절차	담당 리더
예배곡 선정 갈등	선호 장르 차이	예배 목표 재확인 → 합의 회의	음악감독
리허설 불참 빈번	시간관리 미흡	개인 면담 → 서약서 작성	팀장
지휘자·반주자 간 불만	역할 오해	중재 회의 → 역할 재정의	담임목사

(4) 리더십 코칭 기록지

날짜	코칭 대상	핵심 주제	실행 계획	평가
2025.04.22	찬양팀 리더 김OO	리허설 시간관리	주간 플랜 공유 시스템 도입	4/30 점검 예정
2025.05.02	지휘자 박OO	팀원 영성훈련	월 1회 팀 기도회 실시	지속중

8. 디지털 교회음악행정 매뉴얼

(1) 클라우드 악보·음원 관리표

항목	내용	관리 플랫폼	담당자	백업일
주일예배 찬양곡	'주의 뜻대로' 외 4곡	Google Drive / Worship_Music_2025	이OO	매주 금요일
절기행사곡	부활절 칸타타	Dropbox / Seasonal_Files	김OO	매월 1일

(2) 데이터 관리 표준화 문서

구분	파일명 규칙	저장 위치	공유 대상
악보	YYYYMMDD_곡명_파트명.pdf	/Music/Sheet	반주자, 지휘자
음원	YYYYMMDD_곡명_연습용.mp3	/Audio/Practice	팀원 전체
영상	YYYYMMDD_행사명_edit.mp4	/Video/Edited	예배팀, 미디어팀

(3) 온라인 회의·리허설 운영 매뉴얼

항목	내용
플랫폼	Zoom (회의 ID 사전 고정)
운영원칙	리허설 전 최소 10분 조기 접속, 음소거 기본
회의기록	회의록 자동 저장 및 Google Docs 공유
책임자	예배팀 디지털 코디네이터

(4) AI 음악보조 도구 리스트

도구명	기능	활용 분야	비고
Scoring.ai	자동 악보 인식 및 보정	악보 입력	무료버전 있음
Adobe Podcast	음질 자동 복원	온라인 예배 음향 편집	유료
ChatGPT	성경적 가사 점검 / 곡 분석	예배 곡 선정	텍스트 기반

9. 음악목회 평가 및 자기개발 도구

(1) 사역평가표

평가항목	세부내용	점수(1~5)	비고
예배 인도 역량	예배 흐름 이해도, 음악 표현력		
팀 리더십	소통, 협력, 갈등관리		
영성 및 인격	기도, 말씀 생활, 겸손		
자기개발	음악·신학적 연구 참여		

(2) 성찰일지

날짜	사역 내용	깨달음 및 적용	다음 주 실행계획
2025.03.30	청년예배 인도	가사 묵상의 중요성 깨달음	월요일 묵상 모임 신설

10. 위기대응 및 지속가능 사역 가이드라인

(1) 예배 비상운영 매뉴얼

상황	대응절차	담당	비고
감염병 확산	현장예배 축소 → 온라인 전환	담임목사	예배팀 협조
정전 / 음향장애	즉시 예비 시스템 가동	미디어팀	UPS 점검 필요

(2) 자원봉사자 보호 점검표

항목	점검내용	점검일	담당자	비고
사역 전 오리엔테이션 실시	예 / 아니오			
안전사고 예방교육 진행	예 / 아니오			
개인정보 보호 서약서 제출	예 / 아니오			

XII. 닫는 글
"질서 안의 감동, 행정 속의 예배"

 이 책은 교회음악행정의 이론과 실제를 통해 예배의 본질을 다시 세우고자 하는 작은 시도였다. 교회음악은 단순한 음악 활동이 아니라, 하나님을 향한 신앙의 표현이며 공동체적 고백이다. 그러나 그 신앙의 표현이 진정으로 하나님께 영광이 되기 위해서는, 단순한 열정과 감성만으로는 충분하지 않다. 그것을 지탱하고 조율하는 행정적 지혜와 목회적 통찰이 함께해야 한다. 행정이 없는 예배는 혼란을 낳고, 음악이 없는 행정은 생명력을 잃는다. 결국 교회음악행정은 예배의 심장과 두뇌가 만나는 지점이다.

 책을 마무리하며 다시 한번 강조하고 싶은 것은, 교회음악행정이 단순한 조직 관리의 문제가 아니라 영적 리더십의 표현이라는 점이다. 교회음악 지도자와 목회자는 예배를 '운영하는 사람'이 아니라, 하나님께 드리는 예배를 섬기는 청지기이다. 따라서 행정은 권한이 아니라 섬김의 질서이며, 시스템은 통제의 수단이 아니라 공동체의 조화와 연합을 위한 구조이다. 예배의 모든 순간은 결국 '하나님 중심'이어야 한다. 그 중심이 바로설 때, 교회음악행정은 인간의 계획을 넘어 하나님의 뜻을 이루는 통로가 된다.

 이 책이 제시한 여러 원리와 실제적 방안들은 교회 규모나 상황에 따라 다르게 적용될 수 있다. 그러나 변하지 않는 원칙이 있다면, 그것은 바로 모든 음악 행정의 중심에는 예배가 있고, 예배의 중심에는 하나님이 계신다는 사실이다. 음악의 준비, 인력의 관리, 재정의 집행, 사역 간 협업 등 이 모든 것들이 협력하여 궁극적으로 하나님께 영광을 돌리는 일이 된다. 따라서 행정은 목적이 아니라 수단이며, 그 수단은 언제나 하나님의 임재를 더 깊이 경험하게 하는 방향으로 사용되어야 한다.

21세기 교회는 점점 더 복잡하고 다변화된 환경 속에 놓여 있다. 그러나 그 속에서도 교회음악은 여전히 예배의 본질을 지켜내는 신앙의 언어로 존재해야 한다. 교회음악행정은 바로 그 신앙의 언어가 현실 속에서 지속적으로 살아 움직이도록 만드는 지속 가능성의 기술이다. 그것은 단순한 시스템의 정비가 아니라, 예배 공동체를 건강하게 세우는 영적 돌봄의 사역이다. 이 책을 통해 예배자, 음악인, 목회자, 행정가 모두가 "질서 안의 감동, 행정 속의 예배"를 발견하길 바란다. 그것이 곧 하나님 나라의 예배가 지향해야 할 아름다운 균형이다. 하나님께서 기뻐하시는 예배는 감정의 폭발이 아니라, 말씀과 음악, 질서와 자유, 영성과 행정이 조화를 이루는 거룩한 예술이다.

마지막으로, 이 책이 교회 현장에서 교회음악 사역을 섬기는 모든 이들에게 실질적인 도움과 위로가 되길 기도한다. 예배의 현장은 언제나 도전과 긴장의 연속이지만, 그곳에서 우리가 발견해야 할 것은 하나님의 영광과 섬김의 기쁨이다. 교회음악행정은 바로 그 길 위에서 우리 모두를 하나로 묶는 새로운 언어이며, 예배 공동체를 더욱 성숙하게 하는 하나님의 도구이다.

"모든 일을 품위 있고 질서 있게 하라." (고린도전서 14:40)

이 말씀은 단지 예배의 규율이 아니라, 예배자의 삶의 태도이다.
그 질서 속에서 하나님께 드려지는 찬양이 진정한 예배가 되기를 소망하며, 이 책의 마지막 장을 닫는다.